LA
MODE
OV
CHARACTERE
DE LA RELIGION.

De la Vie.
De la Conuersation.
De la Solitude.
Des Compliments.
Des Habits,
Et du Style du temps.

Par Mr de GRENAILLE, Escuyer,
Sieur de Chatounieres.

A PARIS,

Chez NICOLAS GASSE, ruë Sainct Iacques, à la Teste Noire, prés la Poste.

M. DC. XLII.

AVEC PRIVILEGE DV ROY,
& Approbation des Docteurs.

A

MONSEIGNEVR

DE

FREMIN,

CONSEILLER DV ROY

En ſes Conſeils, Intendant
de la Iuſtice, Police & Finan-
ces en Engoumois; haut &
bas pays de Lymoſin, &c.

ONSEIGNEVR,

Puiſque de tout temps ça eſté la mode
d'offrir aux Grands les ouurages qu'on met

au iour, on ne s'estonnera pas de voir
que ie vous consacre LA MODE. Ie
represente vne description generalle de nostre siecle à celuy qui en est vn des plus
illustres ornements, & fais la Satyre des
abus qui ont de la vogue; sous les auspices
d'vn homme, dont les actions sont aussi
auant dans la perfection qu'elles sont é-
loignées du defaut. Enfin, pour faire voir
au monde ce qu'il doit, ou approuuer ou
blasmer, ie n'ay qu'à luy proposer icy l'aueu
d'vn génie, dont les moindres sentimens
sont de grands Oracles, & de qui dépend
le rebut ou l'agreément de ce qui est ou vicieux ou loüable. Outre cela MONSEI-
GNEVR, vos qualitez personnelles ioin-
tes à l'éminence de vostre charge, ne me
persuadent pas seulement que cet ouurage
vous appartient, mais encore, que les plus
fameux écriuains ne sçauroient auoir vne
digne reputation, s'ils n'ont l'honneur d'e-
stre connus de vous. L'excellence de vostre
esprit & de vostre conduite, secondant
l'éclat de vostre vertu & de vostre extraction,
vous ont tousiours tenu dans les plus augustes

emplois de l'eſtat, & le Roy n'a iamais parû plus IVSTE que lors qu'il vous a fait en tant d'endroicts INTENDANT DE LA IVSTICE. Il a ſans doute reconnu auec ſon Conſeil que comme vous eſtes capable des plus grandes charges, c'eſt les honorer que de vous les offrir, au lieu que d'autres perſonnes en tirent tout leur honneur. Il a bien iugê encore par voſtre exemple qu'il n'y a point d'hõmes plus capables de gouuerner les Prouinces en qualité D'INTENDANTS que ceux qui en leur âge viril ont exercé les premieres charges de iudicature. En effet, c'eſt par la longue experience des affaires que vous auez apris à méler vne façon vigoureuſe d'agir, auec vne douceur extraordinaire, & a ioindre les intereſts preſents des affaires du Roy auec le contentement du peuple. C'eſt ce qui nous fait voir vne Prouince qui gemiſſoit autrefois, conſolée par voſtre preſence, & au lieu qu'on la vouloit faire paſſer pour rebelle, vous l'auez conſeruée dans ſon ancienne fidelité enuers cet Eſtat. Que diray-je du ſoin que vous auez eu de luy rendre agreables les charges qu'on iugeoit inſuportables a tout le monde? C'eſt que vous

auez mis vn bel ordre où la confufion fembloit regner. De là vient que fans fouler
perfonne vous auez trouué dans voftre iu-
rifdiction, outre les deniers ordinaires dequoy payer vne grande armée qui venant de
conquefter Brifac fembloit pouuoir authori-
fer toutes fes violences à venir, par la gloire
de fes feruices paffez. Vous la fiftes fubfifter
auec vne telle difcipline que la foldatefque
fe refit de fes pertes fans que fes hoftes per-
diffent rien. Ie n'allegueray point icy qu'en
Xaintonge dans vne ville où la Rebellion
a long temps regné, vous fiftes viure dans
vne iufte referue vn Regiment de Caualerie
eftrangere accouftumée à vne liberté que les
armes rendent parfois neceffaire. L'Intereft
des autres Prouinces m'eft bien moins cher
que celuy du Limofin, & i'ayme beaucoup
mieux vous loüer du foin que vous auez de
détourner les gens de guerre de ma patrie,
que de la police que vous leur faictes garder quand ils y font. Et puis l'ordre que
vous obferuez dans la paix eft bien plus confiderable que ce que vous faites pour regler
vne vie tumultueufe. Vous vous comportez en uers l'Eglife comme vne perfonne qui

n'a qu'à songer à Dieu, & enuers l'Estat
comme vn homme qui n'auroit qu'à songer
au Roy. La Noblesse vous reconnoit pour
son Protecteur & pour son amy, & le peuple
pour son pere. Les tribunaux de la Justice
vous voyent souuent paraistre comme vn
Soleil au milieu des Astres, & les Magi-
strats reconnaissent que vous ne présidés pas
entr'eux pour empescher les fonctions de leurs
Charges, mais pour les autoriser. Ainsi nous
voyons que tous se reiouissent maintenant,
où tous estoient effrayez, & au lieu que le
seruice de sa Maiesté se trouuoit empesché
par des oppressions publiques, il est auancé
par des soulagemens generaux qu'on reçoit
de vostre main. Mais si les interests du public me touchent, les miens ne me touchent
pas moins. L'affection que vous auez tousiours euë pour les belles lettres & la protection speciale que vous prenez de ceux qui en
font profession, nous apprennent que lors que
nous vous offrons de nos veilles, nous ne faisons que nous acquitter d'vne debte. Outre
ces motifs generaux i'en ay de personnels
pour me voüer à vous auec cette production
de mon esprit, & la gratitude m'y porte con-

à ij

iointement auec que l'inclination. *Vous m'a-*
uez fait la faueur, comme vn Soleil bien fai-
fant, de m'obliger où i'eftois, & où ie n'eftois
pas; & ie reffens à Paris les graces que vous
m'auez faites à Vzerche. Mon pere qui
vous réuere d'vn culte particulier, a defiré
que ie vous en rendiffe vne recognaiffance
publique, & ie ferois mauuais fils auffi bien
que méconnaiffant, fi ie ne proteftois haute-
ment que ie fuis,

MONSEIGNEVR,

De Paris ce 17.
May 1642.

Voftre tres-humble, tres-
obeiffant, tres fidele & tres-
reconnaiffant feruiteur,

CHATOVNIERES DE GRENAILLE.

Vis qu'on se plaist si fort à toutes les choses modernes, ie m'asseure que la Mode ne vous déplaira pas. C'est vne Satyre pour le vice, & vn Panegyrique pour la vertu; on y voit neantmoins vne grande varieté de matieres, pource que les gousts estant differents ce qui touche l'vn rebutte l'autre, & il faut parler de tout pour contenter tout le monde. Ainsi ie fais icy le Theologien & le Philosophe, le Railleur & le Serieux, mais c'est tousiours dans la iustesse necessaire entre l'exigence & la superfluité du discours, comme entre l'extrauagance & la grauité des mœurs. Au reste vous trouuerez dans ce liure diuerses pieces détachées des Auteurs anciens, pource que la ieunesse où ie suis n'a pas assez d'autorité pour décrier les vices de nostre siecle, autremét que par l'organe des Sages qui ont vieilly dans l'experience des grandes choses. Et puis n'ignorant pas le danger qu'il y a dans ce temps à publier des inuectiues, i'ayme mieux qu'en cas qu'on blâme mes sentiments, on s'en prenne a des Docteurs qu'à moy mesme. Si dans les traductions que ie fais vous trouuez trop de liberté, considerez que ie les faits à la Mode, c'est à dire sans contrainte. Pour conclusion sçachez qu'encore que ie picque le vice, ie ne veux bles-

fer perfonne ; ie choque pluftoft les défaux que
les fuiects où ils fe trouuent. Puis donc que i'é-
pargne méme ceux qui pechent, ie croy que
vous n'aurez pas de peine à me pardonner des
fautes inuolontaires qui font celles de l'impref-
fion. Il y en a beaucoup dans ce liure, mais puis
qu'il y a des taches dans le Soleil faut-il s'eftonner qu'il y en ait en des fuiets dont l'ancre fait
les plus belles marques ? Mon voyage d'Angleterre, & l'embarras de certaines affaires ne
m'ayant pas méme permis d'eftre à mon cabinet, ne pouuoient pas me permettre de me
trouuer en des lieux, où ie n'ay affaire que pource qu'on y trauaille apres moy. Apres tout comme c'eft auiourd'huy la mode d'écrire beaucoup, c'eft auffi la mode d'écrire vn peu mal.
I'efpere neantmoins que le plaifir que vous aurez à lire vn ouurage nouueau, vous oftera tous
les vieux dégoufts des Critiques morfondus.
Enfin fi vous eftes mal content de moy repre-
fentez vous que ce n'eftoit pas mon deffein de
contenter des humeurs bizarres.

& des Matieres principales.

CHAPITRE QVATRIESME.

CHAPITRE CINQVIESME.

Satyre

De la Mode en particulier.

LIVRE II.

CHAPITRE II.

ē

& des Matieres principales.

Fin de la Table.

EXTRAICT DV PRIVILEGE
du Roy.

PAR Grace & Priuilege du Roy : Il est permis
à NICOLAS GASSE, Marchand Li-
braire & Imprimeur à Paris, d'Imprimer où faire Imprimer vendre & distribuer vn Liure intitulé *La Mode ou Caractere de la Religion, &c.* composé
par François de Grenaille, Escuyer sieur de Chatou-
niere : Et deffenses sont faictes à tous autres Im-
primeurs & Libraires d'imprimer, vendre & distribuer ledit Liure sans le consentement dudit
GASSE, à peine de trois mil liures d'amende,
confiscation des exemplaires, & de tous despens
dommages & interests, & ce pour le temps &
espace de *cinq ans,* ainsi qu'il est porté plus amplement dans l'original des presentes. Donné
à Paris le vnziesme Auril mil six cens quarante
deux ; Et de nostre Regne le trente deuxiesme,

Signé DENISOT.

Acheué d'imprimer pour la premiere fois le
dernier iour de May. 1642.

Les Exemplaires ont esté fournis conformement
ausdites Lettres.

APPROBATION DES Docteurs:

Nous soubzsignez Docteurs en Theologie de la faculté de Paris, certifions auoir leu & diligemment examiné vn Liure intitulé, *la Mode, ou Charactere du Stille, des façons du Temps, &c.* composé par Monsieur de Grenaille Escuyer, Sieur de Chatouniere, auquel nous n'auons rien trouué qui ne soit conforme à la doctrine de nostre Mere saincte Eglise & aux bonnes mœurs, ains au contraire l'auons iugé tres vtile pour profiter au public. Faict à Paris ce premier iour de May mil six cens quarante & vn.

F. CLAVDE VANIER.

F. GEORGE L'EVESQVE,

LA MODE

LIVRE PREMIER.

DE LA MODE EN GENERAL.

CHAPITRE PREMIER.

Que tout semble estre Moderne dans le monde par le Caractere de la nouueauté aussi-bien que du changement.

I. BIEN que le Sage asseure qu'il n'y a rien de nouueau sous le Soleil, il est certain neant-moins que nous voyons tous les iours de nouuelles choses. L'Antiquité donne aux suiets vn caractere de veneration, & la nouueauté leur en donne vn d'agrécment.

A

Il sembleque la nature nous voyant dans vn
exil, nous en diuersifie le sejour, pour le rendre plus suportable, & quoy que nous passions
d'vn objet fascheux à l'autre, nous croyons
trouuer du plaisir quand nous quictons vne
source d'amertume. Nous pouuons dire encor que Dieu ne pouuant souffrir que nous
trouuions vne parfaicte satisfaction hors de
luy, nous fait trouuer quelque inquietude en
toutes les autres choses, & nous donne vne
inclination pour le changement, afin de nous
apprendre que nous ne serons contens qu'en
la iouÿssance de l'Immuable. Mercure Trisme-
giste méme a fort bien reconnu ceste verité,
quand il a dit, que l'Autheur du monde a semé
l'Eternité dans le Ciel, & l'Alteration sur la terre. En fin la diuersité est apparemment de l'essence, ou pour lemoins c'est vne proprieté des
Creatures sensibles, car comme il faut qu'elles soient indiuiduelles il faut qu'elles soient
perissables. L'especene se conserue que par la
destruction successiue des sujets particuliers
qui y participent, & l'Ordre exigent qu'il y ait
des generations pour remplacer les corruptions des composés naturels, il faut qu'il y ait
des corruptions pour donner ouuerture aux

generations qui s'en enſuiuent. Les ſubſtances ne ſont pas contraires , neantmoins les
formes ſe détruiſent l'vne l'autre, & le monde
ſe depeuple d'vn coſté quand il ſe peuple de
l'autre. C'eſt vn Royaume où la vie regne
également auecque la mort; & où la diſette
compatit auec l'abondance.

II. Ainſi quand Salomon nous dit qu'il n'y
a rien de nouueau dans le monde, il veut
dire ſeulement qu'il n'y a rien qui ſoit abſolument extraordinaire ; qu'on a veu d'autrefois ce que nous voyons de nos iours, &
qu'il eſt des effets communs en vn temps,
qu'vne autre ſaiſon fait nommer Miracles.
Nous ſerions bien eſtonnés de voir des Geants,
neantmoins on en voyoit pluſieurs aux premiers aages du monde. La fable ne fait mention que de quelques vns , mais l'écriture ſaincte en cotte vne nation entiere. Tertulien re-
proche aux Carthaginois la foibleſſe où ils
tomberent, quand ils furent eſpouuentez du
Belier des Romains comme d'vne machine inconnuë , quoy que l'inuention en euſt paſſé
de l'Afrique dans l'Italie ; & que cét inſtrument fatal n'euſt ſerui à Rome contre Carthage qu'apres auoir ſeruy à Carthage contre

Rome. Il arriue encor bien fouuent que nous
méconnoiffons les chofes que nous auions le
mieux connuës , & tout ainfi qu'on prend
quelquefois des fujets eftrangers pour domeftiques , on en prend de domeftiques pour é-
trangers. Mais encore que nous changions
d'idée il ne senfuit pas que les objets changent
de nature : ils ne laiffent pas d'eftre les mefmes,
quoy que nous croyons qu'ils foient diuers.
Tout de mefme nous admirons beaucoup de
chofes comme recentes auffi bien qu'incom-
parables ; qui ne font que des copies tirées fur
d'anciens Originaux.　Voila le fens legitime
du Prouerbe de Salomon ; car autrement il ne
pouuoit pas ignorer que tout le monde eftant
dans vn flux perpetuel, fes parties ont de la viciffitude , & qu'il n'y a rien de permanent,
où tout femble étre fucceffif. Qu'encore que
le Soleil foit toufiours le méme, fes tours font
fort differents , & que Dieu pouuant faire que
ce qui a efté vne fois foit encore dans la nature, il ne fçauroit faire que ce qui a efté vne fois
foit maintenant par vne premiere exiftance.
Ainfi bien qu'à la derniere refurrection il ne
fe face pas proprement de nouuelles productions, il s'en fera pourtant d'vne efpece tou-

te nouuelle. Dieu ne créera pas de nouuelles formes ni de nouuelles matieres, mais il les reünira d'vne façon qui n'aura iamais eu d'exemple dans la Nature. Il agira lors côme cause souueraine, s'il agit maintenant comme cause premiere en compagnie des secondes.

III. Au reste il faut n'auoir point d'yeux pour ne pas apperceuoir, que si la durée fait subsister toutes les parties du monde, la nouueauté le faict estimer. Le Ciel semble étre le plus vieil de tous les sujets creés & neantmoins il raieunit tous les iours. Nous croyons voir tous les soirs de nouuelles estoiles au Firmamẽt, pource quelles ne paroissent pas le matin; on a découuert de nos iours certains Astres qui auoient esté cachéz aux Astrologues des autres siecles, & le Ciel enuoye à present des influences â la terre qu'elle n'auoit plus receuës. Le mouuement méme du Ciel n'est-il pas tousiours nouueau, quoy qu'il ait toujours duré? Il s'agite tousiours, neantmoins il n'est iamais dans la méme agitation. Que diray-je des Cometes qui rendent effroyable la face la plus douce de tous les sujets inanimés, & qui ne se produisent d'ordinaire que pour causer des maux extraordinaires? L'empirée

méme qui eſtant le ſeiour de l'Eternité ſemble
eſtre incapable de changement, eſt pourtant
ſuſceptible de nouueauté. Pour le prouuer ie
ne diray pas icy que les eſprits y voyent vne
beauté qui eſt touſiours ancienne & touſiours
nouuelle, & qu'ils ne decouurent iamais tant
de perfections en Dieu, qu'il ne leur en reſte
dauantage à découurir. Conſiderons ſeulement qu'il entre tous les iours des habitans
dans cette Celeſte Hieruſalem, ſi la felicité ne
permet pas aux autres d'en ſortir, & comme
ils s'eſtudient d'aimer de plus en plus le ſouuerain bien, d'ailleurs le ſouuerain bien s'étudie
à ſe communiquer à eux par de plus amples ef-
fuſions. Ie n'allegueray point icy qu'à la fin
du monde cette Diuine Cité ſemblera changer de face quoy qu'elle ſoit indeſtruictible;
elle receura des corps en ce temps là ſi elle ne
reçoit maintenant que des eſprirs, & cette riche pouſſiere qui eſt conſeruée dans les Cime-
tieres du Criſtianiſme, ſera plus illuſtre auſſi
bien que plus haute que le Soleil. Or ſi ce
changement trouue quelque lieu parmy l'immutabilité méme croyons nous qu'il ny ait
qu'vniformité aux lieux affectés au changement? Certes ſi l'Eternité paſſe apparemment

le temps n'aura pas de confiſtance.

IV. Les Elemens ne co nſeruent leur eſſence que par de conti nuelles Metamorphoſes. L'Air a tantoſt des nuages & puis de la ſerenité, il forme la roſée & la foudre dans ſa region me-toyenne, & la baſſe eſt quelquefois paiſible & quelquefois battuë des vents. Ie ne parleray point de l'Arc en Ciel dont la ſubſtance ne ſemble conſiſter qu'en la big arrure de ſes cou-leurs, & qui n'ayant rien de ſolide, paraiſt pourtant eſtre vn beau corps. Quoy qu'il ait touſiours eſté veu depuis le Deluge, il ſe fait regarder encor comme s'il auoit eſté inuiſible, & le Sage pour nous faire admirer le Createur nous dit d'admirer cette illuſtre creature. Par-lerons-nous de la terre qui eſtant inebranla-ble ſur ſes fondemens à vne ſuperficie ſi chan-geante? Elle ſemble viure en vne ſaiſon, & mourir en l'autre. L'hyuer la deſpoüille & le printemps la reueſtit; vn temps la fait vieillir, l'autre la reieunit: elle n'eſt feconde qu'àpres auoir eſté ſterile, ny ſterile qu'apres auoir eſté feconde, Ainſi dont ſi elle ne peut pas chan-ger de place, elle change de poſture. Outre qu'on pourroit dire qu'elle ſe ſecoüe en certai-nes occaſions toute immobile qu'elle eſt; Dieu

fait trembler son escabeau quoy que son
Thrône ne braile point, & on a veu quelquefois des abymes remplis & des montaignes
abymées. Il est méme des Historiens aussi iu-
dicieux que sçauans, qui nous ont apris qu'il
y a des Isles flottantes, & que la terre ne nous
donne pas seulement dequoy marcher sur les
eaux mais encore qu'elle y marche réellement
elle méme. Au reste la promptitude du feu
nous aprend assez qu'il n'a guere de côsistance;
pour le faire durer il luy faut tousiours fournir nouuelle matiere, & c'est luy qui ñous fait
voir ces estranges transformations qui nous
produisent du charbon enflamé ou il ny auoit
que du bois humide, & qui ramolissant les
choses dures, endurcissent celles qui ont le plus
de molesse. Ie laisse à part les effets miraculeux
de l'Alchymie qui change le cuiure en or, par
l'operation de ce Diuin Element, & separant
d'vn costé les metaux les vnit de l'autre par vn
aliage fort rafiné. Enfin pour croire que le feu
est vn principe de nouueauté dans le temps,
il suffit de sçauoir que c'est luy qui doit vn
iour renouueler tout le monde. Seneque a eu
quelques notions de cette verité, mais la Verité
méme nous en a donné d'infaillibles certitu-
des.

des. Cet element qui est maintenant consumé ou du moins trauersé des autres les doit
tous consumer vn iour sans aucune sorte de
resistance. L'eau mesme sera lors entierement embrasée, & il se fera des cendres des
Rochers comme des Forests.

V. La mention indirecte que ie viens de
faire de l'eau m'auertit qu'il en faut parler de
droit fil. On ne l'appelle infidelle que pource qu'elle est fort muable; on dit qu'elle lo-
geoit autrefois ce fameux Protée, qui ne paraissoit iamais en vne forme que pour ny
paraistre plus, mais nous pouuons dire
veritablemét que c'est vn Protée elle mesme.
Elle ne s'appaise que pour s'irriter, ny ne s'ir-
ritte que pour s'appaiser en vn moment.
Maintenant elle semble platte comme vn
estang, tantost elle sera plus grosse qu'vne
montaigne. Les vents qui la frisent à cette
heure la bouleuerseront tantost. Quelques
Interpretes de l'Escriture disent que ces
bosses que nous voyons sur la terre sont des
pieces tirées des enfonceures qui fôt le lict de la
mer. Mais si les môtaignes ont esté extraictes
du fonds de l'eau, on peut obseruer quelle
en fait d'autres dessus pour suppleer à leur de-

B

faut. Vous diries qu'ayant vne espece d'impatience de ce que Dieu a borné sa fureur impetueuse à vn grain de sable, elle tasche à gaigner sur le Ciel & sur les abysmes ce qu'elle perd sur la terre. Tant y a qu'elle est dans vne agitation continuelle, mesme lors qu'elle est dans son plus parfait repos, & quand les flots s'accordent au milieu de l'Ocean, ils s'entrepoussent sur la riue. Mais les changements de la mer ne se prennent pas seulement de sa nature, mais encor de son nom & de ses effets. Elle est si inconstante qu'elle se donne à tout le monde, sans se donner à personne. On l'appelle Françoise, & Espagnolle, Italienne & Britanique, Asiatique & Affriquaine; Elle reçoit encore tous les iours d'autres denominations qui font voir qu'estant par tout, elle n'est affectée à pas vn lieu, & qu'elle est également amie & ennemie de tous les peuples. Ses productions font voir ses inegalités plus clairement que ses titres; icy elle produit des perles, là elle n'engendre pas seulement de simples coquilles. Elle abonde en poisson en quelques endroits, & en d'autres elle ne porte que des monstres. L'ambregris est sa plus rare faueur, néantmoins elle ne nous l'accorde qu'au fort de sa plus grande colere. Que diray-je de ses autres effects, dont les vns ne sont pas moins effroyables qu'irreguliers. Tous les iours elle engloutit des vaisseaux si elle en conduit d'autres au port, elle reçoit à chaque momēt des eaux & à chaque moment elle en donne tant aux nuës qu'aux riuieres, & c'est en s'epuisant qu'elle se remplit. Apres tout nous luy auons cette obligation, qu'outre les nouueautez qu'elle nous étale de son propre fonds, elle nous apporte encore celles d'vn autre monde. Elle joint par là l'Europe à la Magellanique, & le Perou semble estre à Paris.

VI. Apres auoir parlé des chāgemēs qui suiuent l'essence des elemens, il faudroit parler encor des alterations qui viennent de leurs qualitez. En effect comme on dit que l'Afrique produit tous les iours quelque chose de nouueau, parce que les animaux s'y meslans quelquefois indifferemment engendrent des indiuidus d'vne espece differēte de la leur, ainsi quatre Contraires agissāt tousiours dans la nature produisent des effets qui semblant tenir leur estre generalement de tous se le semblent tenir d'aucun en particulier. Qui pourroit exprimer icy les bizarres operations du froid côtre la chaleur, & de la chaleur contre le froid, de la fechereffe contre l'Humidité, & de l'Humidité côtre la fechereffe? Ces quatre aduerfaires s'entêdent & fe defuniffent, fe détruifent & fe conferuent, pour rénouueler les chofes & donner des ornemens au monde en luy en oftant. C'eft de là que vient cét Effein de formes qui trouuât dans la matiere des difpofitiôsà les receuoir s'y introduifêt incôtinent & femblêt deuoir leur fubftâce à ces accidens liguès. De la vient auffi la deftruction de tant de beaux compofez, qui periffent par des principes qui les faifoient fubfifter & treuuent des ennemis irreconciliables en des fujets qui étoient leurs conferuateurs. Les hommes mémes quoy qu'immortels meurent de cette forte ; bien que leur ame ne depende point de la matiere à parler abfolument, neantmoins elle ny demeure plus quand le corps eftentierement mal affecté;& ceffe d'y agir comme Raifonnable quand elle n'y peut plus agir comme Senfitiue. Ce que i'ay dit dela mort, fe peut dire de la vie. Dieu infufe l'ame dâs le corps parce qu'il y treuue les

difpofitions & le temperament qui lexigent,
& ce font des qualitez materielles qui le de-
terminent à faire vne fubftance fpirituelle. Ie
pourrois encore parler icy de celles qu'on
nomme fecondes pource qu'elles fuiuent les
premieres des elements, & ce nouueau fuiet
nous fairoit voir encor plus de changements
que l'autre. Quelle varieté ne peut on point
remarquer dans les couleurs dont les vnes
font viues, les autres mortes, les vnes blan-
ches, les autres noires, les vnes paffageres, les
autres fixes & permanentes ? Tout de méme
des efpeces: les vnes font grandes, les autres
petites, les vnes fombres, les autres lumineu-
fes, enfin elles changent à chaque moment
de pofture, quoy qu'elles reprefentent vn méme objet. Quand aux odeurs qui ne fçait
qu'il y en a de douces & de fortes ? les vnes
fubtilifent le ceruceau, d'autres l'epaiffiffent;
enfin quelques vnes offencent le fentiment fi
quelques vnes luy agreént. Le méme fe doit
dire des faueurs, qui font d'autant plus diuerfes que le gouft eft plus delicat que l'oüye, &
que nous nous foucions bien moins d'entendre que d'entretenir la vie.

VII. Mais il ne faut plus difcourir des qua-

B iiij

litez des Elements pour traicter en ce lieu de
la nature des Mixtes. Quoy qu'à proprement
parler la vertu des corps simples demeurant
dans les composés, les vns ne peuuent pas
être immuables lors que les autres s'alterent.
I'ose dire méme que les mixtes sont sujets a
d'autant plus de changements, que les Elements ne s'accordent pour les former qu'en
intention de les destruire, & si leur force est
rabatuë leur animosité est aigrie. Il semble
que comme tout se resoût en eux, ils veulent
qu'il ny ait point d'autres corps au monde, &
que la Prouidence les contraignant de contribuer à la constitution de quelques autres
sujets, ils n'aydent à les engendrer que pour
ietter dedans des semences de corruption.
Maintenant si nous commençons par les mi-
neraux que nous y découurirons de varietez
pour cachée que leur essence puisse étre? Ce
ne sont au cómencemét que des exhalaisons
visqueuses que le Soleil échaufe peu à peu, &
les rend si precieuses qu'a la fin ces morceaux
de terre nous font mépriser le Ciel. Or quoy
que de tout temps on ait veu de l'or & de
l'argent il est certain neantmoins qu'on regarde toufiours ces metaux comme des cho-

ſes nouuelles. On court apres auec plus d'em-
preſſement que ſi c'eſtoient des perles tom-
bées du Ciel ; icy la familiarité n'engendre
point de mépris ; les richards a qui ils ſont les
plus cõmuns les tiennent encor plus rares que
les autres, & pour oſter à leurs voiſins toute
eſperance de s'en ſeruir, ils ne s'en ſeruent pas
eux mémes. Leur prix neantmoins viẽt pluſtoſt de noſtre opinion que de leur nature, &
ce n'eſt pas leur eſſence qui les rend conſide-
derables, c'eſt la forme que nous leur donnons. Nous les mettons en œuure pour nous
mettre à la torture , nous leur donnons diuerſes couleurs auſſi bien que diuerſes faces;
Leur éclat vient de noſtre ſueur ; en vn mot
nous les trauaillons comme ſi nous en deuions tirer de grands vſages, & nons ne nous
en ſeruons que comme d'vne choſe qui nous
afflige ou qui nous eſt inutile, bien qu'on
l'appelle le ſeul bien neceſſaire de la terre.

VIII. Parlerons nous des pierres Precieuſes
qui ne nous donnent pas moins de peine
quoy qu'elles ſoient plus brillantes. Vn Autheur appelle les perles les pleurs du Ciel,
mais il les euſt mieux nommées les larmes des
habitans de la terre. Pline le vieux ſe plai-

gnoit de ce que plusieurs mains se gâtoient
pour faire reluire le petit doigt d'vne femme
en y mettant vn Diamant, mais qu'il se noye
d'hommes pour pescher de vaines conques?
Plusieurs donnent tout leur bien pour auoir
vne perle de mer, qui ne voudroient pas donner vn double pour auoir celle du Paradis.
On blâme Cleopatre d'en auoir fait aualler
vne fonduë à Antoine, mais que le luxe feroit
bien moins grand, si toutes les Dames faisoient de pareils festins aux hômes? La dissolution d'vn iour arresteroit peut estre celle de
tous les siecles. Ce que i'ay dit de ces petits
cailloux de mer, se doit dire de ceux de la terre. A quoy seruent ces Diamants, ces Sapphirs,
ces Rubis, ces Emeraudes, ces Opales, qu'à
faire voir que nous sommes bien attachez à
la terre, puis que nous en adorons les plus petites parties? N'est-ce pas renouueller dans le
Christianisme l'idolatrie des Egyptiens qui
reueroient des cailloux? Nos Dames ne les
mettent pas sur des Autels, mais sur leurs testes. Or qui est plus coulpable ou vne personne qui profane vn temple viuant de la
Diuine Maiesté, où celle qui entre dans vn
temple mort. Ces reflexions ne seront pas
super-

superfluës quoy qu'elles ne soient pas necessaires. Cependant on peut obseruer que
c'est la nouueauté qui fait estimer ces choses,
& non pas leur dignité naturelle; elles ne sont
recherchées que pource quelles sont rares. En
effet on les prise où elles ne naissent pas, & on
les meprise où elles naissent. Les Mexicains
donnēt aux Espàgnols de l'or pour du plomb,
& s'estiment obligez de se voir depoüiller de
leurs richesses. Tout de méme les barbares
de la Coste de Comorin quitent vne perle
pour prendre vn poisson. C'est qu'ils ne songent pas aux superfluitez de la vie, mais à ses
necessitez. Dans leur brutalité *ils* semblent
ioüir encor de la premiere innocence. Quelque vns de nos Europeans les vont conuertir
mais d'autres les peruertissent. Ils ne leur apprennent pas les maximes de nostre foy, mais
les excez de nos mœurs.

X. Que si des suiets inanimés nous passons
aux vegetables, nous trouuerons que la nouueauté fait toute leur vie, & que la Meta-
morphose compose toute leur essence. Ils se
produisent en vn instant & ne croissent qu'à
la longue; ils sont petits au commencement,
& puis ils ont vne grandeur demesurée. Le

C

grain meurt dans la terre pour croiſtre au dehors; on l'enfoüit afin qu'il s'eſleue. Le Cy-
prez & le Cedre du Liban ſont au commencement comme l'Hyſſope; ils rampent contre terre deuant que de toucher les nües de
leur ſommet;Enfin ils deuiennêt autres qu'ils
n'eſtoient quoy que ce ne ſoiêt pas touſiours
les meſmes. Aiouſtez à cela qu'ils changent
deux fois l'an de robe & de cheueleure pour
parler auec le Poëte;le printemps nous les fait
voir couronnez de fleurs & l'hyuer nous les
monſtre deſpoüillez commé des teſtes chau-
ues. Cette mauuaiſe ſaiſon dégrade toutes
les plus nobles Foreſts. Au reſte l'Autonne
nous donne des fruicts dont la bonté les fait
rechercher extremémêt mais leur abõdãce les
fait paſſer pour communs. Les arbres mémes
pour nous les rendre plus agreables ne nous
les donnent pas tous à la fois,mais ſuſpendent
noſtre eſperance en conteñtant noſtre deſir.
Les vns ont leurs fruicts verts quãd les autres
les ont meurs. Les vns ſont chargez quand
les autres ſõt vides,enfin il faut épuiſer les vns
pour attirer les autres à nous faire leurs preſents. Que diray-je des autres varietez qu'on
remarque en ces vegetables, & que nous ap-

pellerions miracles fi nous ne les voyons
tous les iours. Le Coral eft mol dans la mer,
& dur fur la terre, il eft blanc comme du laict
au fonds des eaux, & rougit fi toft qu'on le
produit à l'air. Vous diriez qu'il a honte de
quiter fon centre pour fonder noftre vanité.
L'encens vient d'vn abriffeau qui iette des larmes pour nous reiouyr le cœur, & ne fleurit
que pour pleurer agreablement. La Palme
fe laiffe mourir ne voyant plus viure fa compagne; elle fait la languiffante voyant l'autre
deffeichée, & quelque verdure qu'elle ait elle
s'en défpoüille pour fe reuétir de deuil. Ie ne
fairay point cy mention de ces arbres fameux d'Irlande qui produifent des oifeaux
au raport de quelques Hiftoriens dignes de
foy, c'eft à dire des pommes qui tombant
dans la mer font éclorre incontinent vne efpece d'oifeaux de mer qu'on peut appeller des
arbres animaux, ou des animaux iffus des
arbres.

XI. Mais pour trouuer de la nouucauté
dans le premier degré de vie, il ne faut que
confiderer les fleurs qui eftant les plus beaux
fuiets du changement font auffi les plus remarquables. Quel plaifir n'y a t'il point à voir

vn parterre qui semble estre nu le soir, & se trouue le matin reuestu de mille couleurs. Vous diriez que le Soleil est ialoux en les regardant & il ne leur enuoye au commencement ses rayons qu'en treblant depeur que ces soleils terrestres ne nous facent oublier celuy du Ciel. Mais enfin il est côtraint de les regarder de bon œil, pour donner du plaisir aux hommes, & de nous ayder à voir des astres semés sur la superficie de la terre. Que ces violettes sont belles quoy quelles semblent rampantes? On les foule sur la terre & neantmoins elles ont vne odeur aussi bien qu'vne couleur toute celeste. Ces roses sont d'autant plus agreables qu'elles sont proches des espines, & que leur rougeur semble accompagnée d'vne espece de pâleur qui ne deplaist point. Les lys qui font aujourd'huy l'Escu de nos Roys furent apportés du Ciel, mais il semble que ceux que nous apperceuons dans ce iardin viennent du mesme lieu. Peut-on croire qu'vne blancheur si pure procede d'vn élement corruptible? Surpasseroient-ils la magnificence de Salomon, s'ils n'auoient esté plantés de la main du Roy des Rois; Voyés maintenant ces œillets qui rauissent

tous les yeux, & ne satisfont pas moins le
flair que la veuë ? On dit qu'ils viennent du
sang d'vn homme qui s'aimoit dans l'excés, mais nous auons bien de la peine à les
aymer mediocrement. Quelle main a peint
ces belles tulipes, & releué ces Pyramides naturelles? Enfin d'où peuuent venir tant d'A-
nemones, de marguerites, & d'autres fleurs
qu'on ne peut appeller des superfluités de la
terre, puisque c'en sont les ornements. C'est
la nature qui pour nous consoler de la perte
du premier Paradis Terrestre, nous en forme de seconds, & nous voyant captifs en ce
monde s'efforce d'embellir nostre prison.

XII. Disons encor que cette belle effusion
de couleurs est vn effet de la main du Peintre General du monde qui pour nous faire
aymer sa beaute qui est inuisible, nous la
rend visible dans ses ouurages. C'est l'Ancien des iours, neantmoins il se manifeste par de nouuelles productions. Il les rend
differentes pour nous egayer d'auantage, &
nous monstrer que sa Sagesse est aussi grande
que sa puissance; enfin il les diuersifie afin que
voyant que nous ne pouuons trouuer de satisfaction dans la iouissance de tant d'objets

qui ont des défauts & des Perfections , nous
aspirions à la iouïssance de cette premiere vnité qui est toute perfection sans aucun défaut. Ie laisse á part maintenant les varietés
qui arriuent dans le destin des fleurs ; nous
les voyons épanoüyes le matin & fermées le
soir ; en vn temps elles nous rient & se flétris-
sent en l'autre. Les Naturalistes disent qu'il
en est vne qui naissant auec le Soleil meurt
aussi auecque luy. Celle qui porte le nom de
ce flambeau general du monde est dans vne
agitation continuelle ; vous diriés qu'elle est
amoureuse de cét astre , veu qu'elle ne le peut
perdre de veuë , & qu'elle fait par vn instinct
naturel, ce qu'Anaxagoras disoit que nous deuions faire par raison. Les autres fleurs n'ont
pas les mémes mouuemens que celles lá , neantmoins le Soleil les altere toutes ; tantost
elles semblent viues & tantost mortes. Il ne
faut qu'vn vent vn peu violent pour gâter des
sujets si doux; Le froid nous cache ces beaux
tresors que la chaleur nous découurent. Enfin leur condition est d'étre les plus changeantes lors qu'elles sont dans leur plus parfaite
consistance. Ce qui a fait dire à vn Ancien
que le Soleil nous fait voir dans les fleurs la

méme viciſſitude que la Lune nous produit dans le flux & reflux de l'Ocean.

XIII. Venons maintenant aux animaux qui ſont d'vn ordre ſuperieur, & qui neantmoins ſont ſujets à la nouueauté, & au changement. Les vns meurent les autres s'engendrent, les vns ſont peſans les autres legers, les vns ont de la force, & les autres de l'adreſſe. Au reſte ne ceſſent t'ils par d'eſtre ſans perir, quãd ils ſe nourriſſent, & ne perdẽt ils pas vne partie de leur quãtité quand ils en acquierent vne autre? Ce precieux humide qu'ils ont à leur premiere production ſe detruit par leur durée; & à parler phiſiquement ils deuienent autres qu'ils n'eſtoient, quoy qu'ils ſoient touſiours les mémes moralement. Il y en a méme quelques vns qui ſemble changer diuerſefois de forme, auſſi bien que de matiere. L'ours n'àiſt pluſtoſt comme vne piece de chair que comme vn corps acheué; vous diriés que ſes principes ne l'engendrent qu'en le léchant. La Panthere n'eſt belle que de ſes taches, & on n'eſtimeroit guere ſa peau ſi elle n'eſtoit bigarrée de la main méme de la nature. Le Cameleon ſemble pluſtoſt eſtre vn miroir viuant qu'vn animal ſpecifique. Il n'a

point de couleur qui luy foit particuliere
pour ce qu'il prend celle de tous les fujets qu'il
approche. On raporte encore qu'il y a vne
race de chiens en Noruerge qui changent de
peau aux quatre faifons de l'année, & fe trouuent blancs apres auoir efté noirs, & noirs
apres auoir efté blancs. Que diray-je du Cerf,
qui femble changer de bois autant de fois
qu'il change d'année, & qui nous fait voir fon
aage en nous faifant voir fa tefte. Pour les
oyfeaux qui ne voit la diuerfité de leurs plumes auffi bien que de leur chant? L'aigle femble naiftre de rechef en changeant de bec &
de robe, & ceux qui veulent conferuer les
oyfeaux de proye les mettent fouuent en
meuë. Le Phenix fe change en vermiffeau par
l'operation des flames, & ce vermiffeau fe
change en Phenix. Les abeilles femblent étre
de fimples mouches deuant qu'eftre mouches à miel, enfin comme toutes les chofes
creés n'aiffent dans la reuolution du temps,
elle n'ont rien d'affeuré que le changement.

Qu'en

*Qu'encore que les Creatures spirituelles ne
soient pas corruptibles comme les materielles, elles ne laissent pas d'estre suiettes
au changement.*

CHAPITRE DEVXIESME.

PAR ce premier discours on à pû voir que les indiuidus se renouuellét aussi biēque les especes des animaux, & que leur bien estre depend de la diuersité de leurs estats. Il semble qu'il n'y a que l'homme qui estant immortel doiue étre immuable, neantmoins nous allons voir que s'il doit étre tousiours le méme dans l'Eternité, il ne l'est iamais dans le temps. Pour reconnoistre cette verité nous n'auons qu'en consulter la raison & l'experience, apres auoir oüy les Oracles de l'Ecriture. Vn Interprete remarque qu'elle nous dit que l'homme fut formé d'argille comme les Grammeriens disent qu'il en a receu le nom, pour nous montrer que comme l'argille est capable de receuoir toutes les formes qu'vn ouurier luy voudra donner,

D

l'homme pareillement n'eſt conſtant que
dans l'inconſtance, & que ſi c'eſt d'vn coſté
l'image de l'Immuable, de l'autre c'eſt l'exemplaire du changement. Iob qui l'appelle vne
ombre n'offence pas ce Soleil du monde inferieur, puis qu'il eſt certain que comme l'ô-
bre n'eſt iamais en méme point de grandeur,
& qu'elle ne croit que pour décroiſtre, l'homme pareillement eſt dans vne perpetuelle reuolution, & ne prend point d'eſtat aſſeuré
que pour le quitter. Il repreſente ailleurs
à Dieu qu'en s'en prenant à l'homme il s'en
prend à vne feüille, nous voulant decla-
rer par là que nous ne ſommes pas des arbres
renuerſez qui ont leurs racines vers le Ciel,
ainſi que diſoit Platon, mais les moindres parties d'vn arbre. Qu'elle ſolidité penſons nous
auoir eſtànt plus mobiles que des feüilles?

II. Au reſte quand le Prophete Roy nous dit
que tout homme eſt menteur, il nous veut
ſignifier que s'il y a tant de bizarrerie dans la
plus haute partie de nous mémes, il y en a
bien plus dans les autres, & comme la figure dément l'eſſence, que l'eſſence dément ſouuent la figure. Le Diuin ſainct Paul explique
encore bien ce myſtere quànd il dit que nous

mourons tous les iours de noftre vie, que
nous penfons demeurer dans vne méme cô-
ftitution quoy que nous changions a chaque
moment , & que voulant nous recueillir en
nous mémes pour nous reconnoiftre, nous
nous trouuons eftrangers. Les Sainéts Peres
qu'on peut appeller des Euangeliftes eftendus
ont fuiui en ce point les penfées auffi bien que
les maximes des faintes lettres. L'vn dit que
noftre vie eft vne Comedie perpetuelle, puis
que les grands y deuienent petits, comme les
petits y deuiennêt grands. Les Roys y perdent
leurs Couronnes,& des Efclaues les gaignêt:
en vn mot la Scene demeure , mais tous les
perfonnages changent de face. Vn autre l'appelle vn marché où les vendeurs fe font acheteurs , & les acheteurs deuienent vendeurs en
vn méme iour. Il eft frequenté le matin &
defert le foir, on ne trouue que difette où l'on
ne trouuoit qu'abondance. En fin vn grand
hôme a dit auec autant de fubtilité que de fageffe, que puis que nous auons efté fujets au
changement dans l'eftat mème d'innocence,
il ne faut pas s'eftonner fi nous le fommes
auffi dans vn eftat de peché. Le royaume de
la Mort ne doit pas eftre pluftoft épargné du

temps que celuy de la Vie. Apres tout l'alteration eſt comme l'auant-couriere de la corruption ainſi que parle Plotin.

III. Mais pour voir cette verité dans l'exēple
auſſi bien que dās l'autorité, cōſiderōs ce que
l'homme eſt en ſon corps & en ſō ame, en ſon
eſprit & en ſes mœurs, dās la nature & dans la
fortune, & nous iugerons apres ces reflexions
qu'on a eu tort d'inuēter vn Vertumne fabuleux qui change à tout moment de poſture,
veu que l'homme eſt vn Protée veritable.
Son corps a plus de foibleſſes que des parties,
il eſt plus ſouuent malade que ſain , puiſque
méme le trop de ſanté eſt vne eſpece de maladie. Au reſte vne perſonne ſemble ſouuent
changer d'vne moitié de ſoy méme. Qui diroit que cét enfant du temps paſſé & ce vieillard d'auiourd'huy ne ſoient qu'vne méme
choſe? En vn tēps la chaleur étouffe en nous
l'humidité , & en l'autre l'humidité étouffe
toute la chaleur. Cette Dame eſt belle en
vne ſaiſon , & puis elle deuient laide; ce tein
frais deuiendra rude comme du liege; cette
gorge ſi ferme à preſent ſe repliera quelque
iour ſous les aiſſelles. Ie ne parle icy que du
train commun des choſes ſans faire mention

des accidens extraordinaires. Combien de
fois arriue-t'il que celuy qui se couche bien
gaillard se trouue enseuely dãs les linceuls de
son lict comme dans vn suaire? Ne voyons-
nous pas des personnes qui perdent leurs mê-
bres sans perdre absolument le iour, & se sur-
uiuent elles mémes sans mourir? Ne lisons
nous pas dans Delrio que son pere grisonna
en vne nuict, quoy qu'il eut les cheueux noirs
le iour precedent, & qu'vne simple apprehension altera toute l'œconomie de son premier temperament. Mais il n'est pas necessaire de traicter plus au long des changemens
qui arriuent à nostre corps, ils sont trop sensibles pour estre inconnus; & comme on dit
à celuy qui demandoit s'il falloit aymer la
Beauté, que c'estoit vne question d'aueugle,
on peut dire que c'est vne demande d'vn sujet qui n'est pas humain, que de s'informer si
nostre corps est muable. Le Sage Roy ne se
plaint il pas de ce que le sien affaisse son ame,
& qu'au lieu qu'on dit que sa stature nous
esleue vers le Ciel, il l'abbaisse vers la terre?
Ce changemēt neantmoins quelque facheux
qu'il soit ne laisse pas de nous étre aduanta-
geux. Nous ne deuons pas estre marris de voir

D iii

corrompre vn fujet qui nous empefche de
ioüyr d'vn eftat d'incorruptibilité. Sainct
Laurens eft bien aife de voir brufler vn fujet
qui le tient en vn pays, oùl'on eft en danger
de brufler éternellement. Saincte Lyduuine
trouuoit plus de plaifir dans fes maux que les
autres n'en trouuent dans le bon heur. Ce
n'eft pas quelle ne reffentit la douleur comme les autres, mais la douleur l'appro-
choit de l'impaffibilité. Saincte Therefe auffi
fe reioüiffoit d'heure en heure de fe voir mortelle, pource qu'elle efperoit d'arriuer bien-
toft à la vraye vie.

IV. Ce n'eft pas le corps de l'homme feulement qui eftant corruptible eft fujet a beaucoup d'alterations, fon ame mefme fe change bien qu'elle foit incorruptible. Elle femble raifonnable & brutale tout enfemble.
Elle commence & ceffe d'eftre dans quelques
membres d'vn fuiet mutilé; en vn temps elle
n'a qu'vne petite étenduë, & puifelle occupe
beaucoup d'efpace. Ce n'eft pas qu'elle re-
çoiue vne nouuelle quâtité, mais elle s'épand
par totalités, ne pouuant pas fe répandre par
parties. Au refte comme elle agit quelquefois, elle fe repofe pareillement; elle s'éueille

& s'aſſoupit de temps en temps ; vous diriés
qu'à certaines heures elle eſt ſeulement forme ſans qu'elle ſoit intelligente, & qu'en d'autres elle eſt intelligente ſans eſtre forme. Ie
ne dy point maintenant en combien de façons elle diuerſifie la matiere, ſans pourtant
changer de ſujet. Elle la meut & puis elle
l'arrete ; elle l'altere & la perfectionne, enfin
elle la quitte apres l'auoir long temps entre-
tenuë comme compagne inſeparable. Et
qu'on ne penſe pas que noſtre ame ne prenne
diuerſes poſtures, qu'en vertu de ſes baſſes
facultez ; la plus haute region reçoit encore
plus de viſages que l'inferieure, & la raiſon
ſemblant eſtre inebranlable eſt neantmoins
ſuiette à vne infinité de mouuements fort
inegaux. I'ay fait dans le bon Eſprit le Caractere de la diuerſité des genies, mais i'oſe
dire que les eſprits des hommes en particulier
different preſqu'autant d'auec eux mémes,
que d'auec tous les autres de leur eſpece. En effet quoy que nous ayons touſiours le méme intellect nous n'auons iamais les mémes penſées. Ou ſoit que cela
vienne de la viuacité de ſa ñature qui penſe
eſtre oiſeuſe ſi elle n'agit d'vne nouuelle ma-

niere, ou foit que cela procede de cette belle demangeaſſon, qui nous portant à tout ſçauoir, ne nous permet pas de rien ſçauoir dans la perfection. On peut dire encore que comme la raiſō dépēd des puiſſāces ſubordónées toute maiſtreſſe qu'elle eſt, elle ne peut eſtre vñiforme alors qu'elles ſont bizarres. L'imagination principalement porte ce caractere de capricieuſe, d'où vient qu'on employe ſouuent ſon nom pour celuy de l'irregularité, & qu'on prend ſouuent la phantaſie pour vn croteſque? Ariſtote tient que l'intellect eſt comme vne table d'attente quand nous naiſſons, mais nous pouuons dire que l'imagination eſt vn tableau, où l'art & la nature ont employé leurs extrauagances auſſi bien que leur adreſſe &, où l'on voit a meſme tēps des monſtres & des beautés acheuées. Cette bigarrure eſt eſtrange, mais pourtant elle eſt agreàble; elle nous deſennuye en nous occupant. Ce n'eſt pas eſtre en mauuaiſe conſtitution que de ſe pouuoir bien entretenir auecque ſoy meſme.

V. Il ne faut pas oublier icy la Memoire qui nous fait ſouuenir de toutes choſes, & qui reſſemble á ce fameux Tonneau de la Fable qui

qui se vuide à mesure qu'on le remplit. Ceux
qui l'appellent thresor, veulent dire, ce me
semble, que comme il n'y a rien qui change de tant de mains comme l'argent, qui
ne s'arrestant iamais, enrichit quelques fois
les pauures, comme il appauurit les riches ; la
memoire pareillement n'a point de consistance que dans l'inégalité; elle perd de vieilles especes quand elle en reçoit de nouuelles.
C'est vn Palais qui tombe d'vn costé quand
on le releue de l'autre. Pour la Volonté qui
estant maistresse de ses actes semble estre independante du changement, elle est d'autant
plus bizarre qu'elle est plus libre. Ce n'est pas
sans suiet que Dieu dit qu'il connoist le fonds
des cœurs qui sont inconnus aux hommes,
car nous conceuõs tant de desirs & de crain-
tes, d'affections & de haines, que comme elles
sont infinies elles semblent inconceuables à
tout autre esprit qu'à celuy dont le pouuoir n'est point limité. Or ce qui faict que la
volonté est si agissante, c'est qu'estant vne
puissance intellectuelle, elle ne dépend point
du corps ny par consequent du temps en ses
immediates operations. Or pour faire voir
dauantage son indifference elle se determi-

E

ne diuerses fois, par là nous monstrant qu'elle
peut embrasser & reietter tous les obiets, &
qu'il ne tient quà elle de pourfuiure ce qu'elle fuyoit, & de fuyr ce qu'elle auoit pour-
suiuy. Elle femble eftre maiftreffe de tout,
pource qu'elle l'eft de foy-mefme.

VI. Aprés auoir confideré les conditions naturelles de l'homme faifons reflexion fur
les morales. Voyons fa forme de vie auec
fes inclinations. Salluste fe plaint de la corruption des meurs de fon temps, & de ce
qu'on peut chercher Rome dans Rome.
Toutefois ce n'eft pas vn grand fuiet d'admiration que les fiecles qui agiffent fur les rochers, agiffent fur les cœurs des hommes qui
font toufiours de chair quelques inflexibles
qu'ils puiffent eftre. Vn autre Autheur ne
peut comprendre comme les hommes eftant
tous de mefme efpece, ont neantmoins
des paffions fi differentes, & de ce qu'eftant
faits pour la mefme fin, ils prennent tous diuers moyens pour y arriuer. Pour moy ie
m'eftonne bien plus de voir qu'vn moment
produife le mefme effet que plufieurs fiecles
entiers, & qu'vn homme foit en vn inftant
auffi diffemblable à foy-mefme qu'à tous les

autres. En effet nous aymons & hayſſons
dans vne meſme heure vne meſme choſe ;
nous auons trouué moyē d'allier le vice auec
la vertu veu que nous pechons ſouuent venāt
de faire de bonnes œuures. Vn hermite s'en
va d'auprés du Paradis dans l'Enfer, & vn bri-
gand s'en va pour ainſi dire de l'enfer dans le
Paradis. Saprice perd la Couronne de marty-
re en la recherchāt, & S. Geneſt la trouue ſans
la chercher. Tertulien ſe peruertit pour ſe rendre heretique, & Sainct Auguſtin ſe conuer-
tit pour deffendre les Catholiques. Mais de
peur qu'on ne penſe que ie confonds des effets de la dextre du tres-haut auec ceux de la
foibleſſe des creatures ; N'eſt il pas vray
qu'Alcibiade change de meurs pour auoir
ouy Socrate, & Socrate, pour auoir veu Alcibiade. Neron eſt auiourd'huy débonnaire,
& demain ſa mere & ſon maiſtre mourront
par ſon commandament. Iulian adore IE-
SVS CHRIST dont il renuerſera les autels. Ce que i'ay dit de ces particuliers ſe peut
dire de tous les hómes, leur vie ſemble conti-
ñuë, mais pourtant elle eſt bien entrecoup-
pée de pluſieurs ſortes de vices. Et qu'ils n'ac-
cuſent point les Aſtres de cette fatalité, c'eſt

leur legereté qui rend leurs mœurs corrompuës,
& non pas la fermeté des étoilles. Ils n'ont
pas assez de vertu pource qu'ils ont trop d'inconstance. Ne reiettons point encore nos
fautes sur nostre siecle; il n'y a point de temps
qui rende le crime necessaire ; nous serions
tousiours bons, si nous ne voulions estre
quelque fois mauuais.

VII. Or si la nature & l'inclination des hommes est si changeante que deuons nous penser de leur fortune ? Ie n'entends pas icy parler de cette aueugle Diuinité que les Payens
encor plus aueugles que leur Idole adoroient
dans le respect, quelque disgrace qu'ils en re-
ceussent. Comme on a retranché le nom de
Parque & de Destin dans le Christianisme, on
y a brisé pareillement cette fameuse roue, à laquelle on croyoit que nostre bon-heur ou
mal-heur estoit attaché. Ie ne pense pourtant
pas pecher côtre la Prouidence en disant qu'il
y a encor de la reuolution dans la condition
des personnes, & que suiuant le tour qu'E-
liogabale faisoit faire à ses Courtisans, ceux
qui sont bas se treuuent dans l'eleuation ,
lors que ceux qui estoient fort esleués se
treuuent dans l'abbaissement. Dieu nous

veut faire voir par ces viciſſitudes ordinaires, que n'y ayant rien d'aſſeuré dans le
monde, nous y deuons viure dans vne de-
fiance perpetuelle. Que la terre nous preſen-
tant plus de diſgraces que de faueurs, nous
ne fairons proprement fortune que dans le
Ciel. Que neantmoins perſonne ne doit de-
ſeſperer de paruenir dans le monde, puiſque
ceux qui y trouuoient le plus d'obſtacles en
ont trouué plus de moyens.

VIII. Et c'eſt icy que ie pouuois treuuer vn
beau champ, pour m'eſtendre auec liberté,
ſi en traitant de la nouueauté, il m'eſtoit permis de dire de vieilles choſes. Ie fairois voir
d'vn coſté des houlettes changés en Sceptres,
& de l'autre des Sceptres changés en houlettes. Ie repreſenterois des Empereurs depoüil-
lés, & des Payſans reuetus de Pourpre; ie pro-
duirois encor des Papes aſſis ſur la chaire de
S. Pierre & d'autres depoſſedés de leur Sie-
ge. On apperceuroit Dauid ſur vn Trône, &
Nabuchodonoſor dans vn pacage parmy des
bœufs. On ſeroit étonné de voir Andronic
ſur vne claye & Michel l'Artiſan ſur les bou-
cliers des ſoldats. Enfin on verroit vn Xiſte
V. qui du Cloiſtre eſt appellé à la Tiare, & vn

sainct Celestin qui remet la Tiare à vñ autre
pour se remettre dans le Cloistre. Et ne nous
imaginons pas que la fortune des petits ait
moins de vicissitudes que celle des grands.
Le vent qui n'espargne pas les chesnes de plusieurs siecles, n'a garde d'espargner les abris-
seaux; les conditions les moins durables sont
celles qui ne peuuent guere resister à leur
entier renuersement. Mais il me semble que
ie veux sournir des preuues à l'experience
quand ie parle de la diuersité de la fortune
des hommes; La ruine des Estats établit assez cette verité. Le monde méme passant méme lors qu'il subsiste, ainsi que parle
sainct Paul, il ne faut pas croire que le credit
& la faueur qui sont des biens imaginaires se
puissent faire posseder éternellement à nous?
Et partout ce discours on a pû voir qu'il ne sa-
loit point inuenter vne Déesse fabuleuse pour
nous representer l'inconstance; veu qu'elle &
nostre vie ne sont qu'vne mesme chose S'il
est vray que nous nous seruons reciproque-
ment de theatre ainsi que parle le Sage Romain, nous voyons le changement & la vanité en nous voyant les vns les autres. Enfin
nous ne subsistons qu'en cessant tous les iours

de subsister.

IX Iusques icy nous auons veu regner
le changement sur toutes les choses sensibles, il reste à faire voir que les spirituelles
mémes releuent en quelque façon de cét Empire fatal, & puis nous monstrerons que Dieu
mesme qui est immuable par excellence souffre apparement quelque espece de nouueauté. Qui ne sçait que les Intelligences superieu-
res ont passé autrefois de l'Estat de la Nature
à celuy de la gloire ou de la reprobation? Qui
ne sçait qu'encore auiourd'huy les Anges bié-
heureux semblent s'alterer en leurs effets s'ils
ne s'alterent pas en leur substance! Ils font
tous les iours de nouueaux actes par la volonté aussi bien que par l'entendement quoy
que l'éternelle constitutió de leur Estat nous
face croire qu'ils n'operent iamais que par
vn acte continué. Et puis l'immutabilité dõt
ils iouïssent est plustost vne grace de Dieu
qu'vne exigence de leur nature; tous heureux
qu'ils font ils peuuent estre mal'heureux à parler absolument comme les Démons qui font
mal'heureux, peuuent en ce sens arriuer à la
supréme felicité. Au reste ceux qui meuuét les
cieux ou qui cõme l'escriture le semble signi-

fier préſident aux eſpeces de toutes choſes, ne changent-t'ils pas de lieu s'ils ne chãgent pas d'eſſence? Et puis les diuers employs qui ont donné le nom à leurs Ordres ne marquent-ils pas des differences dans leurs proprietez auſſi bien que dans leurs accidents communs? Sathan n'eſt pas le ſeul qui ſe transfigure en Ange de lumiere; Les bons Anges ſe transfigurent quelquefois auſſi bien que luy. Ils gardent vne méme eſſence quoy qu'ils ſemblent prendre diuerſes formes.

X. Pour les mauuais genies ils n'ont pas ſeulement eſté alterés par vn ſimple changement, ils ſemblent auoir ſouffert vne entiere Metamorphoſe. C'eſtoit autrefois des Soleils, ce ne ſont maintenant que des charbons. Lucifer qui eſtoit le Prince du iour eſt le Prince des tenebres; Ces courtiſans du tres-haut ſont maintenant ſes ennemis, & au lieu qu'ils regnoient dans le Ciel ils ſont eſclaues dans le centre de la Terre. Leur malice ſeule a touſiours duré auſſi bien que leur tourment, non pas qu'ils ſoient ſi fixement attachez au mal qu'ils ne s'en puiſſent retirer comment que ce ſoit, ainſi que quelques vns s'imaginent, mais c'eſt que

Dieu ne leur voulant pas donner les graces
qu'ils ont refusées autrefois, ils demeurent
dans l'abyme, pource qu'ils ont trop de foiblesse pour en sortir sans la main du Tout-
puissant. Ainsi donc se voyant abannonnés
ils se desesperent, & se resolvent à ne pas
aymer le souverain bien, pource qu'il ne
leur permet pas de ioüyr de sa beauté. Mais
à prendre les choses dans le fonds de la nature pluftost que dans cette funeste cōionéture
de desespoir, il est certain que comme les
Démons ont encore leur liberté quoy qu'ils
ayent perdu leur bon-heur, ils peuuēt haïr ce
qu'ils ayment, & aymer ce qu'ils hayssent.
Ne voyons nous pas qu'ils font tous les iours
de nouuelles operations qu'ils pouuoient faire autrefois; n'ont ils pas vn Estat où il arriue
mille desordres, ne faut-il pas qu'ils changent
bien souuent de posture & de place pour renuerser l'ordre du monde comme ils font ?
chaque moment! Ne souffrent ils pas à tous
moments de nouuelles peines quoy que leur
supplice soit éternel ? Le feu n'épargne leur
substance que pour les tourmenter dauantage, & Dieu ne veut pas qu'il la consume
vne fois, afin qu'il la consume tousiours.

Ce feu ne fait point de cendres mais il fait
touſiours de nouueaux dégats.

XI. Ie pourrois expliquer icy plus au
long ce que ie n'ay fait que ſignifier cy-
deuāt, à ſçauoir, que c'eſt vne choſe commune aux bons & aux mauuais Anges
de prendre diuerſes figures quoy qu'ils n'a-
yent point de quantité, & de nous abuſer ou
dans l'agrément ou auec danger, par mille
viſibles ſubtilitez. Il eſt vray que cét homme qui ſur la terre ſembloit participer à leur
nature & qui pour cela s'appelle Angelique,
nous apprend que ces diuines ſubſtances
ſont inuiſibles, pource qu'elles ſont immaterielles, & que n'ayant ny corps ni couleur,
elles ne ſont pas ſenſibles quoy qu'elles ſoient
connoiſſables. Neantmoins ſi elles n'ont pas
de maſſe d'elles mémes elles en peuuent em-
prunter; ſi ce ne ſont pas des formes ſubſtan-
tielles qui viuiſient leur ſujet ce ſont des formes Aſſiſtantes. Ce que Platon diſoit fauſſe-
ment de nos ames eſt veritable, ſi on l'entend
de ces éminents eſprits. Ils ſont enfermés
dans les corps ſans y eſtre enſeuelis, ils y viuent comme éſtrangers & non pas comme
domeſtiques. Ils ne peuuent pas faire ce que
font les formes, neantmoins ils agiſſent

apparemment auec la mesme adresse vitale
qu'elles déployent en leurs ordinaires operations. Tant y a que nous voyons cy souuent
des Anges de lumiere & de tenebres ; Abra-
ham en regale trois du Paradis pensant que
ce soient des hommes, & Tobie se voit conduit sur la terre par vne guide du Ciel. D'ailleurs nous lisons que sainct Antoine voit des
Démons en figure de toutes sortes d'animaux, & vn paroissant vn iour à sainct Do-
minique en forme de Singe trouua vn enfer
temporel sur la terre, s'il en deuoit souffrir vn
éternel dans son centre. Mais ce qu'il y a de
plus bizarre dans toutes ces metamorphoses,
c'est que souuent vn mauuais Genie prend la
figure d'vn bon, & quoy qu'il soit plus noir
qu'vn charbon, il semble pourtant reluire
comme vn Soleil.

XII. Ie n'examine point icy comment ces
Intelligences prennent des corps, n'y de quelle matiere ils les forment puis qu'il est aisé à
voir qu'ils peuuent ou posseder vn corps viuant, où en transporter vn mort; ou que leur
puissance estant aussi gran e que leur adresse,
ils font des composés d'air, que nous croyons estre de terre. Ainsi nous pensons que

F ij

des substances differentes sont les mesmes
quand elles ont les mémes accidens qui les
enueloppent. En fin quoy que les Anges
soient incorruptibles en leur estre au regard
des suiets naturels qui ne scauroient agir
contre des substances immaterielles, si est-ce
qu'à considerer la puissance absolue de Dieu,
ils sont corruptibles comme les moindres
choses du monde. La méme main qui les a
tirés du neant les y peut remettre. Ces excellentes Creatures cesseroient d'estre si le Createur cessoit de les conseruer. Il n'estoit pas
plus difficille à Dieu de les jetter dans l'abyme du non-estre que dans celuy de l'enfer.
Cette dépendance qu'ils ont d'vn si grand
Seigneur a rendu la faute des rebelles inexcu-
sable : ils ne pouuoient se dispenser de la pratique de leur deuoir connoissant hautement
la Maiesté de celuy qui l'exigeoit. Ils ne deuoient pas songer à égaler le Tres-haut, aiant
veu qu'ils auoient esté autrefois dans la ba-
sesse de la pure possibilité. En fin ils meri-
toient de changer d'estat pour descendre iustement, en ayant voulu changer iniustement
pour monter.

*Que Dieu seul est immuable par essence quoy
qu'il meuue toutes choses, & qu'estant
éternel il ne depend point des conioin-
ctures du temps.*

CHAPITRE TROISIEME.

MAIS il ne se faut pas étonner de voir que tout le monde soit muable, veu que l'Eternel méme semble changer dans le temps. Parlons toutefois de son immutabilité, deuant que parler des façons dont il reçoit apparemmēt quelque nouueauté. Ie sçay bien que Dieu nous dit dans l'Ecriture qu'il est celuy qui est, c'est à dire, qu'il est necessairement au lieu que les autres choses ne sont que par contingence. Elles peuuent estre & n'estre pas, mais Dieu ne peut n'estre pas & n'a iamais esté purement possible à estre, puis qu'il a tousiours esté. Or il est euident que ce qui a vn estre necessaire, n'en peut auoir vn casuel, & que si Dieu cessoit en

F iij

quelque façon d'estre ce qu'il est, il cesseroit
d'estre Dieu. C'est ce qu'il exprime encore
plus clairement en vn autre lieu quand il dit;
ie suis Dieu, & ie ne change point ; comme
s'il nous vouloit dire, que le vray Caractere
par lequel nous pouuons discerner la nature
du Createur d'auecque celle des Creatures
c'est l'immobilité de l'vne, & l'alteration de
l'autre. Suiuant cela le Prophete Roy se con-
iouyt auec son Seigneur de ce que sa vie n'a-
yant pas commencé auec les siecles, puis
qu'elle a tousiours esté, elle ne finira pas aussi
auec eux; que ses années dureront plus que
les lustres, qu'il sera tousiours le méme dans
la difference des temps, au lieu que les choses
les plus solides passeront comme vne eau qui
toute molle qu'elle est s'eporte auec vne extreme rapidité. Que les Cieux que les Philosophes
appellét imcorruptibles, se corróprónt & que
le feu qui a son élemét au dessous aura l'aduā-
tage sur eux. Les Astres dominent maintenant sur les élements, mais lors vn élement
dominera sur les Astres. Ces Tabernacles
qui semblent estre éternels se rompront comme vn vieux haillon. Qu'au reste ces super-
bes Monarchies qui brauent sur la terre

l'Empire du tout Puiſſant ſeront, ruinées; On verra des deſers ou l'on voit maintenant des villes, & Dieu fera de la pouſſiere des perſonnes Royales, auſſi bien que des Sceptres & des Couronnes.

II. Au reſte ſainct Paul appelle Dieu le ſeul Roy immortel & inuiſible, voulant dire parlà que les autres doiuent ceſſer de ſe faire voir pource qu'ils ſont viſibles durant leur vie. Tout ce qui tombe ſous les ſens eſt ſujet à la corruption. Sainct Iacques auſſi dit encor qu'il n'y a point de transformation en Dieu, & que ſa parfaicte vnité ne ſouffre pas ſeulement l'ombre de la viciſſitude. Les Peres de l'Egliſe expliquent cette méme verité par des paroles differentes. Sainct Auguſtin dit que Dieu ne peut pas eſtre muable, veu que méme les images des choſes muables ſont immuables en luy, & que ſon intellect a des ideés éternelles de tous les ſujets temporels. Allieurs il l'appelle Dieu l'eſtre immuable qui change toutes choſes; il adioute qu'il n'eſt iamais n'y vieil ny ieune; il renouuelle tout & fait vieillir les orgueilleux. Quoy qu'il agiſſe touſiours il eſt touſiours en repos; il amaſſe & n'a faute de rien; il porte & n'eſt

point chargé; il commence & acheue tout.
Vous cherchez Seigneur dit ce sainct, & tout
vous est present, vous aymez mais vous ne
bruslez point, vous auez du zele mais il
est sans apprehension. Vous vous repentés,
neantmoins vous ne vous affligés point.
Vous vous mettez en cholere sans perdre vostre tranquillité. Vous changés vos œuures,
sans iamais changer de dessein; vous receués
sans auoir rien l'aissé, vous trouuez sans auoir
rien perdu. Vous n'estes iamais pauure &
vous vous plaisez à gaigner. Vous n'estes
point auare, toute fois vous demandés
auec vsure. On vous donne pour vous rendre redeuable en quelque façon, & qui a rien
qui ne soit à vous? Vous rendez ce qui est du
sans estre obligé. En fin vous donnés tout
sans rien abandonner. Sainct Prosper suit
fort bien les maximes aussi bien que la vie de
son maistre. Il asseure que la volonté de Dieu
ne prend point diuerses resolutions, pource
que son entendement n'a point des auis differents. Tout ce qui a precedé ou qui doit
suiure dans l'ordre du monde a tousiours
esté present à ses yeux. Il fait tout de nouueau & tout est vieil à son regard.

Mais

III. Mais ne prouuons plus l'immutabilité de Dieu par auctorité la pouuant prouuer par raifon. Il eft certain qu'il y a vn premier eftre, puis qu'y ayant des eftres dependants dans la nature, il faut qu'il y en ait quelqu'vn qui foit independant, autrement fi tous eftoient dependants fans independance, il s'enfuiuroit qu'ils feroient dependants & qu'ils ne le feroient pas, ce qui emporte vne manifefte contradiction; Or la dependance fignifie quelque fuiection, que l'indepādance exclut, comme eftant vne fuperiorité parfaicte; il faut donc que l'independance foit en vn fujet & l'independance en l'autre. Et partant les chofes dependantes ne pouuant dépendre totalement d'elles mémes, il faut qu'elles dépendent d'vne chofe independante. Or cét eftre independant ne peut pas dépendre d'vn autre, ou bien il y auroit quelque chofe de dépendant au de la de tout ce qui a de la dépendance. Et de rechef les chofes qui font dépendantes ne peuuent pas dépendre d'elles mefme par vn retour reciproque, ou bien il faudroit dire qu'il y a quelque independance abfoluë en des fujets dépendans abfolument. I'adioute encore que

G.

l'eſtre independant ne peut eſtre qu'vn en
ſubſtance, pource que s'il a des perfections
communicables, ce qui y participeroit ne dé-
pendroit pas de luy, puis qu'il ſeroit auſſi grãd
que luy. Et partant il y auroit quelque choſe
d'independant, outre cét eſtre de qui tous les
autres dépendent.

IV. Et puis il n'eſt pas poſſible qu'il y ait deux
eſtres independants; quoy qu'il y puiſſe auoir
deux Soleils. En effet , eſtre independant
ſuppoſe toute ſorte de perfectiõ, & poſſible &
réelle, pource que c'eſt eſtre par ſoy méme, &
qu'eſtre par ſoy méme c'eſt eſtre tout ce qui
eſt poſſible d'eſtre, puis qu'il n'eſt riẽ qui puiſſe
limiter ce qui eſt deuant qu'il y ait aucun ſujet dont il puiſſe eſtre limité. Il ne peut méme
borner ſes propres perfections , ou il ſeroit
deuant que d'eſtre , & il ſe produiroit quoy
qu'il ne puiſſe eſtre produit, puis qu'il eſt independant. Or eſt-il que s'il y auoit deux
eſtres independants chacun ſeroit imparfait
quoy qu'il dût embraſſer toutes ſortes de
perfections. En effet ou ils auroient de differentes proprietez d'eſpece & de nombre, ou
ils n'auroient qu'vne parfaite identité; ſi leurs
attributs eſtoient differents , chacun ſeroit

defectueux n'ayant pas les perfections de l'autre, ny formellement, ny en vertu, ny en éminence. Il ne les auroit pas formellement, si elles estoient formellement separées de son essence; Il ne les auroit pas en vertu s'il n'estoit capable ny de les receuoir ny de les produire, il ne les auroit pas par eminence veu qu'il n'auroit rien par dessus le Riual de sa grãdeur, & qu'il ny sçauroit auoir de disproportion dans l'egalité. Et qu'on ne m'obiecte point icy qui les trois Personnes Diuines ne laissent pas d'estre reéllement distinctes entre elles quoy quelles n'ayent reéllement qu'vne mesme essence. Ce ne sont pas trois estres absolus & acheuez, mais plustost trois termes d'vn estre dont la substance s'acheue par des relations, Ce ne sont pas trois essences mais trois hypostases independantes de tout autre que d'elles mémes. Encore faut-il dire qu'il ny a point de dépendance entre elles, mais vne pocession simple, qui n'emporte aucune sorte d'imperfection, & qu'il ny a point icy de priorité de temps ny de dignité, mais seulement vn raport d'vne chose à l'autre. Il y a vne generation & vne production Diuine, mais il ny a point de corruption ny de nou-

ueauté. Cela foit dit en paffant pour éclaircir vne matiere dons nous ne pouuons parler
que par des énigmes, & prouuons l'immutabilité de Dieu apres auoir étably fon exiftance.

V. Suppofé donc qu'il y ait vn premier eftre
comme perfonne n'en peut douter, que ceux
qui s'aueuglent volontairement par vne trop
grande lumiere, il faut qu'il foit tout Acte,
à l'exclufion de toute forte de Puiffance, côme on parle dans l'école, pource que toute
puiffance eft pofterieure à l'acte. Ainfi on
peut voir qu'il eft impoffible que Dieu fe
change, parce que tout changement empor-
tant quelque forte de puiffance pure dans ce
qui eft changé, Dieu qui eft tout acte n'en
peut fouffrir puis qu'il ne peut eftre en puiffance. En fecond lieu l'alteration que nous
remarquons dans les chofes ne vien pas
tant de leur fimple effence comme de leur
compofition, & c'eft pource qu'elles ont des
qualitez dont la multitude d'étruit la parfaite
vnité, qu'elles fouffrent des diuifions. C'eft
ainfi que la forme & la matiere fe changent,
parce que ce font deux effences fort diuerfes
quoy qu'elles ne faffent qu'vn compofé. C'eft

ainſi que les accidens quitent leurs ſubſtances, quoy qu'ils ne puiſſent ſubſiſter ſans elles, côme elles ne peuuent quelquefois ſubſiſter ſans eux. Et en ce ſens les ſujets intelle-
ctuels ſe peuuët changer, quoy que leur eſſence dure touſiours ; c'eſt que leurs qualitez ſe
peuuët perdre, ſi leur nature ſe doit touſiours
conſeruer. Mais s'il y auoit vn eſtre exempt
de toute corruption & qui fut infiniment parfaict, il ſeroit exempt de tout changement,
parce que commeil ne pourroit rien perdre il
ne pourroit rien acquerir. Or cét Eſtre n'eſt
pas vne idée de Platon, c'eſt veritablement
Dieu.

VI. En troiſieſme lieu, tout ce qui ſe meut
ne ſe transforme pas tout a fait quoy
qu'il ſouffre de l'alteration ; il demeure le
méme ſuiuant vne partie de ſoy, ſi l'autre
ſemble paſſer â vn autre eſtat. C'eſt ainſi que
lors qu'vn ſujet noir deuient blanc, il ne ceſſe pas d'eſtre ſujet quoy qu'il ceſſe d'eſtre noir.
Il garde ſon eſſence quoy qu'il abondonne vn
accident. Or Dieu ne pouuant eſtre ainſi par-
tagé entre deux qualitez contraires ny ſe tenir en deux conſtitutions diuerſes, puis qu'il
eſt parfaictement ſimple comme éternel, il

faut conclure qu'il ne peut estre muable.
Adiouftez à cela que tout ce qui perd son repos par le mouuement acquiert quelque autre bien qu'il n'auoit pas, & s'aproche d'vne
fin dont il estoit élogné. Or Dieu compre-
nant en foy la plenitude de toute forte de perfections en vertu de fon infinité, ne peut acquerir dans le temps aucun aduantage interieur qu'il n'ait poffedé dans l'Eternité. Il ne
fçauroit s'étendre à vn bien nouueau puis
qu'il est partout, & qu'il ne peut non plus
croiftre que diminuer. C'est pour cela qu'on
dit que Dieu est incapable de mouuemēt auffi
bien que de corruption, & qu'il change toutes chofes fans fe changer. Cette verité est vn
dogme du Chriftianifme, mais pourtant les
Payens l'ont reconneuë. Ils ont toufiours tenu le premier principe immobile parmy la
mobilité des autres, & ceux qui ont choqué
la mifericorde de Dieu n'ont ofé toucher à fon
immutabilité.

VII. Que fi Sainct Auguftin a dit en quelque lieu que Dieu fe meut, quoy ce ne foit
pas dans vn efpace de temps ny de lieu, Il faut
confiderer que ce grand Genie de la Theologie fubtile parle en cét endroit à la façon de

Platon, qui tenoit que le premier moteur ſe
mouuoit ſoy meſme eſtant immobile à tous
les autres ſuiets. Par ce mouuement il entend
toute ſorte d'operation, comme nous appellons de ce nom les actes de l'intelligence &
de la volonté, de l'amour & de la haine, quoy
qu'on les produiſe ſouuent dans vne haute
quietude. Tout de méme quand Dieu qui eſt
la Sageſſe méme, nous aſſure que la Sageſſe eſt
plus mobile que les choſes les plus mobiles,
ce n'eſt pas quelle ſe meuue en effet, mais ſeulement qu'elle enuoye ſa reſſemblance aux
dernieres choſes comme aux premieres. Et
certes il n'y peut rien auoir au monde qui ne
procede de la Sageſſe de Dieu par quelque
eſpece d'imitation, comme de ſon principe
formel & exemplaire, auſſi bien que de ſa
cauſe efficiente, & à la façon que les ouurages artificiels dépendent de la Sageſſe de l'Artiſan, qui forme premierement dans ſa teſte
la figure qu'il leur veut donner par la ſouplef-
ſe de ſa main. Ainſi comme cette reſſemblā-
ce de la Sageſſe de Dieu s'en va par degrés, &
des choſes hautes qui participent le plus à ce
beau raport elle vient aux plus baſſes qui y
participent le moins, c'eſt pour cela qu'on dit

que cette perfection de Dieu a vn certain progrés toute parfaite qu'elle est ; qui la fait passer d'vne chose à l'autre quoy qu'elle ne s'ebrâle point. C'est ainsi que nous disons que le Soleil semble descendre du Ciel en terre, pource que ses rayons y arriuent, & côme on regarde icy l'effet dans la cause, on regarde aussi la cause dans l'effet qu'elle produit.

VII. C'est ainsi encor qu'il faut entendre sainct Denys, quand il dit au Chapitre premier de sa Hierarchie Celeste; que l'auantage de la manifestation de Dieu vient à nous du Père des lumieres, qui se meut quelquefois bien qu'en luy il ny ait point de vicissitude ny vn ombre méme de changement. Enfin l'Ecriture témoigne en diuers endroicts que Dieu s'eloigne & qu'il s'aproche, & si S. Iacques nous auertit qu'il s'aprochera de nous, en cas que nous nous aprochons de luy, il ne faut pas croire que Dieu puisse estre absent & preset au regard d'vn méme suiet, n'y qu'il luy faille quiter le Ciel pour se trouuer sur la terre. Ce sont des expressions figureez & non pas de veritables mouuemens. C'est la metaphore qu'il faut considerer dans ces passages & non pas le sens literal. Dieu étant par essence au de-

dans

dãs de nous il ñ'y peut pas entrer de nouueau,
si ce n'est à la façon qu'on dit que le Soleil
entre ou sort d'vne maison où il enuoye ses
rais ; ainsi Dieu s'approche ou s'eloigne de
nous , suiuant que nous participons aux influences de sa bonté , ou que nostre malice
& desertion nous en rend indignes. S'il se
promene dans le Paradis Terrestre c'est plu-
tost en apparence qu'en verité. Ce pur Esprit
prend vn corps pour se faire voir , & se sert
d'vne Creature pour manifester le visage du
Createur.

IX. Ce n'est pas assez d'auoir prouué l'immutabilité de Dieu , ie veux montrer encor
que c'est vne perfection qui luy est propre & incommunicable aux Creatures mémes qui sont immortelles de leur nature.
Cette conclusion est appuyée sur l'authorité
de sainct Augustin , quand il dit que Dieu
seul est immuable , mais que les choses qu'il
a faites sont suiettes au changement , pource
qu'encore qu'elles ayent l'estre, elles vienent
du non estre. Mais la raison changera cette
opinion en euidence. Pour éclaircir donc
cette matiere, il faut presupposer qu'vne chose peut estre dite muable en deux façons , ou

par vne puiſſance qui eſt en elle, ou par vne
puiſſance qui eſt en vne autre ſujet dont elle
dépend. Toutes les Creatures deuant qu'elles fuſſent, n'eſtoient pas poſſibles d'eſtre par
vne puiſſance créee, veu qu'il n'y à rien de créé
qui ſoit éternel, mais par la ſeule puiſſance de
Dieu, entant qu'il les pouuoit produire, & les
faire paſſer du neant à la ſubſiſtance actuel-
le. Or comme la production des choſes dépend de la volonté de Dieu, leur côſeruation
en releue pareillement. En effet il ne les main-
tient en exiſtance qu'en la leur donnant touſiours, & conſeruer n'eſt autré choſe que
créer continuellement. D'où ie recueille que
ſi Dieu ſuſpendoit ou ſoutrayoit ſon concours, tout s'aneantiroit infailliblement; il
ne faut point vne action directe pour deſtruire toute les Creatures, il ne faut qu'vne ſimple ceſſation des ſoins du premier Agent.
Ainſi côme il eſtoit en la puiſſance du Createur que les choſes fuſſent ou ne fuſſent pas
deuant qu'elles fuſſent en elles mémes, il eſt
pareillement en ſa puiſſance de faire qu'elles
ne ſoient pas apres qu'elles ont eſté, & méme lorſqu'elles ſont. Et voila comment toutes les Creatures ſont muables par vne puiſ-

fance qui eſt hors d'elles, bien que quelques-
vnes ſēblent eſtre immuables d'elles mémes.
Cette puiſſance eſt enDieu qui leur peut oſter
librement ce qu'il leur a librement donné, &
reſerrer les riches effuſſions deſa bonté apres
les auoir répanduës. Il eſt vray qu'il eſt naturel au ſouuerain bien de ſe communiquer
ſouuerainement, mais les communications
qu'il fait de ſoy-meſme hors de ſoy-meſme
ſont libres & volontaires. C'eſt poùrquoy par
la mēſme indifferēce qu'il s'epanche il ſe peut
retenir au dedans de ſoy ; Nous auons beſoin de luy: mais il n'a pas beſoin de nous.
Comme il n'a pas laiſſé d'eſtre heureux durant la premiere éternité, quoy qu'il fut
ſeul, il ne laiſſeroit pas de l'eſtre durant toute
là poſterieuře, quand il auroit détruit toute la
multitude des choſes ; Et puis ce n'eſt pas par
obligation qu'il nousconſerue, c'eſt par vn
principe de bonté parfaitement deſintereſ-
ſée. Ne peut il pas donc nous refuſer en vn
temps ce qu'il nous octroye en l'autre ? A-t'il
moins de droit ſur cette Argille dont l'homme eſt formé, qu'vn potier ſur le vaſe de
ſes mains ! L'artiſan ne produit que la figure
ſur la ſubſtance, Dieu a produit la ſubſtance

& la figure?

X. La feconde façon dont vn fuiet peut
eftre muable c'eft par vne puiffance enfermée
dans fa nature & dans fes proprietez, & en
ce fens on peut dire que comme Dieu eft immuable par nature, toutes les Creatures font
fujettes au changement. Or il faut remarquer qu'il y à deux fortes de puiffance en elles, l'vne actiue & l'autre paffiue, l'vne qui
opere, & l'autre qui reçoit les impreffions
des autres agents. Mais ie veux prendre en
cét endroit la puiffance paffiue pour celle, fuiuant laquelle vne chofe peut acquerir fa perfection, ou en receuant l'eftre de quelque
principe, ou en acquerant la poffeffion de fa
fin. A confiderer maintenant la mutabilité
des Creatures fuiuant la puiffance qu'elles ont
au regard de l'eftre, elles ne feront pas toutes muables, mais celles-là feulement en qui
ce qui eft de paffif en elles peut fubfifter
auec le non-eftre. De la vient que les corps
inferieurs fe peuuent changer fuiuant leur
eftre effentiel auffi bien que fuiuant leur condition accidentelle. Leur matiere peut fubfifter auec la priuation de leur forme fub-
ftantielle, car bien que le premier fuiet de

la conftitution des chofes ait vn appetit n'a-
turel pour vn Acte qui le determine à faire vn
parfait composé; neantmoins cette inclination eft fi vague que par la mefme facilité
dont il prend vne forme, il l'abandonne, &
femble fe difpofer au changement mefme
dans la iouiffance. D'ailleurs vne fubftance
fe peut conferuer quoy qu'elle perde vn accident, comme vn homme ne ceffe pas d'e-
ftre abfolument ce qu'il eftoit quoy, qu'il ceffe d'eftre blanc. Ainfi il peut paffer de la blancheur à l'eftat de n'eftre pas blanc, & fe tranf-
figurer pour ainfi dire fans fe metamorpho-
fer. Il eft vray que lors qu'vne qualité accidentelle fuit les principes effentiels de fon
fuiet, la fubfiftance de celuy-cy ne peut compatir auec la priuation de l'autre, qui d'acceffoire qu'il eftoit femble paffer en proprieté.
Voila pourquoy fi l'homme peut deuenir
blanc fans changer d'effence, comme nous
auons deja dit, la neige neantmoins ne fçauroit deuenir noire. Quand aux corps Celeftes,
i'auoüe qu'eftant incorruptibles comme ils
font, leur matiere ne peut pas fouffrir la priuation de la forme, d'autant que leur forme
acheue & remplit parfaitement toute la

puiſſance, & capacité de leur matiere. Ainſi
leur eſtre ſubſtantiel eſt immuable, mais
leur eſtre local eſt changeant comme parle S.
Thomas;cela veut dire qu'ils peuuẽt changer
de lieu s'ils ne peuuent pas changer de nature. En effet le ſujet peut icy compatir auec
la priuation d'vn lieu particulier, quoy
qu'à parler en general il doiue eſtre neceſſairement en quelque lieu.

XI. Pour les ſubſtances incorporelles,
d'autant que ce ſont des formes ſubſiſtantes
acheuées, qui neantmoins ſẽblẽt auoir au regard de leur étre, vne eſpece de puiſſance auſſi
bien que d'acte, elles ne peuuent pas cõpatir
auec ceſte priuation d'acte, autrement elles
pourroient eſtre ſans elles meſmes. En effet
l'eſtre ſuit la forme dans les generations cõme dans les corruptions, & rien ne perit icy
bas que par la perte de la forme. D'ou vient
que dans la forme méme il n'y a point de
puiſſance au non eſtre, & par cette raiſon
l'eſtre des ſubſtances immaterielles eſt tout à
fait inuariable. C'eſt ce que le Diuin ſainct
Denys veut dire, quand il nous aprend que les
ſubſtances intellectuelles créees ſont épurées
de toute generation, & que la varieté qui

regne icy bas ne regne point dans ce haut
monde spirituel, qui n'a ny corps ny matiére. Ces esprits neantmoins se peuuent changer quelques immuables qu'ils paraissent, &
ie trouue que dans la simplicité de leur estre ils
le font en deux façons. La premiere est entant qu'ils font en puissance d'arriuer à leur
fin, car suiuant l'élection qu'ils font, ils peuuent passer du bien au mal, comme dit le Car-
dinal Pierre Damien, & mépriser Dieu aprés
l'auoir adoré. En second lieu, ils peuuent
changer de place, pource que leur estenduë
n'estant pas moins limitée que leur estre, ils
peuuent se rendre presents où ils n'estoient
pas, & prendre vne grande circonference a-
prés s'estre reduits à vn petit point. Dieu étant
par tout, ne peut pas cesser d'estre en vn lieu,
ny commencer d'estre en l'autre, & il n'est nõ
plus libre à se remuer qu'à n'estre pas Dieu.
C'est vne belle contrainte pour ainsi dire, que
celle qui l'empesche d'auoir quelque imperfection, le mouuement n'estant qu'vne tendan-
ce au repos, n'est qu'vne vraye inquietude,
enfin l'impuissance de changer de lieu est vne
marque d'excellence, veu que le pouuoir l'est
de foiblesse. Mais les creatures estant circon-

crites s'il est immense; elles tâchent d'acquerir vne espece d'immensité en occupant successiuement beaucoup de lieux, ne les pouuant pas occuper tous à la fois.

XII. De ce discours on peut recueillir que
toutes les choses créées se pouuant changer,
ou suiuant leur estre substantiel, comme les
corps sublunaires & corruptibles, ou suiuant
l'estre local seulement comme les corps Celestes, ou suiuant le raport qu'elles peuuent
auoir à leur fin ou par la diuerse applicatió de
leur puissance comme les Anges, & generalement suiuāt leur cōdition qui veut que dépē-
dant d'vn estre de qui le non estre dépend aussi bien que l'estre, elles puissent estre & n'être
pas; toutes choses dis-je estant ainsi muables,
il n'y a que Dieu qui soit immuable, pource
qu'il est au dessus de tous ces principes de chā-
gement. Il n'a point de forme ny de matiere,
étant l'Acte pur & vn esprit tres-simple & tres-
accōply; il n'a point d'accidents qui le perfe-
ctionnent, veu que ses actes mesmes contingents & les relations qu'il a aux creatures
ne font substantiellement autre chose que
son essence. J'ay dé-ja monstré qu'étant de
tout temps par tout, il ne pouuoit point occuper

cuper de nouuelle place. Il ne sçauroit nô plus changer de mœurs que de lieu, pource qu'estant la bonté souueraine il ne peut detourner sa nature au mal; & qu'il ne peut non plus passer du desir à la iouissance de sa fin, n'ayant point de fin hors de soy, & estant de toute éternité dans vne parfaicte possession de son bon-heur. Disons donques sur la terre ce que les Anges dirent dans le Ciel, quand vne Creature voulut aller de pair auecque le Createur; Qui est celuy qui pense estre comme Dieu? Que les plus grands Genies s'abbaissent deuant sa face aussi bien que les vermisseaux, & reconnoissent méme dans la plus haute éleuation de la gloire qu'ils ne sont proprement que vanité. Il est vray qu'ils sont immateriels mais non pas immuables; quoy qu'ils n'ayent point de corps ils ont pourtant des dispositions au changement, pource qu'ils ont la qualité de Creature. S'ils sôt en vn lieu de parfait repos c'est vne faueur de Dieu & nô pas vn priuilege de leur nature; ils sôt impeccables par grace mais à parler absolumêt ils peuuêt pecher d'eux mémes. L'immutabilité de leur election ne vient pas de leur liberté mais d'vne bien heureuse necessi-

I

té de la gloire. Ainſi l'incorruptibilité de leur eſtre conuient & à leur eſſence phiſique, mais celle de leur volonté ſe doit raporter à celle de Dieu. Ils ſont méme capables de changer de lieu ainſi que nous auons dit, bien qu'ils ſoient dans le Paradis, & comme le Roy des ſiecles a relegué les Démons dans l'enfer, il peut enuoyer quand il luy plaiſt les autres Anges ſur la terre. Quand aux formes ſublunaires qu'on appelle inuariables, on les appelle inuariables pour ce qu'elles ne peuuent eſtre le ſuiet où ſe fait le changement, & qu'elles ont vne eſſence tres-ſimple comme parle le Philoſophe; elles ſont pourtant variables en ce que le ſujet ne ſe change que pour elles; on ne les appelle pas eſtres comme ſi elles eſtoient le ſuiet de l'eſtre mais pource que c'eſt par elles qu'vne choſe eſt. Or comme il n'y a rien de nouueau ſans changement, on peut dire qu'elles ſont variables lors qu'elles ſont dans la nature.

XIII. Au reſte de l'immutabilité de Dieu, s'enſuit ſon éternité, comme la condition du temps ſuit le mouuement. En effet Dieu ne ſe pouuant changer eſt touſiours le méme, & pour eſtre touſiours le méme il faut qu'il luy soit impoſſible de n'eſtre pas. Il n'eſt pas ſeulement éternel, mais encor ſon éternité auſſi bien que ſon eſſence, pour ce que ſon eſtre eſt parfaictement vniforme, & qu'il eſt tout ce qu'il peut eſtre en vertu de ce qu'il eſt maintenant. Les autres choſes hors de Dieu, ne ſont pas proprement leur durée, c'eſt le rapport qu'elles ont au mouuemét desCieux, ou au premier moteur qui en compoſe les periodes, & elles ne ſemblent poſſeder que ſuceſſiuement leur eſſence, au lieu que Dieu poſſede tout à la fois vne vie interminable. C'eſt que leur eſſence ne contient pas d'abord tous les momens de leur exiſtance; elle eſt inuariable en elle méme, mais ſes modes ſe changent à chaſque moment. Nous ne pouuons pas diſpoſer auiour'dhuy de la iournée d'hier, comme hier nous ne pouuions pas menager celle d'auiourdhuy. Mais comment eſtce que Dieu ne ſeroit pas éternel veu qu'il compoſe méme l'eternité des autres choſes, & qu'ayant eſté deuant le monde il ſera encor apres. Les Philoſophes mémes Payens ont reconnu que l'autheur du monde auoit eſté deuant le monde, & l'Ecriture témoigne que Dieu regnera à iamais &

au de là. Or quand on entend ces paroles il ne
faut pas s'imaginer qu'il y ait quelque espace
de durée outre celuy d'vne durée interminable, car autrement il s'ensuiuroit qu'elle seroit l'imitée. Le sens donc de l'Ecriture est
que Dieu durera plus que tous les siecles, &
au de là de tous les periodes de temps ; non
seulement réel, mais encor imaginaire ; &
qu'encor qu'il y ait quelque chose d'éternel
aussi bien que luy, il durera encor plus pource qu'il a dé-ja toute l'existance, que les Creatures ne peuuent auoir que par succession, &
qu'encore qu'il les conserue tousiours, il les
pourra tousiours détruire.

XIV. C'est ce qui fait dire aux Docteurs que
Dieu seul est éternel quoy que plusieurs Creatures doiuēt durer tousiours. En effet il est par
nature ce quelles seront par priuilege, & pour
estre, il n'a besoin que de soy méme, au lieu
qu'elles ont tousiours besoin de luy. Dauant-
tage si elles ne doiuent iamais auoir de fin il
n'a iamais eu de commencement, & il a l'a-
uantage d'auoir esté lors qu'elles n'estoient
point encor, & de pouuoir estre encor tant
qu'elles seront. Et qu'on ne me die point icy
que Dieu ne possede pas sa vie toute à la fois,

veu qu'il ne la poſſede que par parties, & qu'il
ne peut eſtre éternel, eſtant ſuiet en quelque
façon aux differences du temps. L'eſcriture
ne parle-telle pas de luy au preſent & au paſſé, & peut-on dire que là où il y a ſucceſſion
d'inſtants ce il y ait vne durée totale & indiuiſible? Ie répons à cette obiection que
le ſainct Eſprit voyant que nous ne ſçaurions
ſupporter la force de ſon langage, l'accommode à noſtre foibleſſe. Ainſi il nous fait penſer de Dieu comme des Creatures & ne ſe
ſoucie pas de ſe rendre vn peu familier pourueu qu'il nons rende habiles en nous inſtrui-
ſant par des idées groſſieres. En ſecond lieu
l'Eſcriture attribuë à Dieu beaucoup de choſes qui marquent le flux du temps, pour ce
qu'en effet tous les temps ſont enfermés dans
ſon éternité immuable. Ainſi ce n'eſt pas n'y
le preſent n'y l'auenir qui le reigle, c'eſt luy
qui reigle le preſent & l'auenir. Et quoy qu'vn
Philoſophe die que l'éternité eſt vne eſpece
de meſure, Dieu neantmoins n'eſt pas meſuré
par là, pour ce que ſon eſſence & l'éternité ne
ſont qu'vne méme choſe, mais on peut dire
que l'imenſité de ſa durée eſt la meſure de celle des Creatures.

XV. L'Aigle des Docteurs exprime fort
bien cette verité en difant auec vne deuotion
égale à la fubtilité de fon efprit. Vous eftes
grand, Seigneur, & vous ne vous amoindrif-
fez iamais. Il n'y a point d'auiourd'huy à
voftre regard, pource que vous eftés l'Ancien des iours ou biẽ l'auiourd'huy fe trouue
en vous puis que tout ce qui eft doit eftre en
vous, comme il ne peut eftre que par vous.
Tout éternel que vous eftes vous contenez
les chofes qui paffent, & comment pafferoiẽt-
elles fi vous ne les appuyés , & pour ce que
vos années ne defailliront point, cét auiour-
d'huy eft vne de vos années, qui fait tous les
fiecles des noftres, & fera tous les nombres
auffi bien que toutes les diuerfitez des temps.
Au refte, vous eftes toufiours le mefme ;
cependant que les autres chofes font changeantes. Elles font d'hyer ou d'auiourd'huy,
mais vous eftes de toufiours. Vous agiffiés
hyer, vous agirez demain, & neantmoins
vous feréz demain tout ce que vous eftiés
hyer. Il n'y a rien qui ait paffé à l'égard de vos
yeux cõme s'il n'eftoit plus, ny rien qui foit à
venir cõme s'il n'eftoit pas encore. Les temps
paffent fous vous, mais ils ne vous échapent

pas, vous n'attendez point les chofes futures, comme fi vous ne les connoiffiez pas encore, vous ne vous fouuenez point des paffées comme fi vous les auiez oubliés, & vous né-prouuez point les prefentes comme fi vous auiez befoin d'vne fcience experintuale. Quoy qu'il n'ait rien qui ne foit contingent hors de vous, tout vous a efté neceffairement prefent, méme lors qu'il n'y auoit rien dans le monde. Ce difcours femble eftre hors d'œuure, neantmoins c'eft vne piece ne-ceffaire à mon deffein. Ie deuois parler de l'inmutabilité de Dieu apres auoir parlé de la mutabilité de toutes les chofes créees. On ne doit pas fe dégouter d'ouyr parler de celuy, dont on ne peut affez parler, puis qu'on fe plaift à ouyr faire mention de ce qui eftant indigne de nos paroles, nous deuroit obliger à garder vn filence perpetuel.

Qu'encore que Dieu soit immuable & éter-
nel, il semble receuoir quelque chan-
gement dans le temps.

CHAPITRE IV.

AIS pour reuenir au suiet de ce traité; encore que les verités que ie viens de proposer soient moins de simples opinions que des articles de foy, il est certain neantmoins que ce méme Dieu que nous auons veu si immuable semble changer en quelque façon, & dépendre du temps bien qu'il soit en possession de l'Eternité. Pour prouuer cette verité ie ne me seruiray pas de l'erreur des idolatres, qui comme parle sainct Paul, traitent leurs Dieux comme des hommes, voire comme des animaux déraisonnables. Ils ont changé la gloire d'vn estre corruptible à la bassesse des estres corruptibles, & osté des autels au Tres-haut pour les donner à des reptiles. Dauantage ils nous representent des

Dieux

Dieux de toutes sortes d'âges aussi bien que de toutes sortes d'états, vn Apollon qui n'a point de barbe, & vn Esculape dont le menton est tout herissé de poil, vn Iupiter qui tonne, & vn Mercure qui dérobe, vne Venus qui fait de l'impudicité vne espece de religion, & vne Diane qui consacre la chasteté. Au reste cés Diuinités font entr'elles des paix & des guérres, elles ont de l'amour & de la haine, les vnes n'aissent, les autres meurent. Ie laisse à part cez étranges metamorphoses qui abaissent cés estres souuerains au dessous des moindres creatures de l'Vniuers. Puisque le pere des Dieux se change en taureau, que doit-on penser des autres? Ne fait-il pas beau voir Iupiter qui se rend beste pour estre Amant? Il descend encore à vne condition inferieure à celle là, & pour n'auoir plus le degré de sensitif qu'ont les animaux, ny celuy de vie que les plantes mémes participent, il se transforme en rosée. Voila les fables qui ont fait les mysteres des Payens; Voila comment le Diable aprés auoir fait changer le culte de la vraye Diuinité pour le donner à des idoles, a fait mesme changer les idoles pour faire tomber les hommes d'vne erreur aueugle dãs

K

l'autre. Tant il eſt vray que lors qu'on ſe
détourne du droiĉt ſentier, plus on s'auance,
plus on recule.

II. Comme ie ne puis ſouffrir l'impieté re-
ligieuſe ou pluſtoſt ſuperſtitieuſe des adora-
teurs des faux Dieux, ie ne puis auſſi conſen-
tir à l'hereſie de ceux qui n'ont ſemblé reconnoiſtre le vray Dieu, que pour l'offenſer,
ny reuerer ſon vnité que pour y mettre des
diuiſions temeraires. Ainſi ie crie Anatheme
contre les Ariens qui croyoient que pource
qu'il y auoit diuerſes perſonnes en Dieu il y
auoit du changement, & que le Pere eſtant
le Principe du Fils au lieu que le Fils ne l'eſt
pas du Pere, il falloit que le Fils fut moindre
que le Pere, & que ſi l'vn eſtoit Createur l'autre n'eſtoit que Creature. Ils adioutoient
qu'il n'y peut point auoir de generation ſans
mutation, & qu'il ſe trouuoit quelque mutation en Dieu, puis qu'il s'y trouuoit vne
parfaite generation. Ces blaſphemateurs
deuoient conſiderer qu'encore qu'il y ait
piuſieurs perſonnes en Dieu, ce ne ſont
pas des principes de changement eſtant éternelles comme elles ſont, veu mémeque ſi elles different entr'elles par leurs proprietés

relatiues, elles ne ſont qu'vne meſme choſe par leurs perfections abſoluës. Que celles qui produiſent ne laiſſent pas d'eſtre ſemblables en eſſence à celle qui ne produit point, veu que ce n'eſt pas en elle vne marque d'impuiſ-ſance, mais de l'acheuemẽt de la natuce, qu'elle participe auecque les autres. Que le Pere n'eſt pas plus grand que le Fils, puis qu'il n'a iamais eſté deuant luy, & que ce n'eſt pas par liberté, mais par vne parfaite neceſſité de nature qu'il luy a communiqué toute ſon eſſence.

III. Qu'il n'y peut point auoir d'inégalité entr'eux, veu que le Verbe dit que qui le voit voit ſon pere, & lors que dans l'Euangile il ſe dit inferieur à luy, c'eſt la natvre humaine qu'il abaiſſe ainſi, & non pas la Diuine qui ne ſçauroit perdre ſon degré d'eleuation. Qu'il eſt impoſſible que le Pere eſtant Dieu, le Fils ne ſoit que creature, veu que comme la paternité emporte la filiation, & que la generation demande que le ſuiet qui eſt engendré ſoit ſemblable en nature à celuy qui l'engendre, il faut qu'vn fils creè ait vn pere creé, & qu'vn pere diuin ait vn fils diuin. Autrement l'eſtre produit ſeroit l'image formelle de l'eſtre

improduit, & *Dieu* communiqueroit Phy-
fiquement fon effence à ce qui n'y participeroit point. C'eft ainfi que le pere auroit vn
fils & n'en auroit pas, il s'engenderoit fans
engendrer, il fe donneroit à vn terme qui ne
receuroit rien de luy. Qu'enfin bien que les
generations des creatures emportent quelque
forte de changement, la generation d'vne
perfonne diuine ne laiffe pas de s'accorder veritablemét auec l'immutabilité. En effet il n'y
a point là de production d'vne perfonne qui
n'ait toufiours efté, où qui ait pû n'efttre pas:
le Principe & le terme font de mefme âge, &
comme le fils éternel n'a iamais efté fans pere, le pere n'a iamais efté fans fils. Au refte
quand vne de ces perfonnes diuines produit
l'autre, elle ne la produit pas comme vn fuiet
feparé de fa nature indiuiduelle, mais comme
la tige d'vn mefme tronc & le dernier terme
d'vne mefme effence acheuée. C'eft ainfi que
fi vn homme fe produifoit, il n'y auroit pas
de changement dans fon effence, quoy que
l'effence fe dût changer s'il produifoit quelque fuiet hors de luy. Ce s'eroit le mefme
homme, mais il feroit produit deux fois, &
il auroit eu pour ainfi dire deux fubfiftances

differentes. Nous pouuons dire par quelque
ſorte de proportion, que tout ce qui ſe produit au dedans de Dieu eſt éternel, pource
que ſa nature eſt improduite, & qu'il n'émane
rien d'elle qui n'y demeure. Elle ſe multi-
plie en trois hypoſtaſes relatiues, & non pas
en trois ſuiets abſolus.

IV. Ie ne veux pas auſſi eſtablir la verité que
i'ay propoſée par l'erreur de ceux qui ont vou
lu donner vn corps à ce pur eſprit, & qui ont
aſſeuré qu'il faloit entédre à la lettre, que Dieu
eſt deſcendu du ciel en terre, pource qu'il ne
pouuoit pas eſtre à meſme temps dans la terre & dans le ciel ; que quand l'eſcriture dit
que Dieu nous quite il ne demeure plus au
dedans de nous ny par eſſence ny par preſence, & qu'il ny reuient point qu'apres s'en
eſtre abſenté. D'autres pour deſtruire l'erreur
des Vbiquetaires ont pris vne opinion toute
contraire, & comme les vns ſoutenoient que
IESVS-Chriſt eſtoit par tout auſſi bien entant qu'homme qu'entant que Dieu : Les
autres ont ſouſtenu que Dieu n'eſtoit non
plus par tout entant que Dieu, qu'entant
qu'homme. Enfin d'autres ſe ſont perſuadés
que Dieu auoit créé le monde pour ſe rendre

plus heureux, qu'il n'eſtoit auparauant, &
que lors que le Fils éternel ſe fit homme dans
le temps il ceſſa d'eſtre éternel. Ces mauuaiſes maximes ne ſçauroient établir mon
opinion veu que ie ſuis obligé de les renſer-
ſer. I'en ay dé-ia deſtruit quelques vnes, &
la ſuitte de ce diſcours feira voir que les autres ne ſubſiſtent que ſur des fondements ruineux. Ie dy donc ſans m'arreter à des raiſons
ſi déraiſonnables qu'il y a eu apparemment
dans l'Eternité quelque fondement en Dieu
pour vne eſpece de changement qui luy eſt
propre, & que durant les ſiecles il ſemble
auoir certains modes qu'il n'auoit pas.

V. Pour entendre cette premiere propo-
ſition, il faut ſuppoſer qu'en Dieu il y a diuerſes ſortes d'Actes quoy qu'il y ait vne eſſence
parfaictement ſimple, & qu'ils ne laiſſent pas
d'eſtre diuers à noſtre façon de conceuoir
quoy que rééllement ce ne ſoit qu'vne méme
choſe. Mais il me ſemble qu'on les peut tous
reduire à deux, aux contingents & aux ne-
ceſſaires, c'eſt à dire, à ceux qui ſont tellement qu'ils ont pû abſolument n'eſtre
pas, & à ceux qui n'ont iamais pû n'eſtre pas
deuant qu'ils fuſſent. C'eſt ainſi qu'on tient

que les Actes d'intelligence par lesquels Dieu se connoit n'ont iamais dependu de sa liberté, mais ceux par lesquels il connoit les Creatures actuelles ont esté libres, pource que comme il connoit les choses presentes comme presentes pource qu'il les a creées, il les pouuoit connoistre côme simplement possibles, s'il n'eust pas voulu leur donner l'estre comme rien ne ly obligeoit. Il pouuoit donc au lieu d'vn Acte en auoir vn tout contraire. Et quoy que supposé qu'il se soit déterminé, il ne puisse maintenant reuoquer sa resolution, parce que cette reuocation emporteroit de l'ignorance & de la foiblesse; il est certain neantmoins qu'il est encor libre quand à ses Actes comme il là tousiours esté, pource qu'il n'agit dans temps que comme il a voulu agir dans le l'Eternité, & ayant voulu agir librement dans l'Eternité il s'enfuit que dans le temps il n'agit point par vne necessité contraignante. De ce principe ie tire cette conclusion, que puis qu'on dit que les Anges ont pû changer en ce qu'ils ont esté en puissance de faire vne eslection volontaire entre deux contraires, il semble qu'on peut dire que Dieu a sêblé muable dans l'Eternité puis qu'il a esté en puissance de se resoudre à deux Actes opposés, à produire où à laisser dans le néant, a conceuoir de la haine ou de l'amour, à vser d'indulgence ou de seuerité. Et quoy que cette puissance qui a esté en Dieu n'ayt iamais esté sans Acte, il suffit pour la preuue que i'ay à faire qu'elle ait pû estre sans celuy qui est dé-ja, & que s'il n'y a pas de priorité de durée entre la puissance & l'acte, il y en a en quelque façon de nature. Adioutés à cela que le nom méme de contingents qu'on donne a cette sorte d'Actes à quelque raport a la mutation, & quoy qu'ils soient des exercices de l'essence de Dieu, il est certain neantmoins qu'ils ne sont pas de son essence. Nous trouuons donc deuant les siecles vn changement virtuel en Dieu, nous en allons voir vn autre qui semblera presque formel.

VI. Ie dy dont qn'encore que cét étre independant ne puisse croitre ny diminuer en perfection, il est certain pourtant qu'acquerant tous les iours de nouueaux titres qu'il n'auoit pas dans l'Eternité, il faut qu'il y ait en luy quelque sujet formel qui fonde ces dedominations, & qui ne soit pas éternel, quoy qu'il appatienne à vne substáce éternelle. En effet

Dieu

Dieu n'a point crée dans l'Eternité & il crée dans le temps, il n'eft feigneur que pour ce qu'il a des fujets, & ce n'eft que depuis qu'il a produit le monde que nous auons veu des effets de fa douceur & de fa vangeance. Ie ne veux pas dire par là que Dieu puiffe acquerir dans le temps quelque bon heur qu'il n'auoit pas dans l'Eternité, ny que fon vnité ne fut preferable à la multitude de toutes les Creatures. Il ne s'eft pas communiqué pour receuoir quelque beatitude, mais pour nous faire part de la fienne. Apres tout fa fatisfaction interieure ne fçauroit croiftre quoy que fa gloire exterieure puiffe croiftre & diminuer fuiuant le refpect ou la negligéce des Creatures. Ces vfages donc que Dieu fait de fon effence quand il crée & qu'il aneantit, quand il détruit ou qu'il conferue, quand il couronne ou qu'il condamne, ces exercices dif-je n'eftant point des perfections fimples en Dieu, ny des qualites accidentelle puis que Dieu eft auffi incapable d'eftre le fuiet d'vn accident comme de changer d'effence, il faut dire qu'il y à des modes en Dieu qui tiennent de la nouueauté, & qu'il eft à prefent ce qu'il n'a pas toufiours efté. Ce n'eft

L

pas à dire pourtant que ces vſages ne ſoient même choſe que l'eſſence de Dieu quand ils ſont, mais à parler dans l'abſtraction l'eſſence de Dieu ſemble eſtre diſtincte d'eux, puis qu'elle a eſté deuant qu'il fuſſent. On ne doit pas auſſi penſer que ces exercices quelques menus qu'il ſoiēt derogēt à la maieſté de Dieu puis que ce ne ſont point ny des accidents ny des ſubſtances qui luy arriuent, mais des emplois actuels & limitez de ſes perfections infinies, Outre que c'eſt par ces marques exterieures que Dieu ſe fait reuerer aux Creatures tant s'en faut que le mépris de ſa grandeur en puiſſe venir.

VIſ. Et qu'on ne die point icy auec quelques Platoniciens Viſionnaires, que Dieu ne fait rien dans le monde quoy qu'il y ſoit tout Puiſſant, que ce n'eſt pas luy qui agit, mais que ce ſont les Creatures qui trauaillēt cependant qu'il ſe donne du repos. Quoy! eſt ce le Caractere de l'Acte pur que d'eſtre oyſeux! Dieu ſemblera-t'il plus foible ou moins ſoigneux que les Creatures? Abandonnera-t'il ſon Royaume au dereglement apres en auoir fait les loix auſſi bien que le fonds de ſon eſtenduë. Mais pour reconnoiſtre que Dieu

agit par foy méme, nous n'auons qu'à confiderer que les chofes ne peuuent pas agir deuant que d'eftre, veu que l'eftre eft le principe
de l'action, & par confequent il faut que
Dieu ait agy pour créer des fujets qui puffent
agir. Que s'il a vne fois agy pourquoy ne
pourra-t'il pas agir de rechef? Eft il deuenu foible pource qu'il s'eft môtré tout puiffant? l'a-
joute qu'il y a des actions qu'il faut que Dieu
produife neceffairement puis qu'il eft impoffible qu'elles foient produites par des Creatures. Il n'y a que Dieu qui nous puiffe iufti-
fier pource qu'il ny à que Dieu qui nous puiffe
dôner la grace, & que toute la nature ensêble
ne fçauroit faire vn eftat fur-naturel. Que fi
Dieu agit pour la furnature pêfons nous qu'il
ne puiffe pas agir auffi bien pour la nature?
Nous doit-il laiffer douter de fa Prouidence,
en nous montrant la grandeur infinie de fon
pouuoir? On peut voir par là que ceux qui
nous reprefentent vn Dieu ftupide, & qui
ont peur qu'il ceffe d'eftre premier moteur
s'il s'excite tant foit peu, font encor plus dangereufement abufés que ceux qui difoient au
contraire que nous ne faifons rien, mais que
Dieu fait tout en nous, que comme nous
n'auons point de puiffance nous n'auons

point auſſi d'employ, qu'enfin la ſeule cauſe
premiere produit tout ce qu'on dit que les
ſecondes produiſent auec ſon coñcours ordinaire.

VIII. Mais Dieu ne ſemble ſeulement
capable d'vn changement accidentel, qui
neantmoins n'eſt pas vn vray changement, ie veux montrer enco. que ſi ſon
eſſence eſt immuable en effet neantmoins
elle ſe change en apparence. Ie fonde ce raiſonnement ſur ce que Dieu s'eſt vny a vn
corps, bien qu'il ne puiſſe eſtre corps ny en
tout n'y en partie, côme couclut ce Docteur
qui n'eſt pas moins Diuin qu'Angelique.
Il a raiſon de dire que Dieu n'eſt pas corps
parce que mouuant toutes choſes il eſt immobile luy méme, au lieu qu'on peut môtrer
par vne induction generale qu'il n'y a point
de corps qui meuue qui ne ſoit meu. En ſecond lieu il eſt de neceſſité auſſi bien que de
bien ſeance que le premier éſtre ſoit tout en
Acte & nullement en puiſſance, car bien
qu'en vn ſujet qui paſſe de la puiſſance à l'a-
cte, l'Acte ſoit poſterieur à la puiſſance, neantmoins à parler abſolument l'Acte eſt premier que la puiſſance, pour ce que tout ce qui

est en puissance ne se reduit en Acte que par vn estre actuel. Or est-il que Dieu est le premier estre, comme on le peut demontrer par raison, & qu'il est determiné par des articles de foy, & partant il est impossible qu'il y ait rien en Dieu qui soit en puissance, puis qu'il n'y a rien qui ne soit en Acte. Tout corps au contraire est en puissance en quelque sens qu'on le prenne, par ce que le continu est tousiours diuisible apres auoir esté diuisé vne infinité de fois. D'ou il s'ensuit que Dieu estant vn pur esprit, il est impossible qu'il soit corps. Enfin *Dieu* estant le premier estre en existance l'est aussi en perfection ; & son excellence par dessus les autres paroist assez en ce qu'il est leur principalle fin, au lieu qu'il n'a ny fin ny principe. Or il est impossible qu'vn corps soit le plus noble de tous les estres veu quen'estant qu'au dernier étage, il ne peut pas faire la premiere éleuation. En effet ou vn corps est viuant où il est inanimé, s'il est viuant il est bien manifeste qu'il est plus noble qu'vn autre qui ne l'est pas, mais d'ailleurs il est veritable que n'estant pas viuant entant que corps, autrement il ny auroit point de corps sans vie, il vit par quelqu'autre chofe qui eft hors de fon effence, quoy qu'elle luy foit vnie. C'eft ainfi que noftre corps vit par noftre ame, & que ce peu d'argile figurée eft viuifié par le foufle méme du Tout Puiffant. On peut recueillir de là que le corps le plus excellent d'entre ceux qui viuent eft moins noble que ce qui le fait viure formellement, & partant Dieu ne fçauroit eftre vn corps veu qu'eftant le plus noble de tous les eftres, il ne peut tenir la vie d'vn eftre moindre que luy.

IX. Ce raifonnement eft auffi beau qu'il ft éleué. Il ne conclut pourtant pas que Dieu n'ait pris vn corps par vne vnion tres intime, & tres veritable, quoy qu'il ne puiffe eftre corps par effence. Ie ne parle pas icy feulement par figure, i'exprime vne verité fubfiftante. Ie ne fais pas comme ceux qui ont crû que Dieu eftoit neceffairement corps, puifque les dimenfions du corps luy eftoient attribuées dans l'Ecriture, quelque fpirituel qu'il fut. Que Iob affeure qu'il eft plus haut que le Ciel, & plus profond que l'Enfer, que fa mefure eft plus longue que toute la terre, & plus large que la mer. Qu'au refte Dieu eft corporel eftant figuré, puis que la figure estant vne qualité qui ne conuient qu'à la quantité, & la quantité vn accident inſepa-rable des ſubſtances materielles, vne eſſence immaterielle ne ſçauroit eſtre figurée. Qu'on ne peut douter qu'il n'y ait quelque figure en Dieu, veu que la Trinité dit dans la Geneſe, faiſons l'homme à noſtre image & reſſem-blance, or toute image eſt vne figure, com-me ſanct Paul dit aux Hebreux quand il ap-pelle le Verbe Eternel la ſplendeur de la gloi-re, & la figure de la ſubſtance de ſon Pere. Que tout ce qui a des parties corporelles ne peut pas eſtre vn pur Eſprit; Or eſt-il que l'E-criture attribuë des parties à Dieu, quand el-le dit que perſonne n'a le bras égal à celuy de Dieu, que ſes yeux ſont ſur les iuſtes quoy qu'il ne laiſſe pas de voir les impies, & que la d'extre du Seigneur a fait paraiſtre ſa force, parmy la foibleſſe de ſes ſujets. Ils adiou-tent qu'il n'appartient qu'aux corps d'auoir vne aſſiette ſenſible, & qu'il faut qu'vn ſujet ſoit corporel pour eſtre vn terme local qu'on acquiere ou qu'on abandonne. Que ſuiuant cela Dieu n'eſt pas vne ſubſtáce incorporelle, puis qu'Iſaie dit qu'il l'a veu aſſis, & apres qu'il l'a veu de bout pour iuger. Que le Prophete

Roy nous aduertir de nous approcher de luy,
pour voir chaſſer nos tenebres, Que d'ailleurs l'Ecriture dit que ceux qui s'eloignent
de luy s'approchent de leur ruine, & quićtant
le Ciel pour la terre, la terre les punira pour
vanger le Ciel.

X. Voila les arguments qu'on apporte
pour prouuer la materialité de celuy qui
s'appelle Intelligence par vn droit d'excellence incommunicable. Or quoy qu'ils ayent
de l'apparence ils n'ont point de ſolidité, &
ceux qui croyent que ce raiſonnement eſt in-
uincible ne monſtrent pas que Dieu ſoit
corps comme ils pretendent, mais ils montrent bien quoy que contre leur intention
qu'ils n'ont pas beaucoup d'eſprit. En effet
ils ſe rendront plus ſubtils & plus raiſonnables, s'ils conſiderent que l'Ecriture ſainćte
accommodant la grandeur de ſes myſteres à
la baſſeſſe de nos penſées, nous donne à connoiſtre des choſes ſpirituelles & diuines par
l'idée des corporelles. D'où viēt que lors quelle attribuë à la premiere intelligence du monde les tres dimenſions des corps, elle nous
veut repreſenter ſa quantité virtuelle ſous la
forme de la corporelle, qui eſt propre des
Creatures.

Creatures. Par la profondeur de Dieu elle nous declare la vertu qu'il a de connoistre les choses cachées aussi facilement que les plus visibles; par sa hauteur elle nous marque l'eminence de sa perfection & de son pouuoir par dessus toutes les autres choses, & nous fait voir que bien qu'il soit la base de toutes choses il en est aussi le faiste, & qu'il est infinimēt plusesleué au dessus du Ciel, que le Ciel ne l'est au dessus de toute la terre. La longueur qu'on luy donne signifie la durée de son estre qui n'aura iamais de fin comme elle n'a iamais eu de commencement. Sa largeur monstre l'amplitude de son immensité, & la multitude de ses perfections infinies, ou bien nous pouuons entendre par là cette grande estenduë de cœur qui le porte à aymer toutes choses en general comme s'il n'ē aymoit specialemēt aucune, & châcune en particulier cōme s'il ne les aymoit pas toutes en generàl. Sainct Denys explique cela d'vne autre façon, qui reuient neantmoins à vn méme sens, quand il dit, que la profondeur de Dieu est vne expression de l'incomprehensibilité de son essence, que sa longueur n'est autre chose que sa vertu, qui penetre tout &

M

se répand sur toute choses, qu'en fin sa largeur est comme l'aisle ou l'Asile, sous lequel elles treuuent leur protection, pour ce que s'estendant souuerainement à toutes choses, il les fait subsister pour ce qu'il est en elles.

Il faut repondre à la deuxiesme obiectiõ que c'est au regard de l'ame & non pas du corps que l'homme est dit estre fait à la ressemblance de Dieu, & qu'il ne peut auoir de raport à luy en vertu de ce qui le rend égal aux brutes, mais en vertu de ce qui le constituë superieur à leur condition. En effet comme suiuant la partie basse de soy-mesme, il n'a rien par dessus les animaux, il les surpasse par les aduantages de la plus haute à sçauoir par l'intellect & par la raison accompagnée d'vne volonté libre. Or ces proprietez par lesquelles l'homme ressemble a Dieu estant purement incorporelles, elles montrent euidemment que Dieu n'est pas corps veu qu'il n'y a point de perfection dans l'image qui ne doiue estre dans l'exemplaire, & que l'effet en tant qu'effet ne sçauroit estre plus excellent que sa cause. Que si l'Ecriture semble attribuer des parties corporelles a cette Intelligence indiuisible, ce n'est pas par vne proprieté qui soit en

Dieu, mais par vne espece d'analogie. Cela
veut dire que comme l'acte de l'œil c'est de
voir, & de la main d'operer, on dit que Dieu
a des yeux pour ce qu'il découure tout, & des
mains pource qu'il agit sans cesse quoy qu'il
soit tousiours dans vn repos acheué. Mais
il faut considerer que s'il voit ce n'est pas vne
veuë sensible mais intelligible, & qu'il
n'a ny bras ny mains quoy qu'il puisse plus
agir en vn instant que tous les bras & toutes
les mains des hômes réels & ou possibles. Ce
que i'ay dit des parties se peut dire aussi de la
situation au regard de *Dieu*. Si l'on nous dit
qu'il est assis ce n'est pas par lassitude, mais
on nous veut figurer l'immobilité de son étre
& de son authorité, comme quand on le peint
debout, on nous represente sa force, qui ne
sçauroit estre n'y rompue n'y flechie, & qui
ne trouue point d'obstacle quoy qu'elle trouue des aduersaires. Enfin ce n'est pas auec des
pas corporels qu'on s'approche ou qu'on s'e-
loigne de celuy qui est par tout, mais par les
affections de l'ame. Ces approches & ces re-
culemens marquent vn mouuement spirituel
sous la figure d'vn corporel, & c'est icy qu'il
est veritable, que la lettre ne sert de rien, mais

que c'eſt l'éprit qui viuifie,

XI. Mais s'il eſt vray que Dieu n'eſt pas corps il eſt certain neantmoins qu'il a pris des corps pour ſe manifeſter aux hommes, & qu'il s'eſt rendu ſenſible pour nous faire reconnoiſtre ſon inſenſibilité. C'eſt ainſi que nous liſons qu'on le vit ſe promener dans le Paradis Terreſtre tout immobile qu'il eſt, & chercher Adam comme caché quoy qu'il fut beaucoup plus preſent à cét hõme qu'il ne l'eſtoit à ſoy meſme. Nous treuuons encor en d'autres endroits qu'il paroiſt tantoſt comme vne nue, & puis comme vn buiſſon qui ne ſe conſomme point quoy qu'il ſoit au milieu des flames. Il ayme tellement les hommes que pour leur aprendre quelque myſtere, ou les reprendre de quelque faute, il ne ſe côtente pas de paraiſtre en Ange ou en homme, il paraiſt encor ſous la forme d'vn ſujet inſenſible pour ſe rendre plus familier. Ie ne rechercheray point icy ſi Dieu ſe ſeruoit immediatement des corps où s'il ne s'en ſeruoit que par l'entremiſe des Anges ; ie diray ſeulement qu'encor que Dieu vſaſt de ces figures materielles il ne laiſſoit pas d'eſtre immateriel, parce que le corps qu'il auoit n'eſtoit

non plus vny à luy qu'vn Pilote à vn vaisseau.
Ainsi bien que ces apparitions externes fissent
croire aux ignorans qu'il y auoit en Dieu
quelque espece de changement, les habiles
voyoient toufiours qu'il estoit parfaictement
immobile, quoy que pour se manifester a
nous il remuât sensiblemét quelques creatures. Mais ne dira-ton pas qu'il y a veritablement quelque appprence de changemét dans
son immutabilité, voyant qu'il s'est reuestu
de chair humaine, & a vny vn corps à soy
d'vne façon si estroite qu'il ne se fait qu'vn
composé de Dieu & d'vn homme. Ce n'est-
pas que la Diuinité soit deuenue charnelle
ny la chair diuine, côme ont dit quelques
heretiques; la conionction des natures n'en-
porte point de confusion, mais il n'y a qu'vne
subsistance quoy qu'il y ait deux essences. Le
verbe commence d'estre ce qu'il n'estoit
pas sans cesser d'estre ce qu'il estoit, &
l'homme subsiste par l'hypostase d'vn Dieu,
sans cesser d'estre par soy méme. Or cette
vnion admirable estant vn effet du temps &
non pas de l'Eternité, on peut dire qu'en
Dieu il y a côme du chaugemét, nõ pas qui en-
porte de l'imperfection en luy, mais qui sert

à l'acheuement des Creatures. Et quoy que cette mutation semble luy estre accidentelle, il est certain qu'en vn sens elle peut sembler substancielle en quelque façon.

Pour entendre cecy il faut sçauoir au prealable que les Docteurs disent cōmunemēt qu'en vertu de l'incarnation, c'est à dire de l'vnion du Verbe de Dieu auec la nature humaine, il y a communication didiomes entre les deux natures, c'est à dire que ce qu'on attribuë à l'vne se peut attribuer à l'autre. Ainsi comme l'on dit qu'vn ver de terre qu'on appelle homme est tout puissant, qu'il tonne dans le Ciel lors qu'il pleure dans vne creche, qu'il est immortel quoy qu'il soit sujet à la mort, on dit pareillement de Dieu qu'il est foible dans sa toute puissance, qu'il est Eternel & que neantmoins il naist dans le temps, qu'il sanglotte dans vn berceau, quoy qu'il triomphe dans l'empyrée. Ie reueille de ces maximes qu'il ny a point de sorte de changements qu'on ne puisse treuuer en Dieu, non pas à raison de sa nature immuable, mais a raison d'vne autre nature muable qui luy est iointe. Dieu est sujet au mouuement accidentel ou d'alteration, puis que l'homme

peut paſſer de la chaleur au froid, & du froid
à la chaleur. Il eſt encor ſuiet au mouue-
uement local tout inmenſe qu'il eſt, pource
que l'homme qui eſt vn greffe enté ſut ce
grand arbre de vie, quitte vn lieu pour en
prendre vn autre. Nous trouuerons encor en
luy vn changement ſubſtantiel au ſens que
i'ay dit, ſi nous conſiderons qu'on dit qu'il
naiſt & qu'il meurt, & qu'il eſt corruptible
dans ſa parfaicte incorruptibilité. Sainct Paul
paſſe bien plus auant quand il dit que noſtre
Seigneur ne s'eſt pas ſeulement aſſuietty à la
mort, mais encor qu'il s'eſt aneanti volontairement. Or eſt-il qu'il ny a point de changement ſubſtantiel plus grand que l'aneantiſſe-
ment, & comme il faut bien de la force du
coſté de la cauſe productrice, pour nous faire
paſſer du non-eſtre à l'eſtre, il faut bien qu'il
y ait de la foibleſſe du coſté de ce qui perit
pour pouuoir paſſer de l'eſtre au non-eſtre.
Or quand ie parle icy de mort & d'aneantiſſe-
ment qu'on ſe ſouuienẽt que ie ne choque pas
le Roy immortel, veu qu'il eſt touſiours inde-
ſtructible, quoy que la nature qu'il ſoûtient ſe
puiſſe deſtruire. Ce n'eſt pas en effet qu'il ſoit
foible entant que Dieu, mais par denomina-

tion d'vn ſujet qui eſt hors de l'eſſence Diuine ; Vne de ſes perſonnes eſt vnie à vn indiui-
du de noſtre eſpece, & ces parties d'vn méme
ſupoſt s'entre cõmuniquant leur bon-heur,
& leur miſere, on dit de Dieu ce qu'on doit
dire de l'homme, comme on dit de l'homme
ce qu'on doit dire de Dieu. Mais ie ne me
veux pas eſtendre d'auantage ſur ce ſujet, tant
pource que les myſteres doiuent pluſtoſt
eſtre honorés par le ſilence que par vn diſcours trop curieux, qu'auſſi pource que traitant du changement de toutes choſes ie dois
changer de matiere. Cependant on peut voir
qu'il ne ſe faut pas étõner que la nouueauté ait
vn empire ſi ſouuerain dans le monde, veu
quelle aſſuiettit en quelque façon celuy de
qui releuent tous les Empires de l'Vniuers.
Elle triomphe du Createur apres auoir triomphé de toutes les Creatures. Venons
maintenant de cette viſion generale de la
Mode à vne decouuerte particuliere de ſes effets & de ſes cauſes. C'eſt vn ſujet qu'il faut
traiter auec d'autant plus de regularité qu'il
ſemble eſtre plus bizarre.

De la

De la Mode en particulier, de ses causes & de ses effets.

CHAPITRE V.

IL y a deux sortes de choses égale-
mēt difficiles à definir, celles qui
nous sont incōnües, & celles qui
ne se manifestent qu'en se cachant. On peut dire de la Nature des premieres ce que le Poëte a dit de l'origine du
Nil, sçauoir, que nous la pouuons bien admirer mais non pas la découurir. C'est ainsi
que les anciens croyoient qu'on ne sçauroit
faire vne parfaite description de la verité,
pource qu'estant enseuelie dans le fonds d'vn
puits, elle ne paroissoit iamais dans le monde. Pour la méme raison les Platoniciens
disoient que les choses dont on n'auoit point
de notion, n'auoient point de nom, pour ce
que pour estre signifiées par quelque terme,
il falloit qu'elles fussent apperceües par quelque acte d'entendement. Enfin on peut di-

N

re que nous ne definiſſons proprement aucun ſujet pource que ne voyant que la figure des choſes nous n'en penetrons pas l'eſſence. Les accidents tombent ſous nos ſens, mais les ſubſtances nous échapent. Des obiets mémes que nous connoiſſons la plus part nous ſemblent eſtre inconnus, & nous n'en auons que des idées confuſes lors que nous croyons en auoir formé de fort nettes expreſſions. N'eſt-il pas vray que comme il ny a rien de ſi intelligent que Dieu, il n'y a rien de ſi intelligible aux Creatures. Il ſe manifeſte par ſoy-méme & par tous les ouurages de ſes mains; & ſainct Paul témoigne qu'amoins que d'ignorer noſtre nature nous ne pouuons ignorer la ſienne. Neantmoins il eſt veritable que nous le voyons pluſtoſt en enigme qu'en effet, & que nous en pouuons parler dans l'opinion & l'obſcurité méme, lors que nous en parlons dans la certitude & dans l'euidence : C'eſt qu'il a d'infinies perfections au lieu que noſtre eſprit n'en peut conceuoir que de finies, & quand dans le Paradis nous decouurirons face à face celuy que nous apperceuons en figure ; & qu'il nous paroiſtra comme il eſt

veritablement , au lieu qu'il nous ne paraift
maintenant que comme nous l'imaginons,
nous pourrons bien dire en quelque façon
plus iuftement que cét ancien fidelle à qui on
„ ofta fon idole, que ie fuis heureux d'a-
„ uoir perdu vn Dieu fantaftique pour en
„ treuuer vn réel.

II. Il y a d'autres chofe dont l'effence nous
femble eftre inconuenable, non pas qu'elle né
foit fenfible en quelque façon, mais pour ce
qu'elle ne touche les fens que pour les abuffer
infenfiblement & fe foûtraire à leur connoiffance, en faifant femblant de s'y foûmettre.
C'eft de cét ordre que font les fuiets qui changent toufiours, qui n'ont point d'arreft que
dans l'inconftance , & qui ne font iamais les
mémes que pour eftre toufiours autres qu'ils
n'eftoient auparauant. C'eft ainfi qu'on dit
que les mouuements du cœur de l'homme
font incomprehenfibles aux hommes, pource qu'il n'a pas fi toft vn defir qu'il en conçoit
foudain vn autre ; on croit qu'il a de l'amour
il s'emporte a la haine ; il n'a que trois angles
differents , mais il à mille tranfports oppo-
fés. C'eft pour la méme raifon que fainct
Auguftin dit, qu'il comprend bien la nature

du temps quand perſonne ne luy en demande l'explication, mais elle luy deuient
intelligible ſitoſt qu'il la veut faire entendre
aux autres. En effet quelle difficulté n'y a il
point à deueloper vne choſe qui ſe perd quãd
on la tient & ſe rend inuiſible au point meſme
qu'on la regarde. Peut on dire ce que c'eſt que
le paſſé veu que le paſſé n'eſt plus ? peut on de-
clarer la nature de l'auenir veu que l'auenir
n'eſt pas encor en nature, enfin peut-on parler
du preſent veu qu'il ceſſe d'eſtre preſẽt à l'heure meſme qu'on en parle.

III Par quelque ſorte de proportion les Philoſophes diſent que le mouuement local tout
viſible qu'il ſemble eſtre, n'eſt pas moins in-
comprehenſible que le mouuemẽt du temps:
En effect l'vn & l'autre eſtant ſuceſſif vne
partie s'eclipſe quand l'autre ſe manifeſte, &
vn ſuiet ne peut comencer d'eſtre en vn lieu
qu'il ne ceſſe d'eſtre en l'autre. Ainſi comme
nous ne voions iamais le mobile qu'en vn endroit qu'il occupe, nous ſemblons eſtre obligez de croire qu'il ne prend point diuerſes pla-
ces, quoy que nos ſens nous le repreſentent.
Il y a encor à reſoudre cette grãde difficulté de
Zenon, qui prouue par des arguments con-

uainquants qu'vne Tortuë pour lente qu'elle
puiſſe eſtre fait autant de chemin en ſe re-
muant vn peu que le plus viſte cheual du
monde en parcourant vne carriere. C'eſt dit
ce Philoſophe, qu'à chaque point de temps le
cheual ne ſçauroit occuper qu'vn point de
lieu, autrement il feroit a meſme tẽps en deux
lieux ce qui eſt impoſſible, ſuiuant les forces
de la nature & la Tortuë quelque peſante
qu'elle ſoit a marcher ne ſçauroit occuper
moins qu'vn point de lieu, ou bien elle feroit
du tout immobile. Et partant il s'enſuit de là
que la meſme peſanteur n'a pas moins de vi-
teſſe que la meſme legereté & que ſi nous ne
nous apperceuons pas c'eſt que la veuë nous
trompe, mais la raiſon nous deſabuſe. Ie ne
veux pas decider icy en paſſant vne queſtion
qui ne ſe vuidera iamais cõme elle n'a iamais
eſté vuidée par le paſſé, & qu'on peut appeller vne des colomnes où la force de noſtre eſprit eſt bornée comme celle du corps d'Hercule fut limitée à celles de Gibraltar. Ie veux
dire ſeulement que les choſes changeantes
n'eſtant iamais ſemblables à elles meſmes,
& eſtant neceſſaire que les ſuiets ayent quelque conſiſtance & quelque vniformité ſub-

stantielle pour ainsi dire, afin d'estre desinies
de là vient qu'on dit qu'elles sont inconceuables. On les prend tousiours pour d'autres,
quoy qu'on les pense prendre pour eux mémes. Enfin on fait vn tableau dissemblable à
l'original, & étrange à leur régard lors qu'on
en pense faire vn Caracthere acheué.

IV. Or si les suiets qui sont comme i'ay dit
dans vne vicissitude perpetuelle sont si difficiles à décrire, côment pourray-ie définir la Mode qui est la mesme vicissitude, & qui semble
estre l'effet formel de tous les autres changements! En effet elle se trouue dans toute sorte de mouuemés, & a outre cela vne mutabilité particuliere: & si Dieu est le premier, Crea
teur des choses, la Mode en est le premier
Principe transformateur. Si le cœur humain
est difficile à découurir à cause de sa nature
bizarre qui se cache en se manifestant à nous,
la Mode ne l'est pas moins, puisque comme
les cœurs & les volontez la changent, c'est
elle qui change les cœurs & les volontez. Il
n'y auroit guéres de nouueautés approuuées
si nous ne nous laissions emporter à des affections capricieuses. Et puis si le temps qui est
la mesure de n'estre vienous paraist inconce-

uable tant que nous viuons sur la terre, la
Mode tient sans doute de ses proprietez, puisqu'elle est maintenant autre qu'elle ne sera
bientôt, & quoy qu'elle regne tousiours
dans le monde elle n'y regne iamais de mesme
façon. On la voit tantost en vogue & puis en
decry, on la détruit aprés l'auoir establie, &
neantmoins il y a tousiours des modes, quoy
que les modes changent tousiours. Enfin si le
mouuement est comme l'écueil des esprits,
nous pouuons dire que la Mode en est la pierre d'acchopement, & qu'il n'y a point de gens
qui la définissent mieux que ceux qui auoü-
ent qu'on ne la sçauroit définir. Outre qu'elle dépend du mouuement côtinuel des iours
& des siecles, elle se trouue presque en toutes nos agitations artificieuses & naturelles.
Il y a des modes pour s'appaiser & pour s'é-
mouuoir pour marcher & pour arrester ses
pas. Aprés tout il y a bien de la façon à discourir de ce qui fait toutes les façons du monde.
Il faut pourtant éplucher cette matiere quoy
qu'elle semble inexplicable, & le discours
que nous en ferons sera d'autant plus agreable que pour difficile qu'il soit, il paraistra tou-
iours nouueau. Les choses sont quelquefois

plus recommandables pource qu'elles commencent d'estre, que pource qu'elles sont en effet. Ie traitteray donc icy de la nature de la Mode , & puis de ses causes & de ses suittes, apres quoy i'examineray, s'il faut ou blâmer ou loüer vne chose qui fait tous les agréements & toutes les bizarreries du monde. Voyla l'ordre que i'establis dans vn sujet plein d'irregularité.

V. Quand ie parle icy de Mode qu'on ne s'imagine pas que ie veuille definir ces estres que les Philosophes appellent Modes , & qui sont tellement vnis au sujet qu'ils informent qu'ils n'en sçauroient estre separez ny par vn effort surnaturel, ny par toutes les forces de la Nature. C'est ainsi que le mouuement est necessairement attaché au mobile , & quoy qu'vne personne ne soit pas tousiours presente en vn lieu , neantmoins sa presence à ce lieu ne peut subsister hors de la personne. Ie sçay bien que certains Autheurs ont voulu dire que les Modes estoient distincts des choses, non pas par vne parfaite realité comme il parle , mais par vne realité diminuée, en ce que les sujets peuuent estre sans eux, quoyqu'ils ne puissent estre sans leurs sujets. Ie n'ignore pas

encor

encor que d'autres ont mis vne diſtin-
ction acheuée entre deux choſes qui ne
font réellement qu'vne méme eſſence, &
qu'ils ont aſſeuré que l'eſtre , à parler des
choſes creées , eſt reellement diſtinct de la
ſubſtance du ſujet qui eſt. Mais ie laiſſe à reſoudre ces queſtions aux Philoſophes Specu-
latifs , puis que ie dois plutoſt icy faire vne
deſcription Morale qu'vne definition Meta-
phiſique. Et puis nous ne parlons pas icy des
Affections des choſes , mais de certaines façons qui touchent les affections des hommes. I'eſtime pourtant que les François ont
emprunté des Latins le mot de mode , quoy
qu'ils en aient changé le genre; En effet comme les modes ſont attachés aux choſes qu'ils
modifient, les modes ſemblent s'incorporer
aux perſonnes qui les ayment. Et nous en
auons rendu le nom feminin , pource que la
Mode eſt vne maladie des femmes, ſi c'eſt
vne ſimple paſſion des hommes. Nous eſti-
mons les façons qui ont de la vogue , mais
elles en ſont idolatres. C'eſt ce qui a fait dire
à vn Docteur, que nous n'aymons la gentilleſſe que par accident, au lieu qu'elles l'ayment par eſſence. Elles ſe plaiſent à ſe voir

O

parées pour leurs yeux auſſi bien que pour ceux d'autruy.

VI. Diſons maintenant que la Mode eſt vn vſage particulier au commencement, & puis communemént receu, & qui eſt bon ou mauuais ſuiuant qu'il eſt approuué des fols ou des ſages, & qu'il regarde des ſuiects défendus ou indifferents. I'ay auancé que c'eſt vn vſage, pource qu'en effet il ny à rien qu'on puiſſe appeller proprement Moderne, qui ne paſſe en quelque ſorte de couſtume, & qui du caprice ou de l'inuention de quelqu'vn ne tombe apres ſous l'experience de tout le monde. I'ay adiouté que c'eſt vn vſage particulier au commencement, & puis generalement receu, d'autant que tout ce qui eſt nouueau n'eſt pas d'abord vniuerſel, mais il y a des choſes nouuelles qui portent auec le téps vn Caractere d'Antiquité. Ce ſont des fleuues qui venant d'vne petite ſource font de grandes mers hors de l'Ocean. Ce ſont des villes qui n'ont eſté autrefois que des cabanes. Ce ſont des abriſſeaux qui dans quelques mois portent leurs branches dans les nuës. Au reſte la Mode doit eſtre communémentt receuë parce qu'autrement elle paſſeroit

plutoſt pour bizarrerie que pour bien ſeâce. En
effet puiſque celles là meſme qui ont de la vogue ſont priſes quelquefois pour des marques
de folie que pēſeroit-on de celles qu'on nere-
garderoit que pour rire? La multitude dōne
vn aueu aux ſuiets, qu'ils ne ſçauroiēt receuoir
du petit nombre. Les inſenſés croyent quelquefois eſtre ſages pource qu'ils ſont pluſieurs
de compagnie. A plus forte raiſon pluſieurs
ſages croiront ils agir raiſonnablemēt, imitant
la prudence de leurs ſemblables, & donnant
leurs mines & leur apparence au peuple, en ſe
reſeruant leurs agréements & leur interieur.
I'ay dit encor que la Mode eſt bonne ou mauuaiſe ſuiuant la qualité des perſonnes qui la
ſuiuent, pource que comme les meſchants ne
ſçauroient communiquer à quoy que ce ſoit
vn ſeul degré de bonté, les gens de bien pareillement peuuent ſanctifier les choſes les
plus indifferentes de leur nature. Et comme
ces anciens Republiquains ne voulurent pas
receuoir vn aduis ſalutaire à leur Eſtat, pource qu'il partoit de la bouche d'vne perſonne
vicieuſe, il n'eſt n'y de l'equité n'y de la bienſeance que nous prenions des hommes diſſolus pour la regle de nos mœurs. Imitons les

Saincts , mais fuyons les exemples des pecheurs. Ne nous foucions pas de déplaire au
monde, pourueu que nous plaisions au maistre du monde. Apres tout songeons aux façons du temps , mais noublions pas l'Estat
de l'Eternité. Pour conclusion i'ay asseuré
que la qualité des suiets des Modes, les rend
licites ou dangereuses ; car comme il y a des
choses où l'inuention est indifferente : il y en
à d'autres où elle ne peut estre que criminelle.
Il nous est bien permis de faire de nouueaux
habits, mais non pas de nouuelles loix. La
nature de la Religion ne peut pas changer
comme elle des compliments. En vn mot s'il
se peut faire d'autre hommes , il ne se peut
faire d'autre Dieu.

VII. De cette definition qui constituë comme le genre des Modes, l'on en peut facilemét
recueillir les especes differentes. Et certes il est
aisé à voir par ce que i'ay dit qu'il en y a de
receuables absolument comme estant fort le-
gitimes ; d'autres qu'il faut reietter comme
defenduës, & quelques vnes qu'on peut approuuer comme n'estant n'y vtiles ny dom-
mageables. Les premieres sont celles qui per-
fectionnent les mœurs en les changeant de

mal en bien; les ſecondes ſont celles qui les
corrompent en les changeant de bien en mal,
& les dernieres doiuent eſtre priſes pour celles
qui ne les rendent ny bonnes ny mauuaiſes les
laiſſant dans vne pure indifference. Les vnes
ſont pour les ſages, les autres pour les fols, &
les troiſieſmes pour tout le monde raiſonnable. Les exemples nous declarent mieux ces
veritez que les raiſons. Quand on voit qu'vn
nouuel vſage détruit vn vieil abus, & qu'en
le ſuiuant on ne fait que quiter vne habitude
vicieuſe, on ne doit pas eſtre marry de con-
ſentir au change, pour paſſer du détour du vice au droit chemin de la vertu. Les Iſraëlites
doiuent ils ſe facher de ce qu'on les tire d'E-
gypte pour les mener dans la terre de promiſ-
ſion? Sainct Paul ſe peut il offenſer de ce que
le Sauueur meſme l'appelle du Iudaiſme à la
vraye foy, & le fait ceſſer d'eſtre Perſecuteur
pour cõmencer d'eſtre Apoſtre? Les Atheniens
qui auoient dreſſé vn Autel au Dieu inconnu,
auoient ils raiſon de s'éleuer contre celuy
qui le leur fit reconnoiſtre? Nous meſmes
auons nous ſuiet de nous plaindre de ce qu'on
nous a fait paſſer des tenebres d'vne aueugle
Gentilité aux clairtez du Chriſtianiſme? Par

O iij

quelque forte de proportion ferions nous mé-
contens d'vn homme qui changeroit les habitudes vicieufesde toute vne ville en de loüa-
ables couftumes, & qui nous rendroit auffi
affectionnez à la probité que nous fommes
d'ordinaire attachez au mal? Tout au contraire ne deurions nous pas iuftement pefter
contre vn corrupteur public, qui fe meleroit
de regler les mœurs pour les renuerfer, qui ne
nous inftruiroit que pour nous perdre, & qui
nous feroit quiter les eaux de la fontaine de
vie, pour boire dans des citernes de mort. Les
enfans d'Ifraël pouuoient ils changer raifon-
nablement Hierufalem à l'Egypte, & la Man-
ne au defert aux oignons d'vne terre qui ne les
nourriffoit que pour les faire patir ? Cependant plufieurs perfonnes de noftre temps
font de plus vicieufes élections quand elles
abandonnent le Royaume de Dieu pour fuiure celuy de Sathan, & renoncent à vne ancienne creance pour s'en faire vne à la Mode,
dont toute l'effence confifte à ne rien croire
du tout. Mais de cét abus nous en traiterons
plus amplement au fecond Liure, où nous
tacherons de l'exterminer. Mais fi c'eft vn
vfage qu'il faille blafmér, il y en a d'autres

qu'on peut approuuer dans l'innocence, bien qu'ils ne soient pas loüables à parler absolument. C'est ainsi que nous deuons estimer cette belle nouueauté que certains estrangers méprisent en nous, & qui noûs fait toujours garder vne mesme gentillesse dans vn changement perpetuel d'habits, & de façons necessaires au commerce de la vie ciuile. Pourquoy me rebutteray-je de porter vn chapeau pointu, si cela plaist aux yeux de tous les François, & pourquoy ne receura-til vne forme plus platte, si par sucession de temps elle a plus de vogue que la premiere? La mode des passements n'estoit elle pas belle tant qu'elle a esté permise, & n'est elle pas laide depuis que le Roy la defenduë? Enfin pourueu que nostre cœur soit tousiours dans vne mesme constitution ne nous soucions pas que nostre figure se change. Viuons auecque les sages, & habillons nous auecque les hommes populaires.

VIII. Si nous voulions faire d'autres subdiuisions aprez ces trois especes de mode nous en trouuerions vne infinité de subalternes. En effet comme les méchants ont leurs façons de faire particulieres, les bons ont des procedures qui n'ont rien de commun auecque celles des autres. Les vns se forment vne conscience à la mode, & les autres l'ont toujours égale. Les premiers veulent croire comme quélques Epicuriens de nos iours , & les seconds comme les fideles des premiers siecles. C'est pourquoy les vns se tenants tousiours appuyés sur la roche inebranlable & sur la colonne de la Foy , les autres au contraire sont tousiours dans vne incertitude de creance. De la viennent les Mysteres à la mode les Sacrements à la mode, les Docteurs à la mode, l'Eglise à la mode, la deuotion à la mode, & d'autres mots Religieux , qui comme nous verrons à la suitte de cét ouurage, ne sont proprement que des sacrileges déguisés. Les vrays Chrestiens au contraire croyent qu'il n'y a qu'vn seul fondement de la verité, hors duquel tout n'est qu'erreur. Tout ce qu'ils font dans le temps à quelque raport à l'Eternité, & leur creance tient de la nature de l'Eglise, qui ne sçauroit non plus changer que son époux immortel & immuable. Ainsi ils n'obseruent iamais de modes que pour choquer celles du monde. S'ils quitent certaines façons de proceder c'est pour en prendre

dre dé meilleures, & ils ne changeñt de vie que pour la sanctifier de plus en plus. Ainsi ils ne quitent pas la vertu, mais ils la suiuent plus viuement; Ils ne sortent pas de la carriere de la perfection, ils ne font qu'acheuer leur course. Si de la religion qui doit estre vn Estat surnaturel, nous passons maintenant à vn Estat purement Moral, nous trouuerons presque autant de Modes que de personnes. Nous découurirons lā Vie à la Mode, les Compliments à la Mode, les Entretiens à la Mode, les armes à la mode, les logis & les vêstements à la mode, en vn mot nous remarquerons plus de diuersitez dans les vies d'vn mesme siecle, que dās celles de tous les siecles passés. Dās l'ordre des Sciences, vous trouuerez la Theologie á la Mode, la Philosophie à la mode, la Iurisprudence à la mode, l'Eloquence à la Mode, la Poësie à la mode, & bien que toutes les Sciences soient des resultats de tous les meilleurs Esprits de l'Antiquité, vous diriez que ce ne font que des productions de nostre temps. On peut obseruer neantmoins qu'encore que les habillements facent la moindre partie de nous mesmes, ce sont eux pourtant que nous considerons principalement au suiet

P

des Modes. En effet peut-on frequenter les Dames sans auoir les aureilles battues à toute heure de coiffes à la mode, collets à la mode, gorgerettes à la mode, guirlandes à la mode, brasselets à la mode , gans a la mode, manchons à la mode, iuppes a la mode, patins a la mode; Et cette maladie des modes est si gran. de dans l'esprit des coquettes que l'or leur est moins precieux que la paille, & les Diamants que le verre quand ils ne sont pas à la mode. Nos Démoiseaux ne sont pas moins effeminés que les femmes mesmes, quand ils sont toujours à loüer les chapeaux a la mode, les testes a la mode; les moustaches a la mode , les rabats a la mode, les chemises a la mode , les éguillettes a la mode, les bas de soye a la mode, les iartieres & les bottes a la mode, les étoffes & les façons a la mode, & qu'au lieu de iuger d'vn honneste homme par ses actiõs ils en iugent par ses habits. Mais nous examinerons tout ce qu'il y peut auoir de vicieux ou de loüable en dés recherches si vicieuses. Il faut a present reconnoistre les causes d'vn suiet dont nous auons consideré la nature, & voir la Mode dans ses principes , & dans ses suites, apres l'auoir veuë en passant dans la plus part de ses effets.

IX. On peut donc dire que le Principe
le plus general de la Mode c'est l'esprit
humain , qui n'estant presque iamais
dans vne mesme posture, se plaist à changer
toutes les choses qui releuent de son Empire.
En effet comme c'est le Monarque du petit
monde , il veut assuietir le grand, & se plaist
a renuerser des suiets qu'on auoit éstablis , &
à en établir d'autres qu'on auoit renuersés ; a
l'imitation de ces Princes bizarres, qui ont
voulu Metamorphoser la nature par vne industrie temeraire. C'est ainsi que Xerxes
tâcha d'aplanir le Mont Athos, C'est ainsi que
Neron voulut changer le lict de la mer,
& donner de nouuelles bornes a vn Element
qui n'en reçoit que d'vne puissance infinie.
Tous les hommes n'ayant pas la mesme auctorité que ces Princes, ne laissent pas d'auoir
quelquefois la mesme ambition , & ne pouuant pas faire des renuersements en de grandes choses, ils en font en de petites occasions.
Ainsi tel change les mœurs d'vne ville , qui
voudroit renuerser vn Estat. Celuy qui a introduit cette façon d'habillemens eût introduit s'il eust pû vne nouuelle Police. Il a fait
comme la Tigresse qui n'osant s'en prendre

aux chaſſeurs, s'attache à deſchirer leur image. Nos innouateurs pareillement attaquent l'exterieur des hommes, n'oſant choquer leur perſonne. Mais quand noſtre eſprit n'auroit point de mauuais deſſeins dans l'inuention des Modes, il auroit touſiours vn peu de foibleſſe. Pourquoy ſonge til ſi fort au change, que pource qu'il eſt inconſtant, & que c'eſt vn Camelion qui veut donner ſes couleurs a toutes choſes, au lieu qu'on dit que les autres les reçoiuent de tous les ſuiets qu'ils rencontrent? Comme il eſt dans vn mouuement perpetuel, il ny a rien qu'il ne veuille remuer, & apres auoir beaucoup broüillé dans le mode pour ſe donner du plaiſir, il broüille enfin pour ſe donner de la peine. On peut dire encor que comme il s'amuſe quelquefois autour des creatures aprés s'eſtre éloigné du Createur qui eſt ſon centre, il s'attache ſuceſſiuement a diuers ſuiets penſant ſe raquitter par le nombre des choſes, de la perte de l'vnité ſouueraine. Mais enfin il eſt contraint de confeſſer qu'il trouue beaucoup d'occupations, mais qu'il ne rencontre point de contentement ſolide; C'eſt vn malade qui ſe tourne de tous coſtez ſans treuuer de repos en pas

vn lieu. C'eſt vn Amoureux qui ayant quité
la beauté qu'il adoroit, auoüe que les autres
ne ſont que des Monſtres parés. Ainſi nous
remarquons que la parole de Dieu ne changeant iamais, les paroles des hommes changent touſiours. On s'amuſe tant autour des
habits, pource qu'vne puiſſance intellectuelle ayant quitté des obiets ſuperieurs pour de
baſſes ſatisfactions, il faut qu'elle ſoit punie
de ſon dereglement, & qu'elle ſonge a chercher vn nouueau diuertiſſement, lors qu'elle
croyoit auoir trouué vn contentement parfait. C'eſt ainſi qu'vn exilé qui a quitté ſa patrie, plus il s'auance, plus il s'eloigne de ſes
biens. Concluons donc que ſi noſtre eſprit ſe
tenoit fortement vny a vn Dieu immuable, il
ne ſongeroit guére a faire des changements.

IX. Toutefois ñe blâmons pas abſolument
l'eſprit humain de l'inuention des modes, de
peur de blamer ſeulement noſtre nation,
qu'on appelle par excellence la changeante,
& faiſons voir que les nouueautés viennent
de la gentilleſſe des François plûtoſt que de la
bizarrerie. Pour prouuer cette verité nous
n'auons qu'à conſiderer que ceux qui bla-
ment le plus nos modes ſont contraints de les

admirer, & que plusieurs mesme les imitent pour acquerir de l'estime. Monsieur Barclay a fort bien obserué dans son Tableau des esprits, que de quelque façon que les François se comportent en leurs compliments, ou en leurs habits ils sont tousiours également agreables, & qu'ils paroissent plus auecque du simple drap, que les autres auecque du brocatel. Il adioute que certains peuples de l'Europe leur voulant ressembler se rendent quelquéfois ridicules, pource qu'ils veulent acquerir la mesme vogue, n'ayant pas les mesmes dispositions. De moy ie puis asseurer que i'ay obserué à Londres cét esté passé, que les Anglois sont les plus ardents imitateurs des François, & neantmoins les moins heureux. Ils s'aiustent à nostre façon, mais leur grauité affectée ne sçauroit égaler cette belle legereté de nos mouuements. Ainsi plus ils pensent tenir de nostre adresse moins ils en tiennent en effet. Quand aux Italiens & aux Espagnols, qui blâment si fort nos changements, ils sont contraints de les loüer quand ils nous voyent. Et i'estime qu'ils nous censurent plustost par enuie, que par vn zele veritable, & se voyant si mal mis dans leurs vestements,

il leur fache de nous voir bien aiuftés. La
ialoufie de leurs maifons les picque encore
autant que celle d'Eftat, & ie ne m'eftonne
pas qu'ils hayffent nos façons de faire voyant
que leurs femmes les aiment auecque paffion.
En effet on dit de ceux d'Italie que ce font
des valets mariez à des Reines : & c'eft la bonne mine de nos conquerans qui leur a faict
perdre fi fouuent Naples & Milan, pluftoft
que leur mauuaife conduitte. Ils ont efté tra-
his par les hommes pource que les Dames les
cheriffoient auecque trop de fincerité. Ainfi
les Italiens ayment mieux fouffrir la tyrannie
des Caftillans que la douceur des François,
craignant que noftre gloire ne caufe leur
ignominie.

XI. Pour les Efpagñols qui nous dépeignent
fous la figure d'vn verre qui ne prehd point de
couleur que pour la quitter, & qui reprefentent les habits des autres nations, ne mettent
prés d'vn François que de l'eftoffe & des ci-
feaux, qu'ont ils de comparable dans leur orgueil à la gentilleffe de nos habits?Il me femble que quand ie voy ces Dons Alonfes & ces
Dós Diégues, ie voy des pouuëtaux de chene-
uiere,qui font des pieux couuerts de haillons,

& qui faisant fuïr les oyseaux, seruent de
ioüet aux hommes. Vous diriés que leurs
chapeaux sont des tours de Babel pour esca-
lader le Ciel, aprés auoir conquesté toute la
terre. Ces grandes fraises semblent estre le
monument éternel de ce fameux Moulin à
vent, que cét autre Hercule de leur nation
vainquit comme vn Monstre furieux qui aiant
des ailes ne bougeoit toutesfois d'vn lieu.
Leurs estomachs sont chargés de draps autant qu'ils sont vuides de viãdes, vous les pré-
driez pour des Suisses à leur ventre & pour
des pygmées à leurs pieds. Ils ont quatre
porpoints l'vn sur l'autre pour se defendre du
Soleil plustost que du froid, & vous diriés
qu'ils ont peur de se rafraichir de peur de n'e-
stre pas pris pour vrais enfans des Morisques.
Au reste que signifient ces grãdes moustaches
retroussées en rouleaux, sinon que ce sont des
Ianissaires qui font semblant d'estre Catholiques, & que les Miramolins & les Abdera-
mes viuent encor, bien qu'ils soient morts
depuis dix siecles? Ie ne parleray point icy
de ces épées dont la garde est tournée contre
terre pour marquer le lieu de la sepulture à
tous ceux qui ne tremblent pas deuant ces
Mars.

Mars reſſuſcitez, & dont la pointe menace le
Ciel pour eſtonner Dieu aprez auoir eſpou-
uanté tous les hommes. Ie ne toucheray non
plus à cés poignards attachés parmy les entre-
laceures d'vn chapelet, pour montrer que
leurs prieres ſont formidables, & pour faire
craindre ces nouueaux Chreſtiens qui tuent
en faiſant leurs deuotions. Puiſqu'ils ſont ſi
furieux à l'Egliſe, que doiuent ils eſtre au
champ du combat ? Il en prend bien aux
ſainɕts d'eſtre immortels deuant ces illuſtres
Fideles.

XII. On penſera peut-eſtre que la haine me
fait enlaidir le tableau des Eſpaignols; qu'on
ſçache pourtant que c'eſt la verité qui l'a ébau-
ché. Ils ſont en vn eſtat qu'ils nous font plus
de pitié que de peur, & ie ne crains non plus
leur eſpée que leur langue. Tant de Veillaques
priſonniers dont nos garniſons ſont remplies,
ſont des exemples viſibles de mon diſcours;
ils font compaſſion à tout le monde, & ils n'en
ont point d'eux meſmes. Mais l'intereſt de la
guerre à part, qu'ont ils dans la paix qui les
rende recommandables à l'eſgal de nous ? Ie
n'ignore pas que les eſprits en ſont generalement bons, mais les corps ſemblent des

Q

monſtres dépayſés de l'Affrique ? Cependant
ces beaux hommes ſe rient de la iuſteſſe de nos
habits ? Ces excés de difformité nous preten
dent embellir ! Mais pour les battre encor par
leurs propres armes, qu'ont ils à nous repro-
cher ſur le changement des habits, veu que les
Dames de Caſtille en changent tous les iours
auſſi bien que celles de Genes ? Elles mettent
leur gloire à ne porter vne cotte qu'vne fois, &
vn collier de perles ceſſe d'eſtre precieux ſi tôt
qu'il a paru ſur leur col. Ne faut il pas dire aprés
cela que les hômes ont quitté en ce payslà toute la gétilleſſe aux femmes pour ne ſe reſeruer
que tout ce qu'on appele gauffe & offençant
dans le cômerce ? Qu'ils n'attribuët point cette
humeur à la vaillance, Alexandre eſtoit plus
genereux que tous les Ferrands & les Philip-
pes, & neantmoins on le loüe pour auoir eſté
auſſi bien mis que les Roys de Perſe, dôt toute
la grandeur ſembloit conſiſter dans vne déli-
cateſſe magnifique. Ceſar gaigna plus de villes par ſa bonne mine que par ſes armes.
Theodoſe meſme, qui fut vn Prince Eſpagnol,
fut fait Empereur par ſon viſage auſſi bien que
par ſa force. Ou bien, comme parle Pacatus,
ſa generoſité obligea le monde à le reconnoi-

ſtre pour Empereur, & ſon port exterieur, fit
voir à tous les hommes, qu'il le deuoit eſtre
par bien-ſceance comme par neceſſité.

XIII. Nonobſtant le diſcours precédent, il
faut auoüer que certains vices peuuent introduire des modes, s'il y a des perfections qui
leur donnent ouuerture. En effet comme la
boſſe apparente d'Alexandre obligeoit tous
ſes courtiſans à contrefaire l'Eſope, nous
voyons quelques-fois des grands qui ayant
des defauts, trouuent moyen de les faire paſſer pour vertus. C'eſt ainſi que nous liſons
d'vn Roy de Sicile qu'il rendit borgnes pluſieurs de ſes ſubiets, par la paſſion qu'ils auoïēt
de n'auoir qu'vn œil comme lui. Vn de nos
hiſtoriens remarque pareillement que toutes
les Dames de France ſe firent coupper les cheueux pour imiter vne Reine chauue, & qu'il
n'y auoit pas moins d'ignominie d'auoir du
poil en ce temps là qu'il y en a maintenant à
n'en point auoir. Ne dit-on pas meſme que
dans l'Affrique on met au iourd'huy la beauté
à ſe percer le nez, quoy que dans l'Europe, le
nez entier face la plus haute partie de la grace
d'vn viſage ? Les Annales du Iappon nous apprennent encor que pource qu'vn des Princes

de cette Isle ne salüoit le monde que par les
pieds, les Iaponnois depuis ce temps là se des-
chaussent à l'abord des personnes, au lieu que
nous découurons la teste. Tant il est vray
qu'vn seul exemple est capable quelquefois de faire des reigles generalles, & que l'extrauagance d'vn homme détruit la rectitude
des mœurs ou des habitudes de tout vn estat.
Mais ce n'est pas le caprice qui est la source la
plus ordinaire des innouations; ie trouue que
le dégoust & la curiosité, l'auarice & la Prodigalité ny contribuent pas moins. Et certes il
est assés aisé a voir que nous ne nous plaisons
quelquefois au changement que pource que
l'vniformité nous ennuye. Nous faisons comme ceux qui ayant attaché leur veüe à quelque
trauail d'haleine, se refont les yeux par quelque agreable varieté de couleurs. Ainsi trouuant de l'amertume en toutes les choses qui
nous occupent dans la vie, nous quittons les
vnes pour les autres, non pas pour changer
d'estat, mais de suiet de souffrance, ainsi que ie
disois au commencement. Mais aprés tout,
nous trouuons qu'en fuyant vn gouffre, nous
tombons dans vn abysme plus dangereux, & qu'au lieu de soulager nos peines,

nous ne faisons que les redoubler. La Curiosité mesme par qui nous plâtrons la liberté de
nos modes, n'est qu'vn defaut specieux, pource que c'est plustost vne subtilité ingenieuse à
nous tourmenter, qu'vn adoucissement de
nos maux. Et comme le Sage a dit que la Science qui est la découuerte des verités, est proprement vn supplice auquel nos esprits sont
condamnés, on peut asseurer pareillemēt
que l'inuention de toutes les choses nouuelles, n'est que l'execution d'vne vieille sentence que la nature a donnée contre nous en haine de l'industrie. En effet sortons nous de nos
anciennes infortunes par tous nos agréemēs
modernes? Vn homme qui n'a pas le moyen
d'auoir vn habit, est-il soulagé quand il en
faut auoir trois complets? Ceux qui cultiuent
les sciences joüissent-ils des fruicts de leur trauail, lors qu'aprés auoir employé plusieurs
années à se faire des maximes, il faut qu'ils les
changent biē tôt, & que le style d'vn iour cor-
rōpe la diction de plusieurs siecles? Confessons
donc que la curiosité ayant perdu le monde au
commencement, le perd encor tous les iours.
Les traits de la fortune ne nous découurent
que pource que nous découurons trop de su-

iets. Aprés tout, nous souffrons neceſſairement, à cauſe que nous faiſons des ouuertures inutiles.

XIV. Nous ne perdons pas ſeulement à cela
le temps & le repos ; mais encor les biens que
nous poſſedons. On n'a quaſi iamais veu
d'Artiſan extraordinairement habile, dont la
fortune n'ait eſté fort mal'heureuſe. Vous diriés que la nature nous découurant ſes ſecrets
nous ferme la main des Graces. L'inuenteur
du Taureau d'Airain y fut bruſlé le premier :
mais bien ſouuent les Autheurs des modes s'y
ruinent ſous pretexte d'en tirer de l'auantage.
S'ils veulent qu'on auctoriſe leurs deſſeins, il
faut qu'ils ſe montrent vn peu prodigues, &
qu'en contentant leurs bizarrerie, ils ſatisfa-
cent auſſi l'auarice des ouuriers. Et à parler veritablement s'il n'y auoit de l'argent à perdre,
il n'y auroit pas tant de gens qui cherchaſſent
à gaigner par des nouueautés capricieuſes.
C'eſt pourquoy les Romains banniſſoient de
leur Republique tous les donneurs de nouueaux auis, ſçachant bien qu'il y auoit des richards aſſés oiſeux pour les receuoir. Aprés
tout, le ſage Eſpagnol a dit auecque raiſon
que tout ſuffit à la neceſſité, mais que rien ne

suffit à l'auarice. Or qui ne voit que c'est l'A-
mour du gain qui produit toutes les Modes,
& qui décredite les plus belles choses pour en
authoriser de viles ? Nous voyons des ouurages de fil qui nous font mépriser la soye. Le
Roy a fait quitter l'argent pour les cordons &
les passements ; on l'a mis aux éperons. Tant
il est vray qu'on n'a pas détruit le luxe, on n'a
fait que luy faire changer de lieu. Cependant
quel déreglement de nos mœurs qu'on mette
à present sur la botte ce qu'on mettoit sur la
teste ? Certes ie trouue bien étrange que ce siecle estime si hautement des suiets qu'on fait
estat de fouler. Ie n'ajousteray point icy que
l'ambition est vne des principales causes de la
Mode, puisqu'il est certain que si l'on ne vouloit estre veu par dessus le commun du monde, on ne chercheroit pas des façons extraordinaires. Mais pource que ce n'est pas vne grāde gloire que celle qu'on peut tirer de la mesme vanité, & que si les anciens se picquoient
d'estre appellés hommes Nouueaux, nous ne
deuons pas tirer auantage de ce nom là ; ie
passeray des Principes de la Mode à ses suites.
Ayant découuert la source ie regarderay les
branches de ce ruisseau.

XV. L'agréement eſt vne des premieres ſuites de la Mode, & qui eſt d'autant plus conſiderable qu'elle ſemble rauiſſante. Nous remarquons qu'il n'y a proprement que ce qui eſt nouueau qui plaiſe a nos yeux ; iuſques là que le Ciel pource qu'il eſt auſſi vieil que le monde, nous donne quelquefois moins de ſatisfaction par ſa veüe qu'vne terre ſterile que nous n'auons découuerte qu'auiourd'huy. Il arriue meſme que ce que nous ne pouuons ſouffrir dans les étrangers nous ſemble tolerable en nous meſmes ſi toſt qu'il deuient Moderne , non pas que les obiets changent pour cela de nature , mais c'eſt que nous changeons d'humeur & d'inclination. Combien de façons auons nous pris des Eſpagnols qui ſont nos ennemis par vne proprieté eſſentielle, & n'aymons nous pas quelquefois leurs modes bien que nous en hayſſions les perſonnes ? On ſe rit au commencement d'vne nouueauté particuliere, qu'on adore lors qu'elle eſt publique. Et la mode eſt vn principe ſi abſolu de l'approbation generalle, que tout rebutte hors de ſa iuſteſſe. Ce qui nous rauiſſoit, il y a quelques années nous choque maintenant, pource que l'vſage en eſt paſſé. L'or & l'argent nous offencent

fencent fur vn habit, & la foye nous y paraist admirable. Nous auions laiffé la Sarge pour prendre le Tabis, maintenant nouslaiffons le Tabis pour la Sarge. Vn temps a efté qu'on citoit toufiours dans les difcours ordinaires, à prefent on ne veut rien citer. On faifoit autrefois beaucoup de complimens à table, maintenant on n'en fait qu'vn general, qui eft vnefyncere proteftation de n'en point faire. Or le monde s'accorde volontiers à ces pratiques qu'on eût blâmées cy-deuãt, pource que l'vfage les rend loüables. Il faut pourtant confeffer que le dédain eft vne fuitte des Modes auffi bien que l'agréement. En effet, comme nous eftimons des chofes que nous auions méprifées, nous en mépriferons d'autres que nous eftimons à cette heure. Il n'y a guére de chofes nouuelles dont l'aueu puiffe vieillir. En effet ce qui n'eft fondé que fur la bizarrerie ne peut auoir vne durée fort reguliere. Comme nous changeons à toute heure d'imagination, nous changeons pareillement de façons de faire. De telle forte que le plus certain prognoftique qu'on puiffe auoir pour reconnoiftre fi vne mode paffera bien-tôt, c'eft de regarder fi elle a paffé dans l'approba-

R

tion de toutes fortes de perfonnes. Elle fera
bien-tôt reiettée puifqu'elle eft fi bien reçûe.
Ce fleuue tarira fans doute, pource qu'il roû-
le des eaux en trop grande abondance. Cét
aftre s'éclipfera par l'effort de fa lumiere. Les
mefmes qui auoient efté les introducteurs des
Modes, fe plaifent à les renuerfer, pour fe donner de la vogue en fe donnant de la peine
auffi bien qu'à nous. En fecond lieu,
comme la fortune fe ioüe de la vie des hommes, elle nous montre fon pouuoir en faifant
paraiftre fa roüe jufques fur nos habits, &
nous faifant paffer par mille changements, jufques à ce la Nature nous mette en vn eftat
d'immutabilité parfaite. On peut dire encor
que la Mode apporte cela dans le môde comme vne de fes proprietez, qu'elle y rend precieufes les chofes lés plus viles du monde, &
rend vtiles celles qui eftoient precieufes. Mais
pource que j'ay déja touché cette matiere en
vn autre endroict, & que les Modes en particulier déclarent mieux ces verités que la Mode
en general; finiffons ces reflexions par la cenfure & par l'Apologie des Modes.

XVI. Quelques-vns donc demandent s'il
faut blâmer où loüer les Modes nouuelles, &

fi ce qui a vne vogue gènerale dans l'eſtime de tout le peuple, en doit auoir pareillement dans l'eſprit de tous les Sages. Ie dy donc que pour les mauuaiſes innouations, il faut penſer que c'eſt pecher côtre la raiſon que de leur faire vn bon accueil. Le vice ne ſçauroit eſtre legitime, quoy qu'il ſoit public. La multiplication des crimes ne faict qu'aggrauer leur malice, tant s'en faut qu'il la rende excuſable en quelque façon. Aprés tout, il vaut bien mieux ſe ſauuer auec peu de gens, que de ſe damner auec beaucoup de perſonnes. Ne nous ſoucions pas d'aller par le grand chemin de la mort, puiſque celuy de la vie nous eſt ouuert; il eſt plus eſtroit, mais il eſt moins dangereux. Il y a des eſpines : mais il n'y a point de precipices. Pour les nouueautez indifferentes nous ne ferons pas mal d'examiner en cét endroit, ſi nous les pouuons ſuiure, ou ſi nous ſommes obligez de les reietter. Ces viſionnaires melancholiques qui viuant dans ce ſiecle ne ſemblent viure que pour tous ceux qui ont precedé, & qui voudroient voir regner les façons du temps de Dagobert ſous Louis le Iuſte, diront premierement que toutes les nouueautés ſont dangereuſes pour les mœurs aussi bien que pour la Foy, & que l'inconstāce n'a pas moins de tort, que la constāce a de merite. Que les anciens s'estant tousiours offencez de se voir appeller hommes Nouueaux, nous ne deuons pas tirer nôtre gloire de ce qui faisoit le subiet de leur opprobre. Que Dieu ne s'appelleroit pas l'Ancien des iours, si les hommes qui sont faits à sa ressemblance, se deuoient picquer d'vne nouueauté fantastique. Que la coustume estant vn droict estably par l'vsage, qui se prend pour loy quand il n'y a point d'autre Loy, c'est fauoriser l'iniquité que d'authoriser vn abus qui renuerse vne habitude si raisonnable, & si generalement receüe. [Que si la coustume suiuant la définition d'vn autre Iuris-consulte, est vne loy non escrite, qui porte neantmoins le nóm d'vn fort bon Legislateur, à sçauoir le Caractere d'vne approbation de tous les esprits bien-faits, c'est estre bien mal né de la vouloir décrediter pour donner de la vogue aux imaginations capricieuses de quelque particulier. Qu'au reste la coustume suiuant la décision de Hierocles estant vne Iustice fort proche de la naturelle, ou bien suiuāt S. Augustin, vne secōde nature faite par

art, c'eft violer en quelque façon les deuoirs
de la nature, que de combattre vne équité fi
abfolue. Adjouftez à cela que le mefme Docteur a fort bien dit, que le changement de
couftume pour vtile qu'il puiffe eftre eft dom-
mageable en quelque façon, pource qu'il
trouble le monde par fa nouueauté ; Ainfi e-
ftant proffitable d'elle mefme elle nuit par fes
effets. Que fi les nouueautez auantageufes ne
fe doiuent pas receuoir, que doit on penfer de
celles qui font inutiles ? Qu'il eft bien difficile
de vaincre vne couftume déja bien enracinée
dont l'empire eft extremément puiffant, &
qu'il vaut mieux imiter la fageffe de nos an-
ceftres que l'extrauagance des ignorans ou
des infenfez d'vn fiecle fi corrompu que le
noftre. Qu'autrement les plus habiles hommes ne feront que des Cameleons qui pren-
dront les couleurs du peuple, & que n'ayant
rien d'affeuré en leur exterieur, on croira que
leur interieur eft pareillement dans vn branfle
perpetuel. Que le Prouerbe n'a pas dit fans
grande raifon, que ceux qui ont de bonnes
habitudes ont toufiours honte d'en changer,
& que ceux qui fe retractent fi facilement d'v-
ne refolution qu'ils auoient prife fecondam-

ment eux mefmes fous pretexte de fe faire eftimer d'autrui. Que la vie de l'homme eft affez changeante d'elle mefme fans que nous y adiouftions des metamorphofes artificielles. Que de ne s'arrefter iamais à vne chofe folide, c'eft le moyen de n'auoir aucun côtentement parfait, puifque nous ne nous plaifons ordinairement qu'en ce que nous auons accouftumé, & que l'habitude eft quelquefois plus puiffante que la mefme inclination. Qu'autremēt côme on ne peut paffer d'vne extremité à l'autre fans paffer le milieu, on fait vn étrange crotefque du meflange d'vne vieille chofe auec vne autre toute nouuelle. Qu'enfin les François fe doiuent d'autant plus foigneufement garder de la legereté, qu'ils y font plus enclins naturellement, & que s'eftant iufques icy décriez par leurs changemēts, ils doiuent tafcher de fe faire eftimer par l'vniformité de leur vie. XVII. Pour moy, comme ie n'ayme point vne trop grāde bizarrerie, ie ne fçaurois fouffrir vne exaction trop fomptueufe en des fuiets indifferents. Il faut donc répondre à ces mécontents, que comme chaque âge du monde à fes generarions, il a pareillement fes façons de faire, & que nous deuons pluftoft re-

chercher l'approbation des viuants que de
ceux qui font morts depuis plufieurs fiecles.
Que la couftume eft quelque fois plus dange-
reufe que la nouueauté, & que fainct Auguftin a fort bien dit, qu'il eft de bonnes o-
pinions particulieres qui corrigent de mau-
uaifes habitudes que tout le monde autori-
foit. Que Sainct Cyprien dit femblablement
que c'eft à tort que ceux qui fe voyent vaincus
par raifon luy oppofent la couftume, comme
fi la couftume eftoit plus forte que la verité,
& qu'il ne faillût pas fuiure pluftoft les reuela-
tions du S. Efprit, que la creance opiniaftre
d'vne multitude ignorâte & infidele. Qu'ainfi
l'vfage ne doit pas empécher que la verité ne
foit maiftreffe des cœurs auffi bien que des efprits, pource qu'vne couftume fans verité
n'eft qu'vne vieilleffe d'erreur ; où la verité
fans couftume, peut auec le temps caufer vne
loüable habitude. Et partant qu'il faut
quitter l'erreur pour fuiure la verité, fçachant que la verité eft victorieufe & éternelle
dans toutes les differences du temps. Que
Tertulian eft dans le mefme fentiment quand
il dit que la verité ne reçoit point de prefcription, ny par la durée des temps, ny par le cre-

dit des personnes, ny par le priuilege des nations, pource quelle est tousiours la mesme partout. Que c'est par ces ouuertures que la coustume triomphe de l'ignorance ou de la simplicité des hommes, & se fortifie contre la verité, bien qu'elle soit enfin contrainte de luy ceder. Que nostre Seigneur Iesus-Christ ne s'est pas appelé la Coustume mais la Verité, & que tout ce qui est opposé à la verité, doit étre pris pour heresie, fût ce vne creance immemoriale. Qu'vn autre Docteur a remarqué que la Loy peche quelquefois par la violence de la coustume, & qu'il y a des abus qu'on suit volontiers, non pas pource qu'on les doit mais pource qu'on les voit suiure. Qu'il n'y à point de vices plus dangereux que ceux qui viennēt de l'habitude, d'autant que les autres blessent quelquefois l'ame sans s'y attacher autrement, où ceux-cy passent entierement en nature. Que le Sage Romain mesme a confessé dans son infidelité que la coustume doit ceder à l'authorité quand elle est meilleure que l'habitude. Que c'est l'extremité de la malice quand on se plaist dans le mal, & qu'au lieu de le fuir on se le familiarise. Qu'en fin il n'y a plus de remede quand ce qu'on appelloit

loit vice semble dans l'vsage estre maintenant
vertu. Qu'il dit en vn autre endroic que la
cause de tous les débordemens de son siecle,
c'est qu'on ny vit pas par raison mais par
exemple. On n'y suit pas la loy de la nature,
mais celle de la Coustume. Nous ne voudriõs
pas faire, adiouste-t'il, ce que nous ver-
rions faire à peu de personnes, mais ce que
beaucoup font dans l'ignominie nous semble
honneste, tant il est vray que l'abus nous paraist estre vn vsage legitime si tost qu'il s'est
rendu public. Il faut donc qu'vne bonne ac-
coustumance déracine la mauuaise. Que si ces
excellétes auctoritez nous permettét de quitter les anciennes coustumes en des choses méme essentielles à la police ou aux bonnes
mœurs, combien à plus iuste raison nous sera-
t'il permis de les quitter en des choses indifferentes? Ne nous attachons mesme à des suiets
qui nous sont permis, pour nous mieux détacher des habitudes illicites que nous pour-
rions contracter.

XVII I. Maintenant on peut refuter les autres
obiections en disant que ce n'est pas l'inconstance qui faiét les belles Modes, mais la dé-
licatesse de la Fantaisie des hommes, & que

S

tout ainſi que nous ne blâmôs pas les nouuelles productiôs des bôs eſprits, nous ne deuo ns
pas décrier celles des imaginatiôs bien égayées.
Et puis c'eſt pour nous recréer que les inuen-
teurs des choſes modernes ſe dônent de la liber
té, & ils ne ſe mettêt en peine de trouuer des ſuiets agreables que pour nous dôner du plaiſir.
Serôs nous donc ſi ingrats que de les reprêdre
pource qu'en nous gaignant le cœur par les
yeux ils tâchent de meriter noſtre approbatiô?
Les deuons nous traitter auecque rigueur ,
parce qu'ils s'eſtudient à nous rendre la vie
douce dans le commerce ordinaire ? I'auoüe
bien qu'vn homme de naiſſance ſe picqueroit
légitimement de ſe voir appelé homme nouueau quant à ſon interieur, mais non pas quâd
à ſon exterieur, puiſqu'il n'y a que la Nobleſſe
qui auctoriſe les Modes deuant le peuple , &
qui luy donne de la vogue par ſa magnificence ordinaire. Et puis ſi Dieu s'appele l'Ancien
des iours, Ieſus-Chriſt ſe qualifie l'homme
nouueau , & nous ne deuons pas croire que
nous puiſſions eſtre deſ-honorés en imitant le
Roy de la gloire. Sainct Paul meſme ne nous
exhorte-t'il pas à quitter le vieil homme pour
nous reueſtir du nouueau, & ne ſemble-t'il pas

fauorifer les Modes, quand il nous dit de
nous feruir des chofes comme fi nous ne nous
en feruions point veritablement? Certes à bien
prendre nos changemens, ils nous peuuent
former au mépris du monde, puifqu'ils nous
font quitter bien toft ce que nous aimions a-
uecque paffion. La vanité nous fait faire prefque le mefme dépoüillement interieur que la
Sageffe myftique ordonne à fes fauorits. Au
refte l'Aigle des Docteurs n'appelle-t'il pas
Dieu vne beauté toufiours ancienne & tous-
jours nouuelle, & le S. Efprit ne veut il pas
qu'en vieilliffant nous nous renouuellions
toufiours comme l'Aigle ?

XIX. Que fi la Couftume a de grandes forces elle les peut perdre, & bien qu'elle conferue fon Empire; elle ne fçauroit détruire celuy
de la Mode, qui eftant vn nouuel vfage au cō-
mencement paffe aprés en habitude. Ainfi on
l'autorife en penfant la décrediter, puifqu'elle
n'eft proprement dãs fon éclat, que lors qu'elle s'eft appuyée de l'accouftumance. Au refte,
bien que plufieurs Modes foient inutiles, il ne
s'enfuit pas pour cela qu'elles foient blâmables; il fuffit qu'elles foient agreables pour étre
bonnes, & qu'elles ne nuifent point, pour étre

vtiles. Et puis il n'eſt pas fort difficile de changer de façons de faire comme l'on dit, puiſque nous voyons tous les iours de ſemblables
metamorphoſes, & que s'il n'y auoit rien de
muable, il n'y auroit rien de moderne. Le
cœur des ſages ne doit pas eſtre ſuiet à la reuolution, mais leur exterieur peut receuoir quelque nouuelle poſture, & ils peuuent donner
leurs mines au peuple, en luy refuſant leurs
mœurs auſſi bien que leurs maximes ſerieuſes.
Autrement quel plaiſir auroient-ils dans la
Societé ciuile, s'ils y eſtoient pluſtoſt regardés
comme les fleaux des compagnies, que comme les exemplaires d'vne bonne conuerſatió?
Ces Medecins des ames doiuent plaire à la
veüe pour guerir les cœurs. On doit auoir honte de changer de vie, mais non pas d'habillement; encore doit on changer de vie quand
elle eſt mauuaiſe, & qu'on peut meriter de la
gloire en quittant ſes infames habitudes. Que
ſi la nature de l'homme eſt ſi changeante comme l'on dit, ſe doit t'on étonner de le voir
changer en ſes accidents? Ce qui luy eſt acceſ-
ſoire ſera t'il plus ferme que ſon eſſence? Ajoû-
tez à cela que tant s'en faut que la nouueanté
nous dégouſte, qu'au contraire elle nous ré-

joüit, au lieu que l'acouftumâce nous ennuyc. Aprés tout qu'on blâme la legereté imaginaire des François, pourueu qu'on craigne la pefanteur de leur bras. Nous voyons cependant que ceux qui les méprifent à l'exterieur les adorent dans leur ame. Ils ne cenfurent nos façons de faire que pource qu'ils defefperêt d'en égaler la perfection comme i'ay dit auparauant. Mais en confcience, pourquoy font ils plus de fcrupule de changer de Mode que de veftemens ? Cependant i'ay veu des grands d'Efpaigne qui mettoient leur magnificence à paraiftre à mefme iour, fur le verd & fur le gris, fur le noir & fur le rouge. On voit donc par là que ce n'eft pas le changement qu'ils cenfurent, mais enuiant comme il font noftre gentilleffe ils luy donnent vn nom de vice, quoy qu'ils reconnoiffennt en effet que c'eft vne rare vertu. Ils font femblant de fe rire, pource qu'ils pleurent en effet de fe voir moins prifables que leurs ennemis. Et ce qui les fâche plus que tout, c'eft que les François qui paraiffent comme des Adonis à la Cour, font de vrais Mars à la guerre. Ils affectent moins de bien porter vn pourpoint qu'vne cuiraffe. Or par ce que i'ay dit iufques icy, on ne doit pas s'imaginer que j'approuue toutes les Modes; on verra dans la suite de cét ouurage, que comme ie souffre les indifferentes, ie defends absolument celles qui sont pernicieuses. Ie serois bien mal'heureux de flatter le public pour trahir mon ame. Ainsi qu'on se persuade que ie suis complaisant pour les gens de bien, & inexorable pour les méchants. La curiosité ne me choque point, mais l'impieté ne me sçauroit trouuer fauorable. Tout de mesme le luxe m'est en horreur, mais j'ayme la gentillesse.

Fin du Premier Liure.

LA MODE·

LIVRE SECOND.

DE LA MODE

EN PARTICVLIER.

CHAPITRE PREMIER.

La Croyance à la Mode, où il est parlé contre les Heretiques, les libertins, & les faux zelés du temps.

L n'y a qu'vne Foy comme il n'y a qu'vn Dieu ; neantmoins comme il s'est trouué des hommes qui ont formé diuerses Diuinitez, il y en a eu d'autres qui ont tasché de faire plusieurs croyances, s'il m'est permis de parler ainsi. Or bien que le nombre des

impies soit aussi grand que celuy des vrais ado-
rateurs est petit, ie croy neantmoins pouuoir
reduire toutes les especes de ces dogmatistes
à quatre, qui sont les Heretiques & les Athées,
les esprits forts, & les esprits foibles de ce siecle. Les premiers ne croyent pas en Dieu comme il faut, & les autres n'y croyent point du
tout. Quand aux seconds les vns pechent par
vne présomption sçauante, & les autres par v-
ne ignorance présomptueuse. Or pource que
la Religion tient de la nature de son principe,
c'est à dire qu'elle est tousiours la mesme dans
la difference des temps, ie veux faire voir icy
que nos croyans à la Mode sont de vrais infidelles. Ie commenceray par les Heretiques,
non pas que les athées ne soient plus coupables qu'eux en ce qu'ils sapent les fondemens
que les autres ne font qu'ébransler, mais pource que suiuant la nature des causes & des effets, ie croy parler de la mere de l'atheisme
quãd ie parle de l'heresie. En effet, côme Ter-
tuliã a dit qu'elle fait les Apostats du Christianisme, au lieu que la persecution en faict les
martyrs, nous pouuons dire que plusieurs
ne quittent la Religion que pource que certains faux Apostres s'efforcent de la changer.

Comme

Comme ils ne trouuent point de confiſtance en des opinions qui doiuent eſtre infaillibles, ils aiment mieux ne s'attacher à rien de ſolide, que de ſe fonder ſur des apuis ruineux. Aprés tout l'indifference de Religion que Luther & Caluin ont introduite dans le monde, en authoriſe maintenant la negation en quelques eſprits, qui pour ne ſe pas eſtimer coupables ſont bien aiſes de croire qu'il n'y a point de iuge en l'autre monde, qui puiſſe punir les deſordres de celui-ci. Mais la verité ſubſiſte nonobſtant les maximes de l'erreur. Dieu eſt par tout neceſſairement quoy qu'il ne ſoit pas reconnu de toutes les creatures. Ceux meſme qui nient ſon exiſtance ſeruent de témoins pour la prouuer. En effet ce n'eſt pas dans leur entendemēt qu'ils ont dit qu'il n'y a point de Dieu, c'eſt dans leur cœur. Leur conſcience ne leur permet pas de douter qu'il n'y en ait vn, mais ils voudroient biē qu'il n'y en eût point. Mais il ne faut pas traitter à l'entrée de ce diſcours, vn ſuiet qui en doit faire la ſuite. On ne doit pourtant pas trouuer mauuais que mon zele conduiſe quelques-fois mon raiſonnement, comme d'ailleurs ie veux que mon raiſonnement guide mon zele.

T

I· L'herefie n'eft proprement qu'vne defen-
ce opiniâtre d'vne nouuelle erreur contraire à
la verité. Elle a caufé de tout temps des fcan-
dales dans l'Eglife, qui n'ont femblé la choquer que pour faire voir qu'elle eft du tout in-
uincible. Le Fils de Dieu méme a dit qu'il étoit
neceffaire qu'ils arriuaffent, non pas que le crime tienne de la contrainte; mais Dieu veut
éprouuer par là la liberté des Fideles. Il eft vray
que comme nous fommes plus enclins au mal
qu'au bien , & que les abus s'eftendent
plus facilement que les maximes raifonnables,
les herefies fe font d'autant plus authorifées
dans le monde, que pour errer il ne faut qu'e-
ftre hommé, ou pour bien croire il faut furpaf-
fer la nature. Et puis la nouueauté ayant des
charmes pour la Religion de méme que pour
les chofes indifferentes, plufieurs ont efté bien
aifes de fe flatter en choquant vne croyance
commune, & n'ayant pû fe faire remarquér
par leurs perfections , ils ont voulu fe rendre
confiderables par leurs défaux. Ainfi comme
le deftructeur du temple d'Ephefe fe fit renõ-
mer en bruflant vn des miracles du monde,
quelques-vns penfent deuenir illuftres, en s'efforçant de démolir le temple de Dieu , & de

déchirer la robe indiuifible de fon fils. Si bien
que ce foit affés de montrer vne erreur pour la
dénier, ie veux neantmoins réfuter icy le merite des Heretiques par la bouche d'vn homme qui fera eftimé d'autant plus intereffé qu'il
a efté à la fin de leur parti. Ie parle de Tertulian, qui fe reuolta contre la Foy, aprés auoir
pourfuiuy ceux qui fe reuoltoient contr'elle ;
Il s'efforça de r'enuerfer ce qu'il auoit étably.
Nous condamnerons fon obftination par fa
propre bouche, & il paraiftra par la fuite méme de fon difcours qu'il à ceffé d'eftre veritablement habile, lors qu'il a ceffé d'eftre fidelle.
Voici dont comment il authorife la prefcription de la vraye Eglife, contre les fauffes innouations des heretiques. Quoy que toutes
les herefies foient monftrueufes, fi eft-ce qu'il
ne fe faut pas beaucoup eftonner de les voir
naiftre, puifqu'elles eftoient predites, ny def-
quelles rendent infidelles quelques domeftiques de la Foy. En effet, elles ne choquent la
Religion que pour l'éprouuer, s'efforçant d'é-
branler la foy. Elles nous monftrent qu'elle
eft du toût inébranlable. C'eft donc fans fuiet que quelquesvns fe fcâdalifẽt de ce qu'il y à
tant d'herefies, Ils fe fcâdaliferoient bien plus

s'il n'y en auoit point, aprés que le S. Esprit
nous a declaré qu'il y en auroit. Il ne faut non
plus s'ébahyr de leur force que de leur estre,
pource qu'estant introduites dans le monde
pour tâcher d'y faire mourir ou languir la Foy,
si nous nous étonnons de leur pouuoir nous
ébahissons de leur estre. Car elles sont puissantes tant qu'elles sont, & elles ne sont que
lors qu'elles sont puissantes. Nous ne nous
estonnons pas de voir qu'vne fiéure soit en nature, ny de ce qu'elle extenue vn homme,
d'autant que son effet est aussi ordinaire que
son essence. Nous n'admirons donc pas vne
maladie, mais nous l'auons en horreur, & ne
pouuant pas l'aneantir lors qu'elle est en estre,
nous vsons de precaution pour faire qu'elle ne
soit pas. Mais il arriue souuent que nous crai-
gnons de petits maux, & nous iouons de plus
grands. En effet quelques-vns ayment mieux
admirer le pouuoir des heresies que de l'éuiter
comme ils pourroient, & se mettent en danger
d'vne mort éternelle, quoy qu'ils fussent bien
marrys d'encourir le moindre peril téporel. Au
reste les heresies n'auront plus de vogue, s'ils ne
s'estonnent pas de voir qu'elles en ayent beaucoup. Car ou cét étonnement les porte au

ſcandale, ou le ſcandale à l'eſtonnement, cõme ſi l'erreur venoit de quelque verité pource
qu'elle a du credit. Mais ce n'eſt pas vn miracle de voir qu'vn mal ait les forces ; & puis il
eſt certain que les hereſies n'ont de force que
ſur ceux qui ſont foibles en la Foy.

II.   Il arriue ſouuent au combat des gladiateurs, qu'vn homme eſt vainqueur, non pas
pource qu'il eſt fort ou qu'il ne peut eſtre vain
cu, mais pource que celuy qui eſt vaincu n'a-
uoit point de forces; d'où vient que ce vainqueur combattant aprez auecque vn autre
plus robuſte s'en voit honteuſement terraſſé.
C'eſt ainſi que les hereſies tirent leur pouuoir
de l'imbecilité de pluſieurs, & ne peuuent riẽ,
ſi elles choquent vne foy qui ſoit vigoureuſe.
Ie voy bien que ces lâches pour colorer leur
foibleſſe, diſent que d'autres plus puiſſants
qu'eux ayant cedé à l'hereſie, ils ne luy peuuét
reſiſter. Ils demandent pour quel ſuiet tel
& tel qui n'auoiét pas moins de prudence que
d'aſſiduité dans l'Egliſe, ont pris vn autre party, ne prenant pas garde que ceux que l'hereſie
a peu changer, ne doiuent eſtre eſtimez, ny
prudens, ny fideles, ny aſſidus. Et puis ce n'eſt
pas vn prodige de voir des perſonnes que l'E-

glife approuuoit autrefois qui tombent au
nombre des reprouuez. Saül auoit vne bonté
particuliere, mais l'enuie le rendit méchant.
Dauid qui eftoit felon le cœur de Dieu, fe rend
criminel d'vn homicide & d'vn adultere. Salomon que la fageffe méme auoit comblé de
toutes fortes de graces, quittoit le culte du
vray Dieu pour adorer les idoles de fes femmes. Et certes il n'appartenoit proprement
qu'au fils de Dieu de demeurer toufiours fans
peché, & d'auoir par nature vn auantage que
les creatures ne fçauroient auoir que par grace. Et partant fi vn Euefque ou vn Diacre,
vne vefue, vn Docteur ou vn martyr, vient
à tomber dans l'erreur, croirons nous pour
cela que les herefies fe trouuent fur la verité ?
Efprouuons ta foy par les perfonnes ou bien
pluftoft n'éprouuons nous pas les perfonnes
par la foy.

III. Il n'eft point d'homme fage qui ne foit fidelle, & il faut eftre Chreftien pour eftre grãd
dans l'Eglife. Or il n'y à point de vray chreftiẽ
que celui qui perfeuere iufqu'à la fin; Les hõmes ne cognoiffent les hommes que par le dehors, ils iugent de ce qu'ils voyent. Or ils ne
croyent qu'autant que leur veuë fe peut éten-

dre, mais les yeux du Seigneur font efleuez.
comme parle l'efcriture, & il regarde le cœur
de ceux dont nous ne regardons que l'exterieur. Auffi il fçait le nom de tous ceux qui
font à luy, il déracine les plantes que fon pere
n'a pas plantées, il met les derniers au premier
rang, & les premiers au dernier. Enfin il a le
crible à la main pour purger fon aire, & partant il ne fe faut pas foucier que les pailles d'v-
ne legere foy foient enleuées par le moindre
fouffle des tentations, la maffe d'vn froment
que le Seigneur referue pour fes greniers, en fera d'autant plus pure : Du temps même de Iefus-Chrift n'y eut-il pas de fes Difciples qui fe
fcandalizants de fa Doctrine s'éloignerent de
fa perfonne, pour cela neantmoins les autres
ne le quitterent pas, mais s'attacherent d'autant plus fortement à luy, qu'il leur fembla
donner la liberté de l'abandonner comme les
autres. Puis donc que noftre Seigneur même
a efté delaiffé de fes Apoftres, ie ne m'eftonne
pas qu'vn Apoftre ait efté delaiffé de Philete
& d'Hermogene. Le traiftre qui fit mourir le
Verbe de vie, n'eftoit-il pas fon Difciple ? A-
pres cela nous étonnerons nous de voir fon
Eglife abandonnée de quelques-vns, veu

qu'elle ne souffre rien en cela que son Espoux n'ait souffert deuant elle? C'est par là qu'elle monstre qu'elle est Chrestienne, comme ils font voir qu'ils sont infidelles.

IV. Ils sont sortis d'entre nous, dit le Sauueur, mais ils n'estoient pas des nostres. Car s'ils eussent esté des nostres, ils ne se fussent pas separez de nous. Ailleurs il nous dit que plusieurs viendront comme des loups carnaciers sous vne peau de brebis. Cette peau n'est autre chose que la superficie exterieure du nô Chrestien, & par ces loups il faut entendre les sens obliques & les esprits dangereux qui se caché pour dissiper d'autant plus facilement le troubeau de Iesus-Christ qu'ils se meslent auec luy, & font semblant de le repaistre pour le perdre plus seurement. Au reste qui sont les faux prophetes, dont l'Escriture nous parle, sinon les faux Predicateurs? qui sont les faux Apostres sinon ces infames adulteres qui corrompent l'Euangile, qui ne songent pas à engendrer des enfans à nostre Seigneur, mais à leur plaisir, & qui trauaillent moins pour la gloire de Dieu que pour leur propre reputation? Qui sont les Antechrists qui paroissent desia sinon ces fameux rebelles qui combattent contre le

Roy

Roy des Roys. Les Herefies ñ'attaquent
par moins l'Eglife par la malice de leur doctrine que l'Antechrift l'attaquera vn iour par
fes cruelles perfecutions ; & s'il y a de la difference , c'eft que la perfecution fait bien
fouuent des Martyrs au lieu que l'Herefie ne
fait que des Apoftats.

V. C'eft pourquoy il falloit qu'il y eut des
herefies pour faire reconnoiftre les vrais fidelles , tant ceux qui refifteroient a la violence
des tourmens, que ceux qui ne fe detourne-
roient point du vray fentier de la Foy pourfuiure celuy de l'erreur. Or il eft bien aifé à voir
qu'il exclut du nombre des fidelles ceux qui
abandonnent la Foy pour s'attacher à l'herefie , & qui fe font vne creance à leur mode
pource que l'Ecriture à dit qu'on doit tout
examiner & ne fe fe tenir qu'à ce qui eft bon,
comme fi chacun ne pouuoit pas tomber par
erreur dans le chois de quelque mal apres
auoir bien examiné toutes chofes. Au refte
comme il blafme les diffentions & les fchifmes
qui fans doute font fort mauuais, il blafme
auffi l'herefie en la nommant immediatement
apres ; puifqu'il da joint à des fuiets qu'il eftime mauuais, il montre bien qu'il la croit

V

mauuaife,& qu'il la prend pour vn mal d'autant plus grand qu'il affeure auoir crû ce
qu'on nous propofe des fchifmes & des diffentions pource qu'il fçauoit qu'il y auroit
des herefies; Par où il montre qu'il n'auoit
point eu de peine a croire de petits maux par
la côfideration d'vn plus grâd. Ainfi dont il ne
veut pas dire que les herefies foient bonnes,
pource qu'il y à d'autres maux, mais il nous
auertit de ne les pas trouuer eftranges , puis
que fi elles corrompent des efprits , elles font
voir par leur impuiffance que d'autres font
incorruptibles. Enfin s'il nous exorte par tout
à entretenir la charité,& a éuiter les diuifions,
& que les herefies ne foient pas moins contraires à l'vnité de l'Eglife que les fchifmes &
diuifions; Il eft hors de doute qu'en reprenant
les vnes ils n'efpargne pas les autres , & que
nous enfeignant à parler à tous vn mefme
langage, il ne peut fouffrir que nous faffions
diuers partis. Il declare encor plus expreffe-
ment ce qu'il penfe fur ce fujet, quand il com-
te les herefies parmy les pechez charnels quelques fpirituelles qu'elles paroiffent , & per-
fuade à Tite de ne pas receuoir vn heretique
relaps , pource qu'il s'eft peruerty & qu'il pe-

che apres s'estre condamné soit mesme pource qu'il suit. Cela veut dire qu'il a choisi volontairement ce qui le doit faire damner, & introduit ou receu des opinions toutes nouuelles au desauantage de l'antiquité.

VI. Quand a nous, il ne nous est pas permis d'inuenter quoy que ce soit, suiuant le caprice de nostre esprit, n'y de choisir ce qu'vn autre aura inuenté à sa fantasie. Nous tenons les Apostres pour autheurs de nos maximes, & sommes bien asseurez qu'ils n'ont point pris la hardiesse de rien inuēter d'eux mesmes, mais qu'ils ont establi parmy les Gētils la discipline qu'ils auoient receüe de I. C. C'est pourquoy si vn Ange du Ciel nous venoit prescher, au contraire, nous le prendrions pour vn seducteur & pour vn excommunié; Le S. Esprit preuoyoit bien qu'vn Ange pipeur se saisiroit de Philumené pour gaigner Apelles par les charmes d'vne fille, & le porter par vne nouuelle affection à vne heresie nouuelle. C'est là la doctrine des hommes & des demons qui est mesme du genie d'vne sagesse mondaine, que le Seigneur appelle folie, & qui se meslant de discourir temerairement de la nature aussi bien que de la Prouidence de Dieu nous debite des erreurs pour des principes infaillibles. Enfin les herefies mefmes qui touchent la religion font appoftées par la Philofophie humaine, de là vient que Valentin nous parle de ie ne fçay qu'elle formes & d'vne Trinité dans l'homme, pource qu'il à efté Platonicien. Les Stoiques ont apris a Martion que Dieu eft en meilleur eftat quand il fe repofe, que lors qu'il exerce fa puiffance. Les Epicuriens ont enfeigné à d'autres que l'âme perit auecque le corps: & tous les Philofophes ont tenu generalemént que la refurrection eft impoffible quoy que nous la tenions facile. Zenon eft garand de ceux qui penfent que la matiere eft de mefme aage que Dieu, comme Heraclite eft maiftre de certains extrauagans, qui prennent le feu pour vne Diuinité, & veulent faire paffer vn Elément particulier pour le principe general de tout le monde. Enfin les Herefiarques & les Philofophes n'ont prefque qu'vn mefme obiet, & ils s'embaraffent egalement penfant deueloper les chofes les plus intriquées par l'art & par la nature.

VI. Ne demandent-ils pas tous les iours d'où viét le mal, & pourquoy? D'où vient l'homme & cómét, & ce qui eft plus hardy que tout ce la est que Valantin a proposé sans aprehensiõ, d'où vient Dieu même de qui viennent toutes choses? Aristote n'est pas moins digne de compassion que les autres, quoy qu'il ait plus de suffisance. Il a inuenté la dialectique dont nos heretiques se seruent tant, & qui est vn art de bastir & de destruire auecque adresse. Elle est incommode aux autres & fâcheuse à elle méme. Enfin elle refute tout pour s'en pescher de rien establir. De la viennent tant de contes qu'il nous fait des genres & des especes, & qui nous cachent la verité sous pretexte de l'éclaircir. C'est pourquoy l'Apostre auertit les Colossiens de ne se laisser pas abuser par vne vaine Philosophie suiuant la tradiction des hommes & contre la prouidence du S. Esprit. Il a-uoit il esté à Athenes & auoit conneu par la conference ceste sagesse affetée qui rend les hommes ignorans en les instruisant, qui corromp la verité qu'elle declare, & faict tous les iours de nouuelles sectes pour monstrer qu'elle n'a point de consistance en vn mesme estat. Quel comerce y peut il auoir entre Athenes & Hierusalem, l'Academie de l'Eglise, Les heretiques & les chrestiens? Nostre institution vient du porche de Salomon qui

nous auertit de cercher le Seigneur en simplicité de cœur & non pas en suffisance d'entendement. Aprés cela ne doit on pas blâmer
ceux qui ont rendu les Christianismes, ou
Stoïciens, ou Platoniques, ou dialectiques ?
VII.　La curiosité nous est inutile aprés l'in-
struction de Iesus-Christ ; Et l'Euangile ne
nous permet point de faire de nouuelles en-
questes. *Quand nous croyons, nous ne defi-
rons point de croire quelque chose hors de
nôtre Foy, pource que nous croyons en premier lieu qu'il n'y a rié que nous deuiõs croire
au dela.* Mais il est têps d'expliquer icy ce paf-
fage de l'escriture, dont les Catholiques prennent pretexte de se rendre curieux, comme les
heretiques s'en seruent pour se rendre incredu-
les auec quelque apparence de raison.　Puifqu'il est écrit, disent ils, cerchez & vous trouuerez, nous ne deuons iamais croire auoir
trouué tant de choses qui n'en reste beaucoup
plus à recercher.　Mais il se faut souuenir que
Noftre Seigneur prononça ces parolles au
commencement de sa predication lors que
tous doutoient encor de ce qu'il estoit, deuant
que S. Pierre l'eût appelé fils de Dieu par vne
confession solennelle, & aprés que S. Iean qui

le connoiſſoit par reuelation eut ſouffert la
mort. Il auoit donc raiſon de dire qu'il faloit
cercher encor celuy qui n'eſtoit pas encor
connu. Et puis on doit obſeruer qu'il ne faut
pas moins conſiderer le ſens que le ſon des parolles de Dieu. C'eſt pourquoy pour détruire
l'erreur de ceux qui croyent que la ſageſſe eternelle fauoriſe vne curioſité infinie, mais temeraire, Ie n'ay qu'à leur propoſer que Ieſus-
Chriſt a determiné quelque choſe de regulier
& d'infaillible que toutes les nations doiuent
croire, & recercher, à cette intention neantmoins qu'elles pûſſent croire aprés auoir fait
vne heureuſe découuerte. Or la recerche d'v-
ne choſe déterminée qu'on peut trouuer, ne
ſçauroit eſtre infinie. Il faut cercher iuſques
à ce que vous trouuiez, & croire ſi toſt que
vous auez trouué ; apréſquoy vous n'auez
rien à faire qu'à maintenir touſiours ce que
vous auez crû vne fois. Vous deuez pourtant
croire outre cela qu'il ne faut ny croire ny
recercher autre choſe, pource que vous auez
trouué & crû ce qui a eſté ordonné de celuy
qui nous commande de recercher que ce
qu'il ordonne.

VII. Nous deuons recueillir de là que nous

ne deuons rien rechercher au delà de ce que
nous croyons eſtre ce que nous deuions chercher, de peur que nous ne ſembliõs auoir cherché ſans raiſon, & rencontré ſans bon-heur.
Le temperament donc qu'il faut garder en cela, conſiſte en trois reflexions que noûs deuõs
faire. La premiere eſt ſur la nature de ce que
nous deuons cercher, La ſeconde du temps
auquel cette recherche doit eſtre faite, Et la
troiſieſme des bornes qu'elle doit auoir. Il
faut donc cercher ce que Ieſus-Chriſt a ordonné tant que vous ne le trouuez pas, & iuſques à ce que vous le trouuiez. Or vous l'auez
trouué ſi toſt que vous l'auez cru : car vous
ne l'euſſiez pas cru ſi vous ne l'euſſiez trouué,
comme vous ne l'euſſiez pas cerché qu'à deſſein de le trouuer. Vous cherchez donc pour
trouuer & vous trouvez pour croire. D'où il
s'enſuit que la creance eſtãt la fin de voſtre recherche comme de voſtre rencontre, doit auſſi eſtre leur terme. Cette preſcription
eſt vn fruict de voſtre trauail, & non pas
vne contrainte iniurieuſe à voſtre induſtrie.
Ce ſont les bornes que vous donne celuy qui
ne veut pas que vous croyez ny que vous
cerchiez autre choſe que ce qu'il a ordonné.

Au

Au reſte, ſi nous deuons rechercher autant de
choſes que nous en pouuons trouuer qui
ſont de l'inuention des hommes, nous cer-
cherons touſiours, mais nous ne croirons iamais. Quand finira noſtre recerche, quel ar-
reſt aura noſtre creance, quand acheuerons
nous noſtre découuerte? ſera ce aprés auoir a-
pris lés dogmes de Martian, mais Valantin
nous dit d'vn autre coſté, cerchez & vous
trouuerez;Sera ce aprés auoir receu la Doctri-
né de Valantin, mais Appellés, Hebion, &
Simon, vſent des mémes termes que luy, &
me diſent de le quitter pour les ſuiure. Ie ne
ſeray donc d'aucun party, voulant eſtre de
tous, ie ne cercheray rien penſant tout cercher,
& voulant tout rencontrer ie ne trouueray rię.
Ainſi m'attachant aux ordres des hommes, ie
laiſſeray ce que Ieſus-Chriſt a ordonné, & ce
qu'il faut cercher, & ce qu'il eſt neceſſaire de
croire ſans chanceler aucunement.

VIII. On ſemble errer ſans peril, quand
on ne peche point,quoy que ce ſoit pecher que
de faillir comment que ce ſoit. Mais ie veux
dire que celuy qui ne quitte rien, peut vaguer
impunément par le monde. Mais ſi i'ay crû ce
que ie deuois croire, & ſi ie penſe qu'il faut

cercher autrechofe, i'efpere auffi de trouuer
quelqu'autre chofe. Or ie ne puis efperer cela,
fi ce n'eft pource que ie n'auois pas crû, bié que
ie femblaffe croire ou que i'ay ceffe de croire
encor que i'aye crû. C'eft ainfi qu'abandon-
nant ma creance, on me peut prendre pour
vn Chreftié renié. Difons tout en vn mot; perfonne ne cercheque celuy qui n'a pas la chofe
qu'il cerche, ou qui l'a perduë. Cette vieille de
l'Euangile auoit perdu vne dragme; C'eft
pourquoy elle la cerchoit, mais elle ceffa de la
cercher fi tôt qu'elle l'eût trouuée. Ce voifin
dont noftre Seigneur parle, heurtoit à la porte,
pource qu'il n'auoit point de pain, mais fi tôt
qu'on luy en eut donné, il ne heurta plus. La
veufue demanda audiance au Iuge, pource
qu'il la luy refufoit, mais fi tôt qu'elle l'eut eüe
elle n'vfa plus d'aucune follicitation: tant il eft
vray qu'on trouue quelque fin à cercher, à
heurter & à demander, & qu'il n'y à point de
progrés à l'infini dans la Morale, non plus que
dans la Phyfique. En effet il eft dit qu'il fera
donné à celuy qui demandera, qu'on ouurira
la porte à celuy qui aura heurté quelque temps,
& qu'on trouuera infailliblement apres
auoir cerché auec beaucoup d'affidui-

té. C'eſt pourquoy ceux qui cerchent touſ-
jours, ne ſe doiuent pas étonner s'ils ne trouuent rien, pource qu'ils cerchent où l'on ne
peut rien trouuer. Ceux auſſi qui ſont touſ-
jours à heurter à la porte, ne la voyent iamais
ouurir, pource qu'ils heurtent â vn lieu où
perſonne ne leur peut donner l'entrée. Enfin,
ceux qui ſont touſiours à demander, ne ſont
iamais ouys, pource qu'ils addreſſent leurs demandes à celuy qui ne les ſçauroit écouter.

IX. Mais quand bien nous deurions touſiours
cercher, où faudroit-il faire cette recerche? Se-
roit-ce point chez les heretiques? mais ils cô-
trediſent nos veritez pour en authoriſer d'é-
trangeres, & nous ne pouuons pas auoir nôtre recours à ceux qu'on nous deffend d'approcher. Vn ſeruiteur n'attend point ſa nourriture de l'ennemy de ſon Maiſtre; vn ſoldat
ne reçoit point de ſolde d'vn Prince qui combat contre le ſien, à moins que d'eſtre ou de-
ſerteur ou rebelle. Cette Vieille de l'Euangile
ne cerchoit point ſa dragme hors de ſa maiſô;
Celuy qui heurtoit à la potte de ſon voiſin ne
s'addreſſoit pas à vn eſtranger, & la veufue
n'importunoit pas vn Iuge qui luy vouluſt
mal, mais qui n'eſtoit pas de facile abord. Per-

sonne ne peut estre instruict suiuant des principes qui destruisent sa creance, ny estre éclairé de ceux qui ne songent qu'à le tenir dans
l'obscurité. Cerchôs dôcques dâs nostre fôds,
& non pas dans celuy d'autruy. Faisons nous
enseigner à des Docteurs Ortodoxes plustost
qu'à des seducteurs, & ne formons iamais des
questions douteuses sur ce que nous deuons
croire infailliblement. La reigle de la Foy doit
tout mesurer, mais elle ne doit pas estre reiglée par des entendemens humains. Comme
elle vient de la verité mesme elle peut estre
prise pour la mesme verité. Enfin elle ne souffre point de controuerses que celles que les
heretiques font, ou qui font les heretiques. Il
est bien permis de se faire instruire aux Docteurs, mais non pas de faire le mécreant.

X. Il faut estre curieux, mais il faut craindre
d'estre ébloüy de la Maiesté. Enfin il vaut
mieux estre ignorant suiuant le deuoir, que
sçauant contre la Foy. Qu'importe de découurir ce qui nous doit estre caché, pourueu
qu'il n'y ait rien de caché pour nous de tout
ce qui nous doit estre découuert? C'est la Foy
qui nous sauue & non pas la connoissance
exquise des Escritures. La foy tire le salut des

hommes de l'obſeruation de la Loy , au lieu
que la ſcience tire quelquefois vanité meſme
des myſteres les plus ſaincts qu'elles penètre.
Aprez tout la curioſité doit ceder a la croyãce,
& la vaine gloire au ſalut. C'eſt tout ſçauoir
que de rien ſçauoir contre l'ordre.

XI. Au reſte quãd bien les Eretiques ne ſeroiẽt
pas ennemis de la verité, & protecteurs de
l'erreur comme ils ſont, eſt il de la bienſeance
que nous ayons quelque commerce auec
ceux qui cõfeſſent qu'ils ſont encor à cercher?
Car s'ils cerchẽt encor, veritablement ils n'ont
rien trouué, & quelque certitude qu'ils mon-
trẽt auoir ils ſont touſiours dans la doute tant
qu'ils ſont dans la recerche. Ainſi ſi vous qui
cerchez ſuiuez ceux qui cerchent auſſi, il eſt
neceſſaire qu'vn aueugle ſoit mené par les autres dans la foſſe, & que vous ne puiſſiez rien
établir d'aſſeuré parmy tant d'incertitudes.
Lors donc que nous refuſons de croire ce
qu'ils nous diſent de cercher, & qu'ils n'ont
pas trouué eux mémes, qu'ils ſçachent que ce
n'eſt pas à Ieſus-Ch. que nous refuſons noſtre
créance, mais aux Antechriſts de ce temps. En
effet, tant qu'ils cerchent, ils ne tiennent pas
encor; ne tenant pas encor, ils n'ont pas encor

creu ; n'ayant pas encor creu ils ne font pas
Chreftiens. Mais lors qu'ils tiennent & qu'ils
croyent, & que neantmoins ils nous difent de
cercher, ils monftrent bien qu'ils nient ce qu'ils
croyent, confeffant qu'il n'ont pas creu encor
puifqu'ils font encor à cercher. Ceux donc qui
ne font pas Chreftiens pour eux mémes, com-
mêt le feront ils pour nous? Ceux qui s'intro-
duifent par perfidie nous peuuent ils enfeigner
la Foy? Aprendrons nous la verité de ceux
qui l'autorifent par le menfonge? Mais on dira qu'ils fe feruent des écritures qui ont des
principes infaillibles, pour défendre leurs opinions erronées. Quoy? peuuent ils parler des
chofes de Foy que par les parolles de la Foy?
Mais comment fe peuuent ils feruir de l'autorité de Iefus-Chrift veu qu'ils ne font pas Chreftiens? Et puis la parolle de Dieu n'eft pas la
reigle de leur croyance, veu qu'ils font leur
croyance reigle de la parolle de Dieu. En effet, ils y retranchent & y aiouftent ce qui leur
plaift, comme fi le texte du S. Efprit eftoit
fuiet à la cenfure des hommes. D'autres qui
croyent en l'efcriture entiere en corrompent
le fens n'en ofant pas corrôpre les parolles, &
ne prénent garde qu'vne interpretatió baftar-

de ne détruict pas moins la verité qu'vne fauſſe allégation. Ils ne veulent pas connoiſtre ce qui les choque, & ſont bien aiſes de prendre ce qui les fauoriſe en apparence. Cependant ils deuroient conſiderer que s'ils reçoiuent la Loy de Dieu, ils ne la luy doiuent pas donner.

XII. Mais pour ſçauoir s'ils ſe doiuent ſeruir des armes de l'Egliſe il faut voir s'ils ſont dans l'Egliſe. Nous ſommes dans celle que Ieſus-Chriſt a fondée par le miniſtre deſes Apoſtres, & ils ſuiuent celle que Sathan a eſtablie par leur moyen. Ie ſçay bien qu'ils diſent que les Apoſtres n'ont pas tout ſçeu, ou du moins qu'ils ne nous ont pas tout dit, en quoy ils ne s'auiſent pas qu'en blâmant les Diſciples, ils blaſment le Maiſtre, qui n'a pas enuoyé des Apoſtres aſſés habiles ou aſſés ſimples. *Que pouuoient ignorer ceux qui deuoiết inſtruire tout le monde?* Peut-eſtre que Sainct Pierre qui fit vne ſi Diuine confeſſion de Foy, n'eſtoit pas aſſez éclairé! Sainct Iean qui ſe repoſa ſur le cœur du fils de Dieu n'euſt pas vn bon Maiſtre, & Ieſus-Chriſt cacha quelque choſe à ceux à qui il manifeſta ſa gloire méme deſſus la terre! Enfin le Sainct Eſprit n'auoit

pas aſſez de connoiſſance de la verité pour la
communiquerà ſes organes : Mais poſons le
cas que tous ſe ſoient trompez iuſques icy par
vne creance ſpecieuſe, & que les appuis méme
de la verité ayent chancelé; comment ſe peut-
il faire que tant de perſonnes ſe ſoient accor-
dées pour maintenir vne erreur par vne déter-
mination inuariable? Il faut donc dire que cét
aueuglemét a duré tant que les hereſies n'ont
pas éclairé le monde. Sans doute que la verité
attendoit quelques Marcionites ou quelques
Valentiniens pour la tirer du puits, ie ne diray
pas de Democrite, mais de l'enfer. Cependant
c'eſtoit en vain qu'on publioit l'Euangile,
puiſque ce n'eſtoit qu'vn conte fait à plaiſir.
C'eſtoit en vain qu'on croyoit puiſque la Foy
n'eſtoit qu'vne infidelité publique. Le Baptê-
me eſtoit plûtoſt vn ſacrilege qu'vn Sacremét,
les bónes œuures eſtoiét des effets de malice,
les Sacerdoces, d'Auguſtes Prophanations; la
diſtribution des graces, des influences de mal-
'heurs ; les Miniſteres ſacrez, des amuſemens
ſpecieux ; & les martyres, des obſtinations
dañs l'erreur pluſtoſt que des témoignages
d'vne verité ſolide. Que ſi toutes ces choſes
bien loin d'eſtre inutiles ont eſté fort auanta-
geuſes

geufes comment a t'on parlé des chofes de
Dieu deuant qu'on euft connû Dieu méme.
Côment s'eft il trouué des Chreftiens premier
qu'on euft trouué Iefus-Chrift, & comment a
t'il paru des herefies auant que la vraye Doctrine nous euft monftré fon éclat? La verité
precede l'image du moins par priorité de nature, & puis la reffemblance la fuit.

XIII. Aurefte, quelle impertinence qu'on
mette l'herefie deuant la bonne Doctrine,
pource que c'eft elle qui predit les herefies?
C'eft elle qui nous apprend que fi vn Ange
nous préche autrement que les Apoftres
nous le tenions pour Anatheme. Où eftoit dôc
Marcion battelier du Pont, ce Stoïque diffo-
lu, quand la verité parloit de la forte? Où é-
toit Valentin ce Platonicien, Vifionaire qui
veut introduire fes idées fantaftiques iufques
dans les matieres de la Foy? Nous auôs connû
ces faux Apoftres, & ils n'ont choqué l'Eglife
par leurs difcours qu'apres en auoir efté chaf-
fez à caufe de leurs mauuais déportemens. Ils
s'en prennent à fon innocence, au lieu de s'en
prendre à leur malice? Ie n'ignore pas qu'il
falloit qu'il y euft des herefies, mais la neceffité de leur eftre ne leur donne pas vn ca-

Y

ractere de bonté, puiſque le mal deuoit auſſi
eſtre neceſſairement, & neantmoins ce ne deuoit pas eſtre vn bien. Il falloit que noſtre Seigneur fût trahy, & toutefois il maudit ſon
traiſtre. Cela veut dire que nous deuons iuger des choſes par leur qualité pluſtoſt que
par leur auenement. Aprés tout, les œuures
de nos Dogmatiſtes les confondent auſſi bien
que les diſcours. En effet ſi Marcion ſe vante
d'auoir ſeparé le vieil Teſtament du nouueau,
cela montre qu'ils eſtoient ioincts, & que la
diuiſion eſt poſterieure à l'vnion qui en auoit
eſté faite; Tout de meſme Valentin ſe glori-
fie d'auoir remis l'écriture en ſa premiere pure-
té, par où il paraiſt qu'elle a eſté ſans faute, &
puis qu'elle a eſté corrompuë. Ie ne nomme
pas les autres ſeducteurs, non pas qu'il n'y en
ait encore beaucoup, mais pource qu'ils ne
meritent pas meſme la memoire de l'infamie.
Mais ſans en cotter aucun en particulier, ie
leur demande en general, de la part de qui ils
viennent, & s'ils ſont enuoyez de quelqu'vn,
où s'ils ne font que s'introduire eux meſmes de
leur authorité priuée? S'ils préchent vn autre
Dieu que nous, comment ſe ſeruent ils de ſon
nom & de ſes parolles pour le choquer effica-

cement ? Que s'ils préchent vn mesme Dieu
que nous, comment le préchent ils d'vne autre façon ? Qu'ils nous facent voir qu'ils sont
de nouueaux Apostres, & qu'il y a de nouueaux Iesus-Christs, ou bien que nostre Seigneur est de rechef descendu du Ciel pour
nous y faire monter, qu'il a de rechef enduré
la mort comme si sa premiere Passion n'auoit
pas esté assez abondante, & qu'aprés auoir
ressuscité, il leur a enuoyé vn sainct Esprit qui
les a plus inspirés chacun en particulier que
tous les Apôtres ensemble. Enfin, qu'ils nous
monstrent que ce diuin reparateur leur a donné le pouuoir de faire les mesmes miracles que
luy, puisque les effets doiuent suiure ses pro-
messes. Mais i'ay tort de douter d'vne chose
que nous voyons. Ces nouueaux Apostres
imitent la puissance des Anciens, mais c'est
d'vne façon bien differente; car au lieu qu'ils
rendoient la vie aux morts, ceux-cy causent la
mort aux viuants.

XIV. Mais si nous voulons suiure l'authorité aussi bien que les miracles, que ces nouueaux
faiseurs d'Eglises nous montrent l'origine de
leur doctrine, & la succession de leurs Pasteurs
qui dés le temps des Apostres puisse venir à ce

fiecle. Que s'ils n'en trouuent pas, qu'ils en in-
uentent vne, car qu'y peut il auoir d'illicite à
ceux qui croyent pouuoir legitimèment corrompre la Foy? Mais quelque foin qu'ils pren-
nēt à forger des chofes nouuelles pour les faire
paffer pour anciennes, ils n'auanceront rien,
puifqu'on verra toufiours qu'vne Eglife qui
choque celle des Apoftres ne viēt pas directe-
mēt des Apoftres. Ce ne font dōc pas des Apoftres, mais des Apoftats qui pretendent d'eftre
maintenant les Docteurs du Chriftianifme.
Puifqu'ils innouent en matiere de religion,
c'eft vn figne qui conuainct, comme ils ont
quitté l'Ancienne. Car de penfer que les premiers Prédicateurs de la Foy nous ayent enfeigné des chofes contraires, c'eft s'imaginer
qu'il y peut auoir de la diuifion dans la parfaite vnité. Il s'enfuit donc que ces faux Directeurs font de vrais corrupteurs des meilleures chofes, & que ne venant pas du fils de Dieu
ils viennent de Lucifer. Ils veulent paffer pour
les plus parfaits interpretes de l'Ecriture, mais
l'écriture ne leur appartient pas. Car s'ils font
heretiques ils ne font pas proprement Chreftiens, ne tenant pas de Iefus-Chrift les maximes qui conftituent leur herefie. Ainfi ils fe

veulent seruir des armes qui ne sont pas à eux,
& qui bien loin de les aider leur coupent la
gorge. L'Eglise leur peut donc dire ; *Qui
estes vous ? d'où venez vous, que faites vous
chez moy n'estant pas à moy ?* Par quel droit
entrez vous, Marcion, où sont les fidelles puisque vous en estes sorty ? Ie suis l'Espouse de Iesus-Christ & l'heritiere des Apostres. Ie tiens
ce qu'ils ont tenu ; ie ne veux pas vous receuoir, pource qu'ils vous ont excommuniés.
XV. Mais quoy, me dira t'on : d'ou vient
que les heretiques paraissēt subtils, & que plusieurs Catholiques estant idiots, les autres sē-
blent tous habiles. Mais se faut il estonner
qu'il y ait plus de présomption que d'humilité
dans le monde ? Le Diable qui estant le pere
de mensonge, fait tout ce qu'il peut pour détruire la verité, déguise l'erreur ne la pouuant
pas couurir tout à faict. Il se sert de la parolle
de Dieu contre Dieu méme, cōme il employe
nos mysteres les plus sacrez pour autoriser des
sacrileges. Ne voyōs nous pas qu'il à ses Vier-
ges & ses Pontifes ; & partant il ne se faut pas
estōnner que l'Heresie qui est vne idolatrie
specieuse abuse des lettres sainctes pour des
sens tout à faict profanes. Ie ne diray pas icy

que la conuerſation des heretiques marque
parfaitement leur doctrine, & qu'on voit bien
à leurs déportemens qu'ils ſont infidelles, quoy
qu'ils ſe qualifient les ſeuls maiſtres de la Foy.
Ne voit-on pas qu'il n'y a point de difference
parmy eux entre le Paſteur & la brebis, ſi ce
n'eſt que la brebis s'eſtime plus que le Paſteur.
Ils prient indifferemment auec les Gentils &
auec les Chreſtiens , & communiquent les
choſes les plus ſacrées à des ſuiets de profana-
tion. Ils diſent que la ſimplicité eſt vne foibleſſe, quoy que nous l'appellions vne grande
perfection ; Enfin, bien qu'ils traittent pluſieurs matieres differétes, ils n'ont tous qu'vne
intention qui eſt de choquer la verité. Tous
ſont bouffis d'orgueil, & ſöt preſque tous igno
rants dans la profeſſion qu'ils font d'vne haute ſuffiſance. A peine ſont ils éleuez qu'ils s'e-
ſtiment hommes parfaits. Leurs femmes ne
ſont pas moins impudentes qu'eux , & bién
que l'Apoſtre leur ordonne de ſe taire dans les
Egliſes , ce ſont elles qui y veulent touſiours
parler. Au reſte, les ordres qu'ils conferent
ſont dans vn étrange deſordre; ils ne diſtin-
guent point les nouueaux fideles d'auec les
vieux, & canoniſent nos Apoſtats pour les at-

tirer par la vaine gloire, ne le pouuant faire par
vne verité solide. Il n'y a point de lieu ou l'on
s'auance plust ost que parmi les heretiques, car
pour estre aussi tost grand, il ne faut qu'estre
de leur party. Que diray-ie de la distribution
de la parolle de Dieu que celle des hommes
rend beaucoup plus pernicieuse qu'vtile? Ils ne
songent pas à conuertir les infideles, mais à
peruertir les Chrestiens. Ils mettent leur gloire non pas à releuer ceux qui sont tõbés, mais
à faire tomber ceux qui sont debout. Enfin, ils
ne bastissent leur Eglise qu'en s'efforçant de
détruire la nostre. Ils ne sont doux que pour
faire du mal, & nous ne deuons pas attendre
du respect d'eux, veu qu'ils méprisent méme
ceux qui les gouuernent. De là vient que les
diuisions ne paroissent pas parmi les heretiques pource qu'ils les tolérent, quoy qu'à bien
parler leur vnion méme soit vn schisme.

XVI. Ie veux qu'on me prenhe pour vn impo-
steur, s'ils ne varient eux mémes dãs la creance
des reigles de leur foy qu'ils pẽsont estre inuariables. En effet chacun croit auoir raison de
changer la Religion dans la suitte, leur faux
Patriarche l'ayant changée dans le cõmencement. Le progrés tient de l'origine. Ce qui

a esté permis à Valentinian ñe doit pas estre
défendu à ses sectateurs, & Marcion n'a pas
eu droict de commander à ses Disciples de
se tenir à la croyance qu'il a enseignée, veu
qu'il ne s'est pas tenu à celle qui auoit eu de la
vogue deuant luy. Enfin, qui considerera bien
les heresies trouuera que les Disciples ont des
dogmes tous differents de la doctrine des
Maistres. On a méme remarqué que plusieurs
d'entr'eux entretiennent vn commerce secret
auecque les Magiciens pour tâcher de tirer du
Diable vne vertu qu'ils ne peuuent attendre de
Dieu. Et aprés tout cela ils couurent leurs cu-
riositez ruineuses par ce commandement irreprochable ; Cerchez & vous trouuerez.
D'ou l'on peut recueillir que par la qualité de
leur vie on peut reconnoistre celle de leur
croyance, puisqu'il est certain que la doctrine
est comme la reigle de la discipline. Ils disent
qu'il ne faut pas craindre Dieu; & partant tous
les pechez leur seront permis, car qui apprehé-
dera d'estre puny s'il n'apprehende point de
vangeur? Et puis où est-ce que Dieu n'est pas
craint si ce n'est où il n'est pas reconnu ? Or où
Dieu n'est pas reconnû qui peut croire qu'il y
ait de verité ? & ou il n'y a pas de verité y aura
t'il

t'il de croyance qui ne ſoit fauſſe ? Mais où
Dieu eſt reconnû, il eſt redouté, & la ſuitte de
cette belle crainte, c'eſt le commencement de
la ſageſſe. Et de rechef où Dieu eſt craint, on
vóit vne conuerſation digne de ſa vûe; car
ſon œil eſt bien plus étonnant que celuy des
hommes qui bien ſouuent nous empeſche de
mal faire. Enfin où Dieu eſt, là tout eſt à Dieu.
Prenons donc bien garde de nous préſeruer
de l'erreur, & perſuadons nous que nous ren-
drons conte de nôtre Foy au iour du jugemēt
deuant que de la rendre des œuures qui la
ſuiuent. Que dirons donc ceux qui auront
violé cette Vierge conſacrée par Ieſus-Chriſt ?
XVII. Ne diriez vous pas que ce Docteur des
premiers tēps du Chriſtianiſme en choquāt les
Valentiniens & les Marcionites a choqué les
Lutheriens & les Caluiniſtes des derniers ſiecles. Ces faux Apoſtres qui ont démoli nos
Autels pour établir vne Egliſe imaginaire,
n'ont-ils pas crû ſoûmettre l'éſcriture ſaincte à
leurs opinions profanes, & l'Eſprit de Dieu à
celui des hommes. N'ont-ils pas faict des or-
donnances contraires à celles de l'Eſpouſe de
I E S V S , & pris pour Babylone la vraye
Hieruſalem? Mais apres auoir introduit quel-

ques premieres nouueautez dans la Religion,
leur ont-ils iamais pû donner vn caractere
d'antiquité? Ne voyons nous pas que nos heretiques d'apresent sont differents de ceux qui
ont paru du temps de nos peres, & ne croyent
ils pas auoir vn esprit particulier qui préuaut à
celui de toutes les assemblées de leurs Eglises?
I'ay remarqué moy méme dans l'Angleterre,
qu'il y a presque autant de croyances que de
familles, & ce fameux Parlement qui faict
semblant d'auoir tant d'affaires, à quoy s'oc-
cupe-t'il auiourd'huy qu'à rendre les Protestans Puritains, aprés auoir rendu les Puritains
Protestans. Asseurément quelques heretiques different presque autant des autres
que des Catholiques mémes. Parlerons nous
de la France qui voit tous les iours naistre impunément de nouuelles sectes, quoy qu'il n'y
en ait qu'vne tolerée par les Edicts de Pacifi-
cation. C'est qu'aprez auoir quitté le bon chemin, plus on s'auance plus on s'éloigne du
terme de son voyage. Mais la plus dangereuse secte à mon auis, c'est celle qui a de la vogue
parmy quelques faux zelés, qui par vn caprice
particulier veulent accorder l'Eglise hugue-
notte auec la Romaine. Cela veut dire qu'ils

penfent que le Soleil & les tenebres n'ont point de contrarieté, & que Iefus-Chrift & Belial ne font qu'vne méme chofe. Tenons nous à la pierre inébranlable de la foy, & perfuadons nous que c'eft tomber que de chanceler pour cercher ailleurs vn appuy. Les Philofophes difent que la verité confifte dans l'indiuifible, mais cefte maxime doit auoir encor plus de lieu dans la Theologie qui eft veritablement fidelle. C'eft perdre fa croyance que d'en changer.

XVII. Ie viens maintenant aux Athées, qui ne font pas tant vne nouuelle Religion, comme ils s'efforcent de renuerfer l'ancienne; Ou bien difons que la leur confifte à n'en auoir point. En effet, fi les heretiques reconnoiffent vn Dieu, ceux-cy le nient, & penfant qu'il n'y a rien de furnaturel, ils s'abandonnent à l'Empire de la nature. Or ie trouue qu'il y a deux fectes de ces Epicuriés modernes, qui font également pernicieufes. Les vns ne fe couurét point, & font gloire de s'affeoir fur la chaife de peftilēce, pour debiter leurs maximes en public. On en chaffa vn d'Athenes du tēps de la Gētille & qui croiroit que certains curieux les receuffent dans nos villes aprés auoir receu la con-

noiſſance de Ieſus-Chriſt ? Cependant Luci-
lio Vanino a eu quelques ſectateurs, & ſa langue alloit cauſer vn grand incendie ſi le Parlement de Toloſe en le faiſant brûler tout vif
n'euſt éteint vn feu par l'autre. Il faut que
des ames ſi damnées que celle là ſentent leur
enfer des cette vie. Il y en a d'autres qui ſont
d'autant plus à craindre qu'ils ſemblent eſtre
aſſeurez dans la ſocieté publique. Ils ne nous
aſſeurent rien, mais ils nous font douter de
tout. Comme ils voyent que leurs Dogmes ſe
réfutent d'eux mémes, à lors qu'on les propo-
ſe cruément, ils tâchent de les rendre proba-
bles en les déguiſant auec adreſſe ? Ainſi ils ne
nient pas en apparence qu'il n'y ait des eſprits,
mais ils recerchent s'il y en à. Ils font ſemblant
de croire qu'il y a vn Dieu, mais ils demandent qu'on leur face l'Apologie de ſa Prouidence. Nôtre ame leur ſemble immortelle,
mais ils ne peuuent comprendre comment
eſtant ſpirituelle elle releue du temperament
du corps. On voit méme quelquefois que certaines coquettes leur laiſſent mettre ſur le ta-
pis ſi le feu d'enfer eſt réel ou imaginaire; Si
Ieſus-Chriſt peut eſtre Dieu & Homme tout
enſemble, & ſi l'vnion des natures qui s'aſſem-

blent en fa perfonne n'emporte point quelque confufion contradictoire. Elles croyent paraiftre fubtiles, en faifant foûmettre à leur cenfure tous les myfteres les plus éleués de nôtre Foy. Cependant elles ne confiderent pas que c'eft nier fa croyance que d'en douter. Dieu nous a bien commandé d'adorer fa Majefté, mais non pas de l'éplucher ny de la comprendre.

XVIII. Ie voudrois bien pourtant faire voir en cét endroict que ces libertins qui s'eftiment fi fubtils font extrémement groffiers. Peuuent ils eftre fort fpirituels, veu qu'ils croyent qu'il n'y à rien au delà des fens? Mais pource qu'il faut pluftoft combattre contre les impies auec la main de la Iuftice qu'auec la langue, ie veux feulement protefter en cét endroict que i'ay vne Foy fi ferme de l'exiftance & de la nature de Dieu, que ie ne puis m'imaginer qu'il y ait des hommes qui n'en croyent point. S'il y en a, ce font des fols, comme parle la Verité méme; qui voudroit dõc raifonner auec des gens qui ont perdu l'vfage de là raifon? I'efpere neantmoins les pourfuiure pied à pied dans la derniere partie du Bon Efprit, où ie feray voir qu'il faut qu'ils fe nient eux mémes pour nier vne Diuinité. Cependant ie n'ay qu'à les renuoyer à l'immortalité de l'ame de Monſieur de Silhon, dont l'eſprit ſublime a traité ſi hautement cette matiere, qu'il s'eſt veritablement rendu immortel deuant ſa mort. Outre cela, ſi quelqu'vn veut trouuer vne reſponce forte & ſuccincte à leurs arguments, il n'a qu'à lire la Diuinité deffenduë contre les Athées, que Monſieur d'Abillon Docteur en Theologie, & noſtre amy bien particulier donna dernierement au public. Il falloit qu'vn ſi Diuin genie traitât vn ſi Diuin ſuiet. Veritablement cét Autheur a vn ſi grand bon-heur à reduire dãs vn air familier la Theologie la plus rafinée, que ie ne ſçay ſi ie dois pluſtoſt admirer ſon eſprit, pour eſtre ſi ſpeculatif, que pour eſtre ſi ſouple à mettre dans l'vſage commun des penſées myſterieuſes. Pour concluſion, ie dy que nous deuons tous regarder les Athées comme des ennemis de tous les hommes, bien loin de les fauoriſer de noſtre amitié. Eſpargneront ils des creatures, veu qu'ils n'épargnent pas méme le Createur ? Ie trouue donc que comme le Grand Mars eut raiſon de dire à Iulian l'Apoſtat qui ſe mocquoit de ſon aueuglemẽt, & luy demandoit pourquoy Ieſus-Chriſt ne

le gueriſſoit pas; Qu'il ſeroit bien marry d'a-
uoir des yeux pour voir vn tel monſtre d'impieté. Diſons par quelque ſorte de proportion
que nous deurions n'auoir point d'yeux pour
voir ces peſtes du genre humain; ou ſi nous en
auons faiſons ſemblant de n'en auoir pas pour
ne les point voir. Ou bien ſi nous voulons a-
uoir des yeux, ayons auſſi des mains pour
perdre ceux qui s'en prenant à Dieu s'en prennent à tout.

XIX. Mais comme j'ay déja dit, l'Atheiſne
n'eſt pas proprement vne Religion moderne,
puiſque ce n'eſt qu'vne profeſſion ſolemnelle
d'irreligion. Ainſi, bien que j'euſſe entrepris de
parler contre eux dans ce chapitre, ce ſeroit
pourtant m'écarter de mô ſujet que d'en parler plus long-temps. Attaquons donc maintenant les eſprits forts & les eſprits foibles, qui
ayans deux genies bien differents, s'accordent
neantmoins en ce qu'ils ſe forgent vne croyance à leur Mode, & qu'ils ne tiennent pas
pour article de foy ce qu'ils doiuent, mais ce
qu'ils veulent tenir. Cela veut dire qu'ils ſoû-
mettent le Ciel à la Terre, & le Soleil aux
tenebres. Pour les premiers, qu'on ne s'imagine pas que ce ſoient des geants robuſtes,

bien qu'ils se picquent de force; au contraire ils sont d'autant plus foibles que les seconds qu'ils croyent auoir moins de foiblesse, quoy qu'ils en ayent dauantage. Il n'y a point de gens qui se trompent plus lourdement que ceux qui en pensant posseder la verité, s'attachent opiniâtrement à l'erreur. Ou bien disons que ceux dont ie parle ont de la temerité, mais de force ils n'en ont point. Or ceux que ie mets dans leur Ordre sont ces esprits bizarres, qui croyent auoir esté du Conseil de Dieu, ou pluftost qui ayant sçeu ses Conseils les desaprouuent, comme si la Sagesse Eternelle estoit moins clairvoyante que la prudēce des hommes. Ils veulent donc corriger les articles de nôtre Foy, & en faire de nouueaux au lieu des anciens. Ils disent qu'il est de necessité de croire vn Dieu, mais qu'il n'est pas de la bienseance de croire vne Trinité. L'opinion que Mahomet a eüe de Iesus, leur semble receuable dans le Christianisme, & ils pensent que c'est assez de l'estimer Prophete sans le prēdre pour homme-Dieu. D'autres s'imaginent encore que chacun se peut sauuer dans sa Religion, pourueu qu'il adore vn premier estre, & que l'Autheur du monde ne nous ayant pas faicts

pour

pour nous perdre, nous ne sçaurions manquer à nous sauuer infailliblement. Qu'au reste ce qu'on appelle commandements de Dieu n'est qu'vn frein que les hommes ont voulu donner au peuple, & que rien de ce qui plaist à la nature ne sçauroit estre illicité. Aprés tout, ces esprits ne s'appellent forts, que pource qu'ils croyent que tous ceux qui ont passé deuant eux leur doiuent estre soúmis. Comment ne voudroient ils pas estre iuges des hômes, veu qu'ils veulent iuger Dieu méme. Cependant il est certain que l'estre indépendant ne peut releuer d'aucun suiet crée. Dieu ne seroit pas s'il n'estoit absolu.

XXI. Il faut donc representer à ces introducteurs d'vne nouuelle cabale, que celuy qui a faict nôtre raison est sans doute par dessus elle. Que le Roy des Roys n'a point de Conseiller, & bien qu'il nous ait donné la liberté de faire le bien & le mal, il ne nous a pas donné la permission de censurer ses desseins, ni de trouuer mauuais ce qui a esté de son bon plaisir. Que celuy à qui tous les momês ont esté presêts dés l'éternité méme, n'a pû s'abuser dans le temps, & que c'est nier sa nature que de nier sa sagesse. Que qui péche en vn point en matiere de

Aa

foy est absolument infidele, & que c'est ici veritablement que la maxime de la Morale a
lieu que le bien doit venir d'vne cause entiere,
où le mal peut venir d'vn seul défaut. En effet
tous les articles de nôtre foy estant appuyez
sur vn méme fondement c'est les vouloir tous
renuerser, que d'en vouloir ébrãler quelqu'vn.
Et puis quelle autorité ont ces Croyants à la
Mode pour preferer leur sentiment particulier
à celuy des Docteurs de tous les siecles; Nous
imaginerons nous que S. Augustin est ignorant, & qu'vn ieune idiot est le plus habile de
tous les hommes? Le méme qui nous a dit
qu'il y a vn Dieu, ne nous a t'il pas dit qu'il
subsiste en trois personnes? Au reste deuons
nous prendre vn Apostat pour vn Apostre, &
souffrir que les infideles soient les arbitres de
nôtre foy? Si cette maxime auoit lieu, il faudroit quitter la Bible pour l'Alcoram.

XXII. Quãt à ceux qui croyẽt qu'on peut se sauuer en toutes sortes de religions, il faut donc
qu'ils niẽt qu'il y ait des hómes dãnés, & qu'ils
asseurẽt que Caluin n'a pas moins serui l'Eglise
que Bellarm. Et puis est il possible qu'il y ait plusieurs ver itez opposées également receuables,
& que l'héresie & la vraye foy ne facent qu'vn

méme party. La clerté n'eſt elle point plus illuſtre que les tenébres ? Le Sauueur du monde ne differe-t'il point de Sathã? Dieu à la verité ne nous a pas créés pour nous perdre, mais il
ne nous empéche pas abſolumẽt de perir, puiſqu'il nous a produits libres. Aprés tout, celuy
qui nous a faits ſans nous, ne nous ſauuera pas
ſans nous. Cela veut dire que nôtre coopera-
tion doit ſeconder ſon concours, & que ſes
graces nous attirant, elles ne nous violentent
point. Ainſi il faut que par nos œuures nous
tâchions de nous appliquer les merites du fils
de Dieu, & que nous obſeruions ſes commandemens pour nous rendre dignes des effets de ſes promeſſes. Céux qui diſent que ſes
loix ſont des freins pour le peuple ne conſiderent pas que les grands s'y doiuent aſſuiettir
comme les petits, & qu'elles ſont ſi iuſtes & ſi
conformes à la raiſon, que les hommes les deuroient faire quand Dieu ne les auroit pas faites. I'auouë bien que nous deuons ſuiure les
inſtincts d'vne nature bien reiglée, mais non
pas les mouuemens de ſa corruption. Com-
me il y a des plaiſirs licites, il y en a de deffen-
dus, & c'eſt mal obliger les hommes que de
leur vouloir donner la liberté de viure comme

les brutes. Enfin, l'Autheur de la Nature nous doit bien estre plus considerable que son effet.

XXII. Ayant défait si facilement ces esprits prétendus forts, nous n'aurons pas de peine à vaincre les foibles. Les autres estoient impies, ceux-cy ne sont que superstitieux. Il est vray que les maximes qui tombent en de petits esprits sont d'autant plus difficiles a arracher, qu'ils suiuent plustost leur caprice que la raison. Outre que cét Ancien a obserué que la superstition fait vne grande impression dans les ames, & qu'aprés auoir passé en habitude, elle passe en nature. Mais pour venir de ces visions generales à des reflexions particulieres, ie dy que la croyance à la mode, qui s'introduit par la foiblesse, a deux sources ordinaires à sçauoir l'ignorance & l'affeterie. Ie mets l'ignorance au premier lieu comme le principe de tous les abus, car il est certain que tous ceux qui faillent, ont en quelque façon faute de suffisance. Ainsi comme nous lisons qu'vn Hermite idiot se plaignoit contre ceux qui luy auoient osté vne idole qu'il adoroit la prenât pour la vraye Diuinité, nous voyons de nos iours des personnes à qui l'insuffisance ne fait

pas à la verité multiplier les diuinitez, mais reuerer autrement qu'il ne faut celle qu'il faut a-
dorer. Ne voyons nous pas certaines humeurs
bizarres qui se flattent tousiours sur la miseri-
corde de nôtre Seigneur, & d'autres qui se dé-
sesperent par la consideration de sa iustice.
*Q*uelques vns croyent que pource que Dieu
nous a donné son fils il ne nous peut rien
refuser, & que nous ne sçaurions manquer
d'entrer dans le Paradis aprés estre entrés dans
l'Eglise. D'autres, s'imaginent au contraire
que puisque le Sauueur du monde a laissé dã-
ner vn de ses Apostres, il laissera bien perir des
seruiteurs de moindre importance, & que
Dieu ayant pris sur son propre fils la vengean-
ce des fautes qu'il n'auoit pas commises, il ne
sçauroit nous pardonner nos excés personnels. Mais il faut representer à ces ames abu-
sées. *Q*ue le même qui nous a donné vn reparateur nous a donné vn iuge pour nous condamner, si nous ne nous seruons de ses bien-
faits que pour l'offencer impunément. *Q*ue
tant qu'on est sur la terre on se peut perdre, veu que les Anges préuaricateurs se sont
perdus dans le Ciel. Qu'on ne tient pas la couronne tant qu'on est dans l'Eglise Militante,

biē qu'oñ ait l'eſperance de l'obtenir,& qu'il y
a beaucoup de perſonnes appellées, mais qu'il
y en a peu de choiſies pour la gloire. Qu'aprés
tout, Dieu n'eſt pas obligé de nous témoigner
touſiours ſes miſericordes quand nous faiſons
profeſſion d'eſtre touſiours méchants. S'il eſt
bon, il doit eſtre iuſte. L'enfer eſt de méme
temps, & de méme durée que le Paradis.

XXIII.   Pour ceux qui n'oſent aimer Dieu
pource que ſainct Paul leur dit que c'eſt vne
choſe effroyable de tomber entre ſes mains,
qu'ils ſçachent que c'eſt nôtre pere & non pas
nôtre perſecuteur. Il ne nous a pas produits
pour nous détruire, ny répandu ſur nos fronts
des rayons de ſon viſage, pour nous faire ſouffrir des feux éternels. Il nous tente quelquefois pour nous éprouuer, mais il ne nous tuë
point. Ieſus-Chriſt eſt noſtre iuge, mais d'ailleurs c'eſt noſtre frere. Conſiderons encor que
lors que ſa ſentence de condamnation iette les
pecheurs dans les enfers, elle déclare que ſes incendies ne ſont pas propremēt pour les hommes mais pour les Démons. Ce n'eſt pas qu'il
ne veuille punir les pechez des vns & des autres, mais c'eſt qu'il nous veut pardonner, au
lieu que les Anges rebelles n'auront iamais de

remiſſion. Il nous veut ſauuer mais nous nous voulons perdre. Iugeons de l'affection qu'il a pour nous mener dans le Ciel, veu qu'il en a faict deſcendre ſon fils pour nous y faire monter, & qu'il l'a aneanty pour nous tirer du neant. Enfin il l'a puny en noſtre place tout innocent qu'il eſtoit, pour ne nous pas punir perſonnellement. Que ſi vn Apoſtre s'eſt perdu auprés de ſon Maiſtre, conſiderons qu'vne pechereſſe y a trouué ſon ſalut, & qu'vn voleur pour auoir reconnu le Royaume de ce grand Prince, eſt allé d'abord du gibet dans le Paradis. Ieſus eût excuſé Iudas, mais Iudas ſe rendit inexcuſable. Enfin Noſtre Seigneur n'auoit garde d'abandóner ceux qu'il aimoit, veu qu'il faiſoit du bien méme à ſes ennemys. Il eſt auiourd'huy le meſme qu'hyer. Il ne nous flatte pas à la verité, mais il ne nous violente point. Nous fait il du tort en nous donnant l'honneur de cooperer auecque luy à noſtre ſalut eternel ? Que ſi nous mettons la main dans le feu, au lieu de la mettre dans l'eau, deuons nous accuſer la bonté de Dieu, & non pas noſtre mauuaiſe élection ? Se faut il étonner qu'vn Roy que nous mépriſons ne nous donne point de Couronne ? Nous prenons tous les chemins de l'enfer, & nous voudriõs qu'ils aboutissent à l'Empirée! Ce n'est pas aymer son bonheur que de se damner à credit.

XXIV. L'ignorance dont ie viens de parler, est vn peu delicate en matiere de deuotion, nous en allons voir vne autre fort materielle. Elle affecte quelques gens, qui n'adorēt le pur esprit que par l'entremise des choses corporelles, & qui croyent estre fort déuotieux pource qu'ils sont idiots. Vous aperceurez quelquefois certaines bigottes qui pēsent qu'il ne faut point s'approcher du tribunal de penitence, pource qu'on leur a dit que l'eau beniste efface quelques pechez; & qui croyent qu'il leur est permis de prendre de toutes mains pourueu qu'elles donnent vn denier au tronc des Eglises. D'autres s'estiment sainctes en portant presqu'autant de chapelets qu'on en voit autour des Images de nostre Dame, & quelques pechés qu'elles facent elles croyent que Dieu est content, pourueu qu'elles ayent contenté leur caprice par le récit de certain nombre de prieres. On en voit encore d'vne autre espece qui adorent les statues des Saincts par vn culte absolu, & qui font materiellement des Idolatries, en faisant

des

des vœux à noſtre Seigneur. Quelques-ynes
encore ſont ſi fort attachées à certaines déuo-
tions bizarres, qu'elles ont peur de prier nôtre Seigneur de peur que les Patrons qu'elles
honorent n'entrent en jalouſie contre lui. Elles pēſent mener vne vie fort ſpirituelle, pourueu qu'elles ayent vn Directeur auec qui elles
puiſſent parler continuellement, & qui les attachant quelquefois ſans y penſer, les peut
éloigner de Dieu, au lieu de les en approcher,
ſuiuant ſa premiere intention. Enfin il ſe ren-
cōtre principalement à la campagne des hommes ſi ignorants, que penſant adorer Dieu, ils
rendent des reſpects au Diable. Ils s'engagent
inſenſiblement dans l'impieté, pource qu'ils
ne ſçauent que c'eſt que de religion, & que le
pere de menſonge les abuſe d'autant plus facilement qu'ils n'ont preſque point de notion
de la verité. On fait des vœux à l'enfer auſſi
bien qu'au Ciel.

XXVI. Pour réformer ces déreiglemens, il
faut ſe repreſenter que les choſes viſibles nous
peuuēt ſeruir pour la cognoiſſance d'vn Dieu
inuiſible, mais qu'elles ne doiuent pas nous
empécher de le cognoiſtre. Si ce ſont des images de Dieu, pourquoy nous cachent elles leur

exemplaire? Il ne faut pas mépriser les ceremonies de l'Eglise, mais il ne faut pas auſſi prédre
l'ôbre pour le corps, ny les accidents de la Re-
ligiõ pour ſon eſſéce. En vn mot, ce n'eſt riē de
nous approcher du Sanctuaire ſi nous ne nous
approchons des Sacremens. Ie loüe les aumô-
nes qu'on faict aux Egliſes, mais ie ne ſçaurois
ſouffrir les rapines qu'on faict ailleurs ; & ne
voy pas qu'on puiſſe plaire à Ieſus-Chriſt en
faiſant des pauures, veu qu'il nous commande de les ſoulager. Que ſert t'il de reueſtir vne
image ſi nous dépoüillons vn homme? Les
temples viuants de la diuine Majeſté luy ſont
bien plus à cœur que des temples morts. Il
n'appartient qu'aux Eſpagnols d'aller demander iuſques ſur les autels le moyen de pécher
impunément ; & de poignarder vn homme
en diſant leur chappelet. Les François ne doi-
uént adorer Dieu que pour le craindre, ny le
craindre que pour l'adorer. Au reſte , on
ne peut deſaprouuer le culte des images tant
qu'il eſt dans l'ordre approuué de Dieu, &
puiſque nous honorōs les portraits des Rois
de la terro, de même que leurs perſonnes, pourquoy mépriſerons nous les images de ceux qui
ſont dans le Ciel? Aprés tout, ſi on garde a-

uec tant de refpect les ftatuës de ceux qui ont rendu quelque grand feruice à l'eftat, abba-trôs nous celles de ces Heros, qui ont eftably ou la appuyé l'Eglife de Dieu. Mais en con-fiderant la reprefentation des fainéts il faut re-garder leur perfonne, & ne pas réuerer vne chofe morte pour elle méme, mais à raifon du fuiet viuant qu'elle nous figure. Tout de méme n'ayons pas tant de foin d'auoir des reliques des fainéts que de fuiure leurs exêples. Autre-ment comment honorons nous les vies de ceux que nous n'ofons reprefenter en nos a-étiôs? l'impudicité méme oblige t'elle la cha-fteté, en l'eftimant fans l'imiter. Vn gour-mãd auance-t'il la gloire d'vn grãd jeufneur?

XXVII. L'eau benifte fert à nous purifier, mais la confeffion eft propremêt la facrée Pif-cine d'où nous fortons auffi nets que nous y entrons immondes. Tout de méme les chape-lets font des couronnes agreables à la Vierge, mais l'innocêce des mœurs luy plaift bien plus que des prieres reiglées que les méchants peu-uent reciter comme les gens de bien. Les Hu-guenots ont tort de dire que c'eft pecher que de prier Dieu par conte, comme fi la Religion ne deuoit pas auoir certaines limites auffi bien que les autres vertus, mais aussi les Catholiques s'abusent quelquefois en ce qu'ils semblét ne prier vne fois que pour s'oublier de prier toûjours. Les Philosophes anciés disoient que la vie de l'homme deuoit estre employée à vne meditation continuelle de la mort, mais nous deuons dire qu'il la faut employer dans la contemplation du Dieu viuant. Puisqu'il n'éloigne iamais sa pensée de nous, n'éloignons iamais la nôtre de luy. Faisons vne Chapelle de nôtre cœur où nous traittions auec luy méme en traittant auecque les hommes. Obseruons encor en cét endroict que les saincts particuliers ne nous doiuent pas empécher d'honorer leur maistre, veu que nous ne les honorons qu'à cause de lui. Nous leur adressons nos vœux pource qu'ils luy ont rendu des seruices. Aprés tout, nostre culte ne s'attache aux hommes qu'autant qu'ils sont amis de Dieu. Que s'il se coule des abus dans la reuerence qu'on doit à dés personnes qui sont à présent impeccables, il s'en peut bien introduire plus aisément au suiet du respect qu'on rend à ceux qui sont encor suiets au peché. Les Confesseurs ne sont pas aussi tost saincts, pource qu'ils ont vn caractere sacré. Ce sont des creatures qui font Miniftres du Createur. Ainfi ils peuuent auoir des vertus & des vices, de la force & des foibleffes. Certes puifque Tertulian a crû que les Anges mémes tous immateriels qu'ils sôt, fe corrompirent par le cômerce qu'ils eurêt a-uec les corps, ie ne voy pas qu'vn homme pai-try de boüe comme ñous, ne puiffe faillir, quoy qu'il corrige nos fautes, & acheuer quelquefois en chair, comme parle S. Paul, ayant commencé en efprit. Ainfi i'approuue bien qu'vne Chreftienne ait vn Confeffeur ré-glé qui fçache fes defauts & fes perfections, & ie n'ignore pas que la confeffion dônant l'ab-folution des pechés, les entretiens particuliers en donnêt fouuent les remedes. Ils confolent à tout le moins s'ils ne fanctifient pas. Mais d'ailleurs les Sages ne fçauroiët fouffrir qu'on babille fans ceffe dans les Eglifes fous pretexte d'inftruire certaines déuotes, & que ceux qui nous blâment quand nous y caiollons les filles femblent prendre vne peine qu'ils nous oftêt. On a raifon de penfer que le peché n'eft pas loin des lieux où l'on parle beaucoup, foiët ils facrés ou profanes. Enfin, ceux qui nous doi-uët détacher de toutes les chofes creées pour feruir Dieu, ne nous doiuêt pas attacher à eux.

XXVIII. Ie viens maintenant à ces pauures ames qui femblent toutes materielles, & dont on doit auoir d'autant plus de pitié qu'elles femblent eftre fuiettes à tous les maux, & n'a uoir prefque point de remedes. Les villes ne font que trop inftruites, mais les villages femblent abandonnés. Vous diriés que certains Predicateurs craignēt de débiter la parolle de Dieu, où ils n'attendent pas de préfents ny d'aplaudiffements des hommes. Cependant ils deuroient cōfiderer que pour habiles qu'ils foient, ils ne fçauroient mieux prêcher que la Verité méme, qui parloit pluftoft aux petits qu'aux grands. Iefus inftruifoit le peuple & méprifoit les Pharifiens, il préchoit deuant des pefcheurs, & fe teut deuant Herode. Tant s'en faut méme qu'il fit foule dedans les villes pour déployer fon éloquence, qu'au contraire il menoit quelquefois fes auditeurs au defert pour leur aprendre à bien viure. Cependant nous trouuons certains déclamateurs Eccle-fiaftiques, qui penferoient éftre deshonorés s'ils auoient préché à Paris & à Crecy, & pource qu'ils ne font eftat que des beaux mots, ils croyent qu'il ne leur fiéroit pas bien de culti-uer la Barbarie. Qu'ils font aueuglés, quoy

qu'ils facent estat d'illuminer toute l'Eglise ?
Ne sçauent ils pas que les Cours peuplent
souuent l'enfer & que les champs peuplent le
Ciel. Les Anges se plaisent particulierement
à conuerser auecque ces ames qui n'ont presque point de commerce auecque les hommes.
La France a des Saincts Isidores aussi bien que
l'Espagne; Les vices ne regnent guére sous le
chaume pource qu'il ne s'y trouue point de
délices. Au contraire, la vertu y établit volontiers son thrône, pource qu'elle y trouue
le trauail qui l'y introduit Et quand bien le
malin esprit porteroit quelques pauures idiots
à la dissolution des mœurs, les bons genies les
exciteroient à la retenue. Outre que nostre
siecle, quelque méchant qu'il soit, à le bon
heur d'auoir produit vne Colonie d'hommes Celestes, qui font régner également
le culte de Dieu dans les Palais & dans les
Cabanes, & qui estant estimez & cheris des
grands, ne font proprement estat que de che-
rir les petits. Ie parle des Reuerends Peres de la
Mission qui sont de nouueaux Apôtres de nôtre France, & qui par vn miracle ordinaire font
glorifier leur Maistre aux ignorants plus hautement qu'aux habiles. Ils se familiarisent aux

pauures beaucoup plus qu'aux riches, & font
reuiure les maximes de Iesus-Ch. que l'ambition sembloit auoir étouffées; lors qu'ils appellent au Royaume du Ciel ceux qu'on mépri-
se le plus dans les Royaumes de la terre. Ie ne
suis pas blâmable d'auoir loüé en cét endroict
ceux qui nous apprennent à loüer Dieu.

XXIX. Mais il est temps de parler de l'Affeterie
qui est vne corruption d'autant plus dangereuse en matiere de religion, qu'elle tourne en a-
gréement humain toutes les actions qui ne
doiuent auoir pour obiect que le bon plaisir
de Dieu. Ie l'appele foiblesse d'esprit pource
qu'en effet c'est auoir bien faute de iugement
que de préferer la creature au Createur, & de
craindre moins les yeux de nôtre iuge qué
ceux des personnes qui doiuent estre iugées
auecque nous. Ie ne traitteray pourtant pas
fort amplement de cette matiere, pource que
i'en ay dé ja traitté dans la seconde partie de
l'Honnéte Fille, & qu'il ennuye quelquefois
d'oüir parler des belles choses quand on en
parle trop souuent. Et bien que les ouurages
que i'ay dé-ja donnés au public ne soient que
trop suffisants pour luy faire croire que mon
esprit n'est pas si sterile qu'il soit contraint par
necessité

ñeceſſité d'vſer de redites, neantmoins ie dois
auoir d'autant plus de ſoin de les éuiter, que
i'ay moins de peine à m'en garantir. I'auanceray ſeulement en cét endroict qu'il y a deux
ſortes d'Affeterie au ſuiet de la pieté, l'vne eſt
ſubtile & neantmoins ſcandaleuſe, l'autre édi-
fiante, mais hypocrite. La premiere eſpece
appartient à ceux qui ne parlent de la Religion
que pour s'en mocquer, ou qui ſont des Anges
à l'Egliſe, & des Diables à la maiſon. On
peut reduire encore à cét Ordre ces bouches
infames qui ſe ſeruent de tous les termes de
pieté pour authoriſer leurs profanations, &
qui couurent des ſacrileges énormes ſous les
noms les plus ſacrés dont l'Egliſe ſe ſerue pour
nous déclarer nos Myſteres. C'eſt là proprc-
ment porter l'abominatiõ iuſques dans le lieu
ſainct. Or les impies de ce Caractere ſont d'autant plus dangereux dans le commerce qu'ils
paraiſſent plus déuots. En effet, ils n'ont iamais
moins de crainte de Dieu, que lors qu'ils ſemblent en auoir plus que les autres. Mais qu'ils
ſçachent que ſi on peut tromper des hommes,
on ne peut pas ſe mocquer de Noſtre Seigneur.
Vne perſonne peut eſperer de ſe deffendre tant
qu'elle n'attaque que ſon ſemblable, mais qui

pourra refifter n'ayant pas vn moindre aduer-
faire que le Tout-Puiffant ? Certes puifque
dans le Ciel il n'y a rien eu de pareil à luy, il
ne fçauroit trouuer de riual fur la terre.

XXX. L'hypocrifie dont ie viens de parler
eft abominable en matiere de religion, il en
y a vne autre plus douce, & par confequent
moins aifée à éuiter. Ou bien difons qu'elle
offence d'autant plus dangereufement les bô-
nes mœurs qu'elle les femble fauorifer. C'eft
elle qui met la pieté dãs les mines & nõ pas dãs
le cœur, & qui vife pluftoft à reigler l'exterieur
que l'interieur des perfõnes. Cette forte de dé-
uotion a beaucoup de vogue dãs ce fiecle qui
a d'autant moins de pieté qu'il a produit plus
de religions. En effet, vous voyez quelques-
fois des hommes dans les Eglifes que vous
prendriez pour de grands contemplatifs, qui
ne fongent pas à louër Dieu, mais à ruiner le
prochain. Ce n'eft pas la probité qui leur fait
garder le filence, c'eft la malice. Nous auons
apris méme qu'vn Grand d'Efpagne paffoit
dernieremét pour vn fainct, qui lifoit à la Mef-
fe l'Aretin relié en forme de Diurnal. Mais
cette diffimulation régne encore plus dans les
femmes que dans les hõmes, car elles fe com-

plaifent fi fort en toutes chofes, qu'elles veulent que Dieu méme ferue à leurs menus agréemens. Vous en verrez quelques-vnes qui vôt fouuent à l'Eglife, non pas pour y faluër Noftre Seigneur, mais pour y eftre faluées. Elles fongēt plus à faire voir leurs beaux habits qu'à regarder les autels. Si elles prennent de l'eau benifte ce n'eft pas pour féeller leur front de ce beau figne, qui fait trembler méme les Diables, mais pour montrer leur belle main. Au refte, elles croiroient déroger à leur grandeur fi elles ne s'abbaiffoient deuant Dieu fur vn carreau de veloux garny de houppes d'or & d'argent. Au Sermon, elles font les agreables & les dégoutées, & l'on voit bien à leur coquetterie qu'elles ayment mieux voir parler vn homme que d'oüir parler de Dieu. Qui croiroit encor que des perfonnes religieufes fuffent quelquefois fuiettes à cette illuftre fuperftition, fi l'experience ne fortifioit mon difcours en cette matiere. Nous en connoiffons qui couurent bien des défaux fous vn habit de perfection, & qui font tous au monde fous pretexte d'eftre à Dieu. Au lieu d'aymer la folitude comme leur profeffion les y oblige, ils font toufiours en compagnie. Quel déreigle-

ment de nos mœurs; des gẽs qui ont faict vœu
de chasteté sont tousiours auecque des Dames? Ils sont pauures, & cherchent continuellement les moyens de s'enrichir. Ils ont renoncé à la terre, & ils en adorent les excrémens?
Mais ce n'est pas à vn pecheur comme ie suis,
qu'il appartient de censurer ceux qui font profession d'vne saincteté particuliere. Etpuis
ie sçay que pour vn Iudas qu'il y auoit à la
suite du fils de Dieu, il y a eu onze Apostres fideles. Aprés tout, vn Disciple ne doit pas instruire ses Directeurs. Ie me contenteray dont
d'ajoûter par vn auis general, que Dieu ayme
mieux les sacrifices du cœur que des leures, &
que ce n'est rien de l'adorer en apparence si on
ne l'adore en esprit. La Religion dépend plustost des ames que des habits. En vn mot, le
culte de Dieu doit estre syncere puisque le
mensonge ne sçauroit honorer la Verité.
Mais ie voy que le zele pourroit m'emporter
hors des bornes du raisonnement. Laissons
donc à part la religion à la Mode pour considerer la vie que nous appellons du temps, &
employons quelques moments à décrire vn
suiet qui occupe tout nôtre âge. Ie ne le traitteray ny en flatteur ny en Satyrique.

LA VIE
A LA MODE.
OV IL EST PARLE DES
Maximes, des actions publiques & par-
ticulieres, de la conuersation & de la Soli-
tude Moderne.

CHAPITRE II.

L n'y a rien dont nous nous ser-
uions plus que de la vie, mais
dailleurs il n'y a rien dont nous
sçachiõs moins nous seruir. Nous
sommes bien long-temps dans le
monde si nous cõsiderons les iours & les heures que nous y demeurons, mais nous n'y subsistons guére si nous voulons peser le merite
des actions que nous auons accoûtumé d'y
produire. Enfin, plusieurs n'aprennent à viure
que lors qu'il leur faut mourir. Les Sages ont
toûjours blâmé vne folie si pernicieuse. Sené

que entr'autres auertit son cher Lucilius de s'asseurer à soy-mesme, cependant que la pluspart des hommes ne semblent pas estre pour eux mémes, mais pour tout ce qui ne les touche point. Il faut recueillir soigneusement toutes les parties du temps, & nous persuader qu'il ne se perd que trop tost par vne fatale necessité, sans que nous le perdions par élection. Châque moment nous en doit estre précieux, puisqu'il nous peut seruir à acquerir l'éternité. Au reste, il y a certains points de temps qu'on nous rauit, d'autres qu'on nous surprend, & quelques vns qui nous échapent ; Mais la plus grande perte qu'on puisse encourir icy, est celle qui se fait par négligence ; Et si nous y prenons bien garde, nous remarquerons que la plus grande partie de la vie s'écoule au desauantage de ceux qui font mal, ils'en perd encore dauantage par la faineantise de ceux qui ne font rien; mais on peut dire qu'elle s'écoule toute inutilement entre les mains de ceux qui ne font que ce qu'ils ne deuroient pas faire. Qui trouuerez vous qui mette le temps à prix, quoy que ce soit neantmoins la chose du monde la plus precieuse ? Ou trouuera-ton d'hommes qui sçachent estimer les iours, &

qui s'auançant vers le tombeau, prênent garde à leur démarche. C'eſt en quoy nous nous trompons ordinairement; nous regardons la mort comme vne choſe à venir, & elle a dé-ja paſſé à moitié; Elle tient tout l'âge qui nous a échapé. Continuez donc mon cher Lucilius dans ce beau deſſein que vous auez pris; embraſſez toutes les heures; ainſi vous préualant du preſent, vous ne dépendrez pas de l'incertitude de l'auenir. La vie ſe paſſe pēdant qu'on remet de iour à autre à luy donner vn bon train. Aprés tout, les autres biens ſont eſtrangers â noſtre regard, il n'y a que le temps qui nous appartienne en proprieté. La nature nous a mis en poſſeſſion d'vne choſe ſi fragile, & que chacun nous peut faire perdre ſi toſt qu'il le peut vouloir. Pour concluſion ſouuenez vous qu'il faict mauuais épargner quand on n'a plus rien à dépendre. Il ne reſte pas ſeulement le moins au fonds, mais encore le pire.

II. Voila cōment vn Payen aprend à viure à vn autre, cōfondāt par la beaucoup de Chreſtiēs qui ne pratiquent pas dans les clartez de la foy, ecque les Gentils pratiquoient dans les tenebres de l'erreur. Maintenant ſi nous voulons pousser ce discours de la raison naturelle par des maximes surnaturelles, ie dy que ce qui faict que nous nous trompons dans l'Economie de nostre vie, c'est qu'en viuant dans le tēps, nous ne considerons pas que nous ne deuons pas viure pour luy, mais pour l'Eternité qui le suit. En effet, vous trouuez certains genies détachez qui n'ont point d'autre occupation que d'entretenir leur oisiueté, & qui pourront dire vn iour auec cét impie du dernier siecle, que la mort a eu tort de songer à eux, veu qu'ils ne songeoient iamais à elle. Ce sont ces voluptueux qui ont baillé le nom de passe-temps à leurs débauches, & qui semblent aioûter de nouuelles aisles à vn suiet qui ne s'en fuit que trop tost. D'autres s'employent à la verité, mais c'est par vne faineantise occupée. Ce sont ceux qui trauaillent beaucoup sans riē faire, & qui s'empressent pour se perdre auecque soin. N'est-il pas vray qu'vn auaricieux n'a pas moins de peine à se dāner qu'vn Chartreux à operer son salut? Mais ceux qui viuent le plus dangereusement à mon auis, sont ceux qui viuent à la Mode, c'est à dire ceux qui regardent plus les yeux des hommes que ceux de Dieu, & qui dans le present ne

songent

foñgent iamais à l'auenir. Cependant il eſt
certain que les Modes mémes vieilliſſant cõme nous diſions tantoſt, elles nous deuroient
apprendre à ne nous flatter pas touſiours ſur
les agréemens d'vne ieuneſſe trompeuſe. Enfin il ſe trouue de certains naturels qui ont plus
de bizarrerie que deſageſſe, en ce que pour ne
pas viure à la Mode, ils veulent touſiours viure à l'antique, comme ſi le ſiecle de Louis le
Iuſte deuoit repreſenter en tout celuy des Rois
qui l'ont precedé, & qu'il ne nous fût pas permis d'agir librement, pource que d'autres ont
agy deuant nous.　　Comme nous n'auons
point troublé la vie de nos Anceſtres auant
que nous fuſſions, ils ne doiuent pas troubler
la noſtre maintenant qu'ils ne ſont plus: Châque année à ſes ſaiſons, & chaque âge du monde doit auoir ſes façons particulieres.

III. Pour moy qui ay déia fait profeſſion de
ne vouloir eſtre ny trop anciẽ ny trop moderne, ie veux repreſenter icy la vie à la Mode
pour en approuuer ce qui ſera dans la raiſon,
& en blâmer ce que ie verray dans le crime. Ie
ne veux pas eſtre le réformateur des mœurs,
ny le fauteur des méchants. Que les libertins
m'appellent le fleau de la Societé ciuile, pour-

ueu que ie fois le leur, & que ie ne merite leur
haine que pour auoir défait des monſtres. En
ce cas là, ma gloire confiſtera dans ce qu'ils
appellent ignominie. Mais pource que ce mot
de vie eſt vn peu trop vague pour fonder vn
diſcours particulier, ie la veux reduire à quatre chefs qui la compoſent, à ſçauoir les maximes & les actions, la conuerſation & la Solitude moderne. On verra ſortir ces quatre
ruiſſeaux d'vn Paradis ou d'vn Enfer terreſtre,
ſuiuant qu'ils ſeront bons ou mauuais dans
leur courſe. Mais auant que d'entrer en matiere, ie veux que ceux qui liront cét ouurage
ſe perſuadent que ie ne prétens cenſurer icy
que moy-méme, & que des diſcours generaux
ne bleſſent perſonne en particulier. Outre que
ie ſuis trop ieune pour vouloir reprendre les
vieux ie ne ſuis pas inconſideré à ce poinct que
ie veüille décrier publiquemēt le prochain, n'e-
ſtāt pas méme permis de le décrier ſecrettemēt.
Et puis j'ay cette ſatisfactiō que des eſprits méme aſſés religieux & aſſez ſçauans, ont plus
blâmé ma modeſtie dans mes liures que ma
médiſance. Ie ne fais que trop de mal ſans en
dire. Si toutefois mon diſcours touche quelques délicats, qu'ils ne s'imaginent pas que ie

pênfe à eux, mais qu'ils y doiuent penfer.
Qu'ils s'en prennent à leur maladie & non pas
à ma plume qui n'eft pas coupable en con-
tribuant à leur guérifon. Enfin, fi quelque chofe les picque, ce n'eft pas que ma main les
bleffe, mais elle touche leur bleffeure pour la
purifier. Voilà quelles font mes maximes en
viuant, voyons maintenant qu'elles font celles de la vie à la Mode.

IV. Les Philofophes recherchent s'il y a des
connoiffances fpeculatiues qui ne tombent
point dans la pratique, mais il eft certain qu'il
n'y en a point de practiques qui ne foient fpeculatiues. En effet quand nous agiffons au dehors, nous auons au dedans de nous l'idée de
ce que nous faifons, & lors qu'vn Peintre faict
vn tableau, il ne faict iamais de fa main qu'v-
ne copie, car l'original eft dans l'imagination.
Or, il faut obferuer icy qu'il y a certaines reigles intellectuelles qui regnent fur tout ce que
nous produifons dans l'apparence, & comme il y a des premieres veritez pour bien difcourir, il en y a d'autres pour bien viure. Les
vnes s'appellent des principes generaux, dont
les conclufions particulieres fe tirent, & les autres fe peuuent définir des réfultats qui nous

font agir, & qu'on ne fuit pas feulement comme dés flambeaux, mais encore comme des guides. Nous les nommons Maximes en noftre langue, non pas tant à caufe du grãd pouuoir qu'elles ont fur noftre liberté, que pource qu'elles font infaillibles. Elles viennent originairement de Dieu, qui eftant la premiere verité fe reprefente dans les fecondes, & qui fe plaift à captiuer noftre entendement en luy prefcriuant des bornes fur lefquelles il ne raifonne que pour ne raifonner iamais au delà. Il a mefme voulu que les maximes les plus neceffaires au cõmerce paffaffent pour loy abfoluë, & fes commandemens ne font propremẽt que des determinations d'vne raifon éternelle qui dans le temps doiuent prefcrire les noftres. La nature feconde en cela le deffein d'vn fi fage Legiflateur, non feulement pource qu'elle a fes maximes regulieres, mais encore pource qu'elle s'accorde fi bien aux ordres de Dieu qu'elle les fait executer à ceux méme qui les ignorent. C'eft ce qui a faiȼt dire au diuin S. Paul que ceux qui ne recognoiffent pas le vray Dieu, ne font pas excufables pour cela lors qu'ils enfreignent fes ordonñances, puifqu'ils choquent la raifon deuant que de choquer le

pouuoir d'vn ſi grand Seigneur. Ils n'ont pas
receu la loy, mais ils ſe tiennent lieu de loy à
eux mémes. Les commandemens à leur égard
neſont pas graués dans des tables, mais ils
ſont empreints dedans leurs cœurs.

V. Il eſt vray que Dieu connoiſſant bien noſtre foibleſſe, a voulu que la verité méme ſe
rendit viſible pour ſe rendre plus aymable.
Ainſi, au lieu qu'il ne parloit aux Patriarches
& aux Prophetes que par enigme ou par figure, il nous a parlé à découuert dans ſon fils.
Les autres voyoient ſes eſpaules, mais nous
auons veu ſon viſage. Or qui pourroit aſſés
loüer l'excellēce des maximes que Ieſus-Chriſt
nous a enſeignées pour auoir noſtre cōuerſa-
tion dans le Ciel méme en viuant ſur la terre?
Il ne s'eſt pas contenté de nous donner de plus
claires notions de ce que ſon pere nous auoit
déja reuelé, il a encore acheué la loy en nous
cōmuniquāt ces diuins Cōſeils qui nous sēblēt
donner vne prérogatiue que l'Apoſtre iuge
impoſſible à obtenir qui eſt d'eſtre Conſeil-
lers du TRES-HAVT. Ainſi nous auons a-
pris que les vrayes richeſſes conſiſtent dans la
pauureté, qu'il n'y a point de vray honneur
que dans l'ignominie de la Croix; Que les aſ-

flictions sont les plus pures satisfactions d'vn
homme bien fait; *Qu'il* faut perdre sa vie pour
la trouuer. *Qu'on* doit s'aneantir dans le
temps pour subsister éternellement; & tant
d'autres belles verités qui sont d'autant plus
asseurées qu'elles semblent contradictoires.
C'est ainsi que le S. Esprit pour nous faire préferer sa doctrine à celle de tous les hommes,
& pour nons apprendre par exemple à la pratiquer, nous a donné pour directeur vn homme Dieu, qui a commencé d'agir auparauant
que d'enseigner. Il ne s'est pas contenté de
nous illuminer par luy méme, il a donné encor de nouuelles clartez à nostre raison pour
s'illuminer, & il a voulu que nous apprissions
à nous conduire de nous mémes aprés auoir
receu sa conduite. C'est pourquoy nous voyõs
que diuers esprits ont produit diuerses maximes particulieres, qu'on ne peut trouuer mauuaises tant qu'elles ne nous détournent point
du souuerain bien. Les Gentils mesmes ont
eu quelques rayons de la verité s'ils n'en ont
pas reconnu le Soleil, & s'ils eussent suiuy dans
leur vie les connoissances de leur esprit, ils seroient tous heureux, au lieu que plusieurs e-
stans loüez où ils ne sont pas, sont tourmen-

tez où ils font. Ils ont eu de bien illuftres idées, mais ils ont faict de noires actions.

VI. Or bien que le fiecle où nous viuons foit fort corrompu, ce n'eft pas à dire qu'il ait oublié toutes les maximes de l'eternité, ny que la Sainéteté en foit generalement bannie, pource qu'on y voit des profanations particu-lieres. Au contraire Iefus-Chrift eft auiour-d'huy le mefme qu'hyer, & il régnera à iamais fur la terre auffi bien que dans le Ciel. Le fage par excellence aura toufiours des fectateurs bien qu'il ait des aduerfaires. C'eft principale-ment dans la France que fes maximes fleuriröt, puifqu'il eft certain qu'vne Courône ne fe con-ferue que par les moyens qui l'ont eftablie. C'eft le Roy des Rois qui a fondé cette Mo-narchie, c'eft luy qui la doit maintenir. Louis le Iufte ne cede point à la pieté de Clouis non plus qu'à fa generofité. Nous auons vne fecö-de Clotilde en la perfonne d'Anne d'Auftri-che. Monfeigneur le Dauphin & Möfeigneur le Duc d'Anjou nous ayant efté donnez par v-ne grace fpeciale du Ciel ne choqueront pas la main de celuy qui les a fait naiftre. Outre cela ce grand Prince de l'Eglife qui eft premier Mi-niftre d'Eftat du plus grand Prince du monde, ne permettra iamais que l'impieté l'emporte dans les conseils sur la Religion. Il a trop d'interest à la conseruation de la vraye Foy pour la laisser alterer, & pour souffrir que le culte des Idoles étouffe celuy du vray Dieu. Ce grãd Chancelier encore qui nous fait voir les Loix parfaitement absoluës parmy les armes, n'a garde de laisser prendre pied dans l'Estat à l'Irregularité des mœurs. La mesme Iustice ne sçauroit compatir auec la méme iniquité. Enfin, toute la France à qui S. Hierôme a donné la loüange de n'auoir iamais produit de monstres n'en voit à present quelques vns que pour les écraser. Elle se souuient plustost d'estre tres-Chrestienne pour ses mœurs, que toute-puissante par ses armes.

VII. Mais il faut auoüer que nos voisins qui se disent les plus grands Catholiques du monde sont quelquefois les plus grands Athées. Les maximes de Machiauel y sont bien mieux receuës que celles de Iesus-Christ. Dans les affaires qu'ils traittent nous voyons bien souuent regner ces dogmes pernicieux; que la conscience ne doit seruir qu'aux ceremonies, & que l'interest doit posseder l'interieur. Que la crainte de Dieu est vn grand empéchement

à la

à la conqueſte du monde. *Qu'il ne faut pas*
étendre le Domaine de l'Egliſe que ſur les terres ou l'or peut enrichir celuy d'vn Prince temporel. Que tous les hommes doiuent eſtre eſtimez eſclaues des Chreſtiens, quoy que le Chriſtianiſme ſoit le Principe de la vraye liberté,
bien loin de l'eſtre de l'eſclauage. Qu'il faut é-
largir les bornes de la bienſeance autant que
celles de l'ambition, & qu'il n'y a que ce qui
n'accommode pas qui doiue paſſer pour illicite.   Que l'infidelité ſecrette doit touſiours ac-
compagner vne foy publique, & que le crime
ne peut eſtre que beau, pourueu qu'il ſoit co-
loré par quelque illuſtre apparence de vertu.
Qu'on ne ſe doit pas ſoucier d'opprimer les innocents, pourueu que les coupables ſe ſauuēt,
& que c'eſt ayder les gens de bien à aller pluſtoſt dans le Paradis, que de les tirer du monde par quelque mort auancée.   Que dans la
Morale, l'Vtile doit ceder à l'Honneſte,
mais que dans la Politique, l'Honneſte doit e-
ſtre moins eſtimé que l'Vtile. Qu'il ne faut
pas regarder ce qu'on doit prendre ſur vn autruy, mais ce qu'on peut prendre. Qu'en vn
mot, vn Prince Catholique doit enuahir tous
les eſtats voiſins des ſiens, pource que par là il

empéchera dé quelques années la venuë de l'Antechrist qu'on dit deuoir regner par tout le monde. Ces maximes semblent mauuaises à des oreilles chrestiennes comme les nostres, mais elles sont fort bien pratiquées par le fameux Conseil de ce pays limitrophe de l'Affrique, où comme remarque vn excellent Autheur, l'inquisition fait plus de faux Catholiques, que le Babtéme de vrais Chrestiens. Ie sçay biē qu'il menacera mō liure du feu, pource qu'il dit la verité, mais ie le menaceray plus iustement d'vne flamme éternelle, que ces iuges iniques ne peuuent faire craindre à cét innocent vn incendie temporel. La Mode encor ne doit pas auoir plus de priuileges que le Prince. Aprés tout, qu'ils me brûlent ou ie ne suis point, pouruea que ie les picque où ils sont.

VII. Mais il n'y a pas seulement des maximes generales à la mode, il s'en trouue encor de particulieres ; Il y a des resultats vniuersels pour la conduite de châque homme, comme pour celle des estats entiers. Ne voyons nous pas des personnes, qui croyent qu'il faut croire en Dieu par bien-seance, & à la fortune par necessité. Ce n'est pas la grace de no-

ſtre Seigneur qui fait leurs ſouhaits, c'eſt la faueur des Princes du monde. Vous en trouuerez quelques vns qui s'imaginent qu'il ne
faut ſonger au Ciel que pour s'en mocquer,
ny craindre l'enfer que pour s'accommoder
aux frayeurs du peuple. D'autres penſent que
puiſque Dieu nous a mis ſur la terre, ce n'eſt
pas à nous à ſonger au Paradis, & que nous
ſemblons veritablement commettre l'excez
de ces geants fabuleux, ou de ces Anges Apoſtats dont l'eſcriture ſaincte nous faict l'hiſtoire, lors qu'eſtant ſur la terre qui eſt l'eſcabeau
des pieds du Tres-haut, nous ſongeons à
monter iuſques à ſon throſne. Pluſieurs ſe perſuadent encor que le ſouuerain bien conſiſte
dans la volupté, & quoy qu'ils adorēt vn Dieu
crucifié, ils quittent ſa ſuite pour faire reſuſci-
ter Epicure. Que diray ie de ceux qui ne croyent auoir eſté creés ſur la terre, que pour en
ramaſſer les excrémens les plus precieux, &
qui n'adorent pas le Soleil comme les anciens
Idolatres, mais vne de ſes plus pâles & de ſes
plus baſſes productions. Ie laiſſe à part ces autres hypocondriaques qui ſe norriſſent de fu-
mée, comme on dit qu'en certains lieux quelques animaux ſe norriſſent d'air. La vanité fait

tous leurs deſſeins & toutes leurs opinions; &
ils n'eſperent de ſubſiſter que par ce qui n'a
point de ſubſiſtance. Ie pourrois parler encor
de ces eſprits dangereux, qui ne font des amis
que pour leur faire des feintes, qui ne vous
baiſent pas pour vous careſſer, mais pour
vous perdre, & qui vous donnant tout de
parolle, vous refuſent tout en effet. I'en con-
noy quelques-vns de ces lâches interreſſez qui
vous loüeront en voſtre preſence, & vous
blâmeront hors de là. Ils feront vos tres-
humbles feruiteurs ſi vous ne les employez
pas, & ſi vous les employez ce feront des
ingrats ou des traiſtres. Ie ne particulariſe-
ray pas dauantage cette matiere, pource que
les maximes pernicieuſes du monde font auſſi viſibles, que celles de la vraye ſageſſe font
inconnuës dans ce ſiecle. L'auarice qui y regne fait croire que c'eſt vn ſiecle d'or, mais ſa
malice le fait paſſer pour le veritable âge de
fer.

IX Or quoy que le mal ſoit plus contagieux
que le bien, ce n'eſt pas à dire pourtant qu'il
n'y ait de bonnes maximes dans le monde, ſi
d'ailleurs il s'en y trouue de mauuaiſes. Ie ſçay
qu'il y a des perſonnes qui ſont comme des Sa-

lamandres qui ne bruſlent point au milieu des flammes. Ce ſont des fleuues qui entrent dans la mer ſans en contracter la ſaleure. Ce ſont des ſoleils qui ne ſont parmy l'obſcurité des exhalaiſons que pour les diſſiper par leur clairté. Si le Conſeil d'Eſpagne eſt dangereux, celuy de France eſt parfaitement raiſonnable. Il n'oublie pas les maximes des bons Politiques anciens & modernes, mais elles ſont toutes ſubordonnées à celles du Roy Eternel. Il fonde tout ſur la conſcience & rien ſur les mines, & s'intereſſe pluſtoſt pour la probité que pour le profit. La ſageſſe incrée luy a apris que ce n'eſt rien à vn Prince de conqueſter tout le monde s'il vient à perdre ſon ame. Qu'vn homme ſans conſcièce eſt vn vaiſſeau ſans Pilote; & vn Royaume ſans religion, vn edifice ſans fondement. Que la crainte de Dieu eſt le cõmencement du bon gouuernement pour la terre auſſi bien que d'vne parfaitte ſageſſe pour le Ciel, & que lors qu'vn Prince ne redoute pas le pouuoir de ſon exemplaire, ſes ſubiets en mépriſeront facilement la figure. Qu'il n'appartient qu'aux Catholiques prétendus de dépoüiller l'Egliſe leur mere, & de diuiſer en quelque façon la robbe indiuiſible du fils de

Dieu. Que les Rois Tres-Chreſtiens tiennent
au contraire qu'il vaut mieux augmenter que
diminuër ſon domaine, & que la Iuſtice du
Roy ne ſçauroit eſtre contraire à la liberalité
des Pepins & des Louis debonnaires. Que
c'eſt vn mauuais trafic que de vendre les biens
de l'éternité au prix de quelque gain temporel, & qu'il vaut mieux que le zele nous face
entreprendre le voyage de Canada que ſi l'a-
uarice nous conduiſoit dans les Indes. Qu'au
reſte la grandeur d'vn Prince conſiſte pluſtoſt
à faire des miſerables, des bien-heureux, que
nõ pas des bien heureux, des miſerables. Qu'il
ne faut pas que l'eſclauage ſoit ſeulement nõ-
mé ſous des Monarques à qui ſeruir c'eſt régner. Qu'vn Roy ne doit pas entreprendre des
guerres pour perdre le monde, mais pour le
guérir, & qu'il ne ne doit pas ſonger à opprimer les peuples voiſins, mais à les déliurer de
l'oppreſſion ſous le joug de laquelle ils ge-
miſſent depuis longtemps. Que le vray honneur eſt vn principe legitime des conqueſtes,
mais que l'ambition n'en peut eſtre qu'vn ruineux. Qu'il n'y a que ce qui eſt bien acquis qui
accommode vn grand Monarque, & que la
tyrannie n'eſt pas vn bon moyen pour agran-

dir la Royauté. Que la foy publique est le meilleur entremetteur de tous les traitez, & que la déloyauté estant blâmable même dans les vassaux ne peut estre loüable en la personne des Princes. Qu'il y a bien de la difference entre dissimuler bien à propos, & estre infidele auecque malice.

X. Qu'au reste le vice est tousiours laid quelque aiustement qu'on luy donne, & que du plus grand monstre de la nature, on ne sçauroit faire vn suiet remply de grace & de beauté. Que c'est s'en prendre à Dieu même que de s'en prendre à l'innocence, & qu'il y a assez faute de gens de bien dans le monde, sans qu'on en amoindrisse le nombre par vne industrie mortelle. Que les Estats sont tous interessez à conseruer des personnes qui conseruent les Estats. Que l'vtilité n'est qu'vn dommage specieux lors qu'elle est hors de la vraye gloire, & que la Politique n'estant qu'vn rafinemét des mœurs n'en doit pas estre vne corruption manifeste. Qu'vn grand Monarque paraist plus puissant quand il est content du sien, que lors que pour se rendre plus redoutable il se rend vsurpateur. Que ce n'est rien de prendre par la force, si on ne prend aussi par la main de la Iuſtice. Qu'enfin ce n'eſt pas auoir fait vne grande conqueſte que d'eſtre obligé à faire reſtitution.

XII. De cette diuerſité de maximes s'enſui-uent les diuers ſuccez que nous voyons dans les deſſeins de la France & de la maiſon d'Au-ſtriche. C'eſt que Dieu benit les vns & maudit les autres. Les Eſpagnols perdēt tous les iours de nouuelles Prouinces, & nous faiſons dans leurs terres mémes de nouuelles Colonies. Qui a perdu le Portugal, que la violence des Miniſtres du Roy Catholique? qui nous a ac-quis la Catalogne, que la douceur du Con-ſeil du Roy? Tout de meſme, ne ſont-ce pas ces reſultats dangereux de la Politique Mo-derne que ie blâme qui ont reduit les Allema-gnes à vne telle extremité qu'il a falu que les ſucceſſeurs d'Attila, les petits fils des Goths, des Huns & des Vādales ayent eſté leurs libe-rateurs? Au contraire, la clemence & la gene-roſité Françoiſe eſt ſi connüe par tout le mon-de, qu'elle fait parler noſtre langue au delà du Rhin, comme au deçà du Loire. Briſac reçoit les ordres de Paris, & Vienne d'Auſtriche por-te enuie à Vienne de Daufiné. En vn mot, tou-te l'Europe s'intereſſe à faire derechef des Em-pereurs de nos Rois.

XIII. Ie puis dire encor que s'il y a dans le monde des femeurs d'vne mauuaife doctrine s'il y a de bons Apoftres. Les maximes des faincts régnent auffi bien que celles de Sathan. Nous croyons qu'il n'y a qu'vne feule chofe neceffaire, qui eft de croire en l'eftre independant, & que c'eft le moyen de perir que de ne pas adorer celuy qui E S T. Nous tenons que la fortune eft vne idole qui ayant efté abattuë même des Sages Gentils ne peut eftre releuée des Chreftiens, à moins qu'ils fe déclarent infenfez. La faueur du monde eft vn Protée changeant qui ne nous doit pas arrefter, & nous aurions tort de chercher noftre folidité dans le fonds de l'inconftance. Mais la grace de Dieu eftant vne femence que Dieu produit dans nos ames pour y faire germer l'Eternité, ainfi que parle vn Docteur, nous la deuons rechercher auec d'autant plus de foin que nous pouuons eftre riches auec elle, iufques dans la pauureté, au lieu que fans elle nous fommes pauures au milieu de nos richeffes. C'eft la pierre precieufe qui vaut plus que tous les trefors. Aprés tout, c'eft peu qu'vn morceau de terre pour acheter tout le Ciel. De dire qu'on fe peut mocquer de celuy dont les iugements

sont épouuantables, c'est asseurer que la méme foiblesse doit brauer la méme puissance.
Le tonnerre a fait trembler les tyrans les plus
furieux, & neantmoins les orages & les tem-
pestes ne sont que les moindres effets de la
voix du Seigneur des Seigneurs. Aprés tout,
ne crachons pas contre le Ciel dont nous re-
ceuons de si benignes influences. Pour l'enfer nous ne le deuons pas craindre pour nos
vertus, mais pour nos crimes, & ie m'eston-
ne qu'il y ait des hommes qui osent se jouër
des menaces de l'hôme-Dieu. Mais ies grince-
mens éternels de dents puniront ces mols soû-
ris de ces bouches libertines, qui veulét étouffer la crainte des peines de l'autre vie, pource qu'ils les ont meritées. Mais leurs discours
passeront, & leur sentence de condamnation
ne passera iamais. Le feu de l'Abyme ne s'vse
non plus que la lumiere du Soleil. Nos débau-
chés ne veulent pas faire trois iours de penitence sur la terre, & ils en feront ailleurs vne
autre qui durera autant que l'Eternité.

XIV. Dieu nous a mis en possession dela terre, mais c'est pour nous mettre au chemin du
Ciel. Il nous a fait naistre dans vn exil pour
nous obliger d'aspirer à nostre patrie. Enfin,

il nous a logés dans vn monde affligeant pour
nous apprendre à chercher dans l'Autheur méme du monde noftre fouueraine felicité. Mais
puifqu'il veut que les chofes méme infenfi-
bles tendent à leur bien par vn inftinc fecret
qu'il leur a donné, il n'eft pas raifonnable
que nous obtenions le noftre fans y pretendre,
& puifque nous faifons tant de pas pour acquerir quelques commoditez temporelles,
nous ne deuons pas plaindre ceux que nous
employons à l'acquifition d'vn auantage éternel. Les Geants auoient tort de vouloir monter au Ciel contre la volonté de Iupiter, mais
nous en auons bien plus de n'y vouloir pas
monter fuiuant la volonté de Dieu. Tout de
méme les Anges rebelles furent contrainéts
de defcendre de l'Empyrée, pource qu'il vouloient s'éleuer par orgueil, au lieu que deuant
le Tres-haut, l'humilité feule eft le principe
d'éleuation. Ainfi ne briguons pas d'eftre é-
gaux au Tout-puiffant, mais tafchons de nous
rendre femblables à fon fils qui s'eft aneanty
pour nous tirer du neant. De Dieu qu'il eftoit
il s'eft fait ver, pour faire des vers, des Dieux.
Il nous faut perfuader que fa Croix fait le vray
contentement d'vne creature parfaittement

raifonnable, & que ce n'eft pas à boire de l'am-
brofie que confifte la vraye felicité, mais à
boire du fiel en compagnie du Verbe incarné.
Puifque les Payens mémes de qui les diuinités
eftoient materielles ont reconnu qu'ils eftoiét
trop nobles pour eftre efclaues de leurs corps,
faut il que les Chreftiens qui adorént le pur efprit s'affuiettiffent à leurs fens ? Eft-ce Iefus-
Chrift ou Epicure qui nous doit fauuer, &
qu'il nous faut fuiure pour reuffir dans la pour-
fuite du bonheur ? Noftre ventre doit il eftre
noftre Dieu, & croyons nous eftre fort con-
tents & fort éleuez quand nous reffemblerons
aux brutes ? Puifque Platon a dit que l'homme
eft vn arbre qui a fes racines dans le Ciel, vn
fidele dira t'il qu'il les doit auoir dans la boüe?
XV. Ce n'eft pas à dire qu'il faille abfolument
quitter la terre dés auffi toft que nous paraif-
fons deffus ; Dieu nous permet l'vfage de fes
biens pourueu que nous ne croyõs pas y trouuer vne bonté fouueraine, & que nous n'efti-
mions pas plus que nos ames vn fuiet que nous
foulons tous les iours aux pieds. Deuons nous
feruir les richeffes ou pluftoft ne nous doiuent
elles pas feruir ? Ceux qui fe laiffent captiuer à
leur or, font ils moins prifonniers que ceux

qui portent des fers, pource qu'ils ont des
chaifnes plus precieufes mais plus pefantes ?
Qu'il vaudroit bien mieux que nous n'euffiós
iamais veu le Soleil, que non pas qu'vn metal
d'iniquité nous empefchât par fon faux éclat
de voir le foleil de Iuftice. Le Roy des Roys
fût il né pauure fi nous deuions viure riches a-
uec vn plein agréement ? Cét or que nous eftimons tant n'eft qu'vne ordure precieufe. On
le tire d'auprés de l'enfer pour y attirer ceux
qui l'idolâtrent. Mais fi ces naturels font blâmables qui ont des paffions fi materielles que
diray ie de ceux qui en ont pour des fuiets
imaginaires. Les vns s'attachent à tout, & les
autres ne s'attachent à rien. Ceux-cy neantmoins ne font pas dans ce parfait dégagement
que l'Euangile nous ordonne, mais dans cette erreur extrauagante que la folie fait conceuoir à ceux qui penfent eftre Rois , pource
qu'ils le peuuent eftre. Ils ne viuent pas de vent
car encor le vent eft-il fenfible, mais de neant.
XVI. On voit principalement ces Cameleós
à la fuite des Cours ne fermer l'œil de vingt
& quatre heures pour receuoir vne œillade,
& courtifer les pages & les laquais pour faire
croire au monde qu'ils font de la maifon du

Maiſtre. Ils ſont touſiours à briguer des charges & des emplois, quoy que bien ſouuent
ils ſoient incapables de s'en acquitter, & que
toute leur ſuffiſance ne conſiſte pas dans leur
ame, mais dans leur robbe. Les vns ſont bien
aiſes d'eſtre appelés iuges qui n'ont iamais lû
le droiĉt, & qui conſultent leur Clerc lors
qu'il faut donner leur ſuffrage. D'autres bay-
ent aprés les benefices, & ſont touſiours en
Cour de Rome, quoy qu'ils viuent dans la
Cour de France ou d'Eſpagne. Ils font quelquefois les Abbés ſans benefice, & employent
le reuenu qu'ils ont à faire vne Croix qu'ils
portent ſans reuenu. On peut encor rapporter
à cét ordre ces faux Predicateurs qui conuient
les Dames à leurs ſermons comme à des nop-
ces, & qui ne ſongent pas à paraiſtre bons E-
uangeliſtes, mais beaux diſeurs. Ils ſont plus
aiſes que les Coquettes loüent leur geſte que
le texte de leur diſcours. Ie ne diray rien icy de
ces écriuains importuns qui nous étourdiſſent
dans les compagnies de leurs vers & de leur
proſe, & qui nous veulent faire adorer dans
le commerce toutes les réueries de leur cabinet. Il vous debitent leur marchandiſe auec
ſon graue & Pedanteſque, vne voix forte &

effeminée, vn foûris dédaigneux ; & croyent
que vous les loüés trop maigrement , en
difant que leurs moindres mots font de
grands miracles. Ils interrompent de temps en
temps leur lecture pour donner loifir à voftre
admiration, & pour les faire pâmer de ioye ,
dittes que vous pâmez de rauiffement.

XVII. Mais s'il y a des naturels qui ayent de
baffes penfées , & d'autres qui en ayent de
trop hautes, i'en connois plufieurs qui ne s'ab-
baiffent ny ne s'éleuent qu'auec iufteffe. Ie
conuerfe bien fouuent auec des perfonnes
d'éminente & de mediocre condition qui ay-
mêt les plaifirs de la vie fans en aymer les vices
& les excés. Plufieurs font bien aifes d'eftre
riches, mais c'eft pour faire part de leurs biens
aux autres. Ce font des cieux fauorables qui
n'attirent les vapeurs & les exhalaifons de la
terre, que pour la fertilifer. Ce font de belles
fontaines qui ayment mieux voir leur eau dâs
leurs canaux que dans leur baffin. I'ay l'honneur encor de hanter de parfaits Courtifans
qui poffedent les bonnes graces de tous les
grands, pource qu'ils les recherchent de bonne grace , & qu'ils ne font ny negligens ny
empreffés â faire leur Cour. On voit pareille-

ment des perſonnes de robbe longue dãs l'E-
gliſe & dans l'Eſtat, qui ont moins de charges
que de merites, & pour qui l'on peut dire que
les honneurs ſont de vrayes dignitez, ſi ce ſont
veritablement des indignitez pour d'autres.
l'entends auſſi quelquefois des Predicateurs
qui n'attirent pas le monde par leur caiol, mais
par leur zele, & qui employent pour la maiſon
de Dieu la belle Eloquence que d'autres em-
ployẽt pour le ſiecle. Ils ſõt plus aiſes de cõuer-
tir les Dames que d'eſtre loüés de leur bouche.
Enfin, pluſieurs excellents Autheurs de mes a-
mis ſont auſſi modeſtes que ceux dont ie parlois ſemblent fanfarons. Ils croyent auecque
moy qu'vn honneſte homme doit moins paraiſtre ſçauant que diſcret dans le commerce
du monde. Noſtre Cabinet doit ſeruir aux cabinets des habiles, & non pas ſeulement aux
ruelles des licts ou au cercle des Dames. Aprés
tout, que nous ſert-il de nous glorifier ſi la vanité nous fait mépriſer dauantage?
XVIII. Pour moy j'auoüe icy ma foibleſſe;
on ne me ſçauroit plus offencer en compagnie
qu'en loüant mes ouurages en ma preſence.
Tant s'en faut que ie me plaiſe à les lire tout
haut deuant les autres, que i'ay bien de la
peine

peine à les lire deuant moy-méme. Neantmoins ce n'eſt pas tant vn effet d'humilité que
de iugement. Ne ſçay ie pas à peu prés ce qu'il
y a de bon dans vne production de mon eſprit ſans qu'vn flatteur me die ; Monſieur voila qui eſt charmant, & qu'vne railleuſe adiou-
ſte ; Vous eſtes inimitable, quoy qu'en effet
elle face ſigne à d'autres que mon diſcours
luy ſemble plat. Ou bien ſi i'ay remarqué des
défauts dans mon ouurage, ſeray-ie ſi ſot
de croire que pour reſpeĉter mon nom, on
leur doiue attribuer la qualité de perfeĉtiõs. Fi-
niſſons cét article en diſant que la meilleure
maxime qu'vn Autheur puiſſe auoir c'eſt de
s'eſtimer le pire écriuain du mõde. C'eſt pource que nous nous flattons nous mémes, que
chacun ſe rit de nous.

XIX. Ie viens maintenant à renuerſer les maximes des faux amis par celles des amis fideles.
Ceux-cy croyét que la nature n'a couuert noſtre cœur à la veuë qu'afin que l'amitié le découure. On dit que pour regner il faut diſſimuler, mais pour auoir de la bien-veillance,
il faut auoir vne parfaite ſincerité. Autrement
on n'eſt pas amy mais fourbe. Mais s'il y a des
baiſers de Iudas, il y en a de Ionathas & de

Gg

Dauid, qui collant leur bouche l'vne à l'autre,
fembloient auffi coller leurs ames par vne intime vnion. Les affections de ce Charactere
font toufiours égales, pource qu'elles n'ont
pour fondement, ny la bizarrerie ny la du-
plicité. Les cœurs qui en font touchez aiment
vne perfonne abfente comme prefente, &
comme ils ne fçauent rien eftimer côtre la raifon, ils ne fçauent rien blâmer côtre le deuoir.
Ils font méme fi chatoüilleux en ce qui con-
cerne la reputation des fuiets de leur affection
que c'eft les bleffer à mort que d'offenfer legerement ceux qu'ils idolatrent. Ils ne femblent
rien poffeder pour eux méme tout eftant aux
autres. Ce n'eft pas par compliment qu'ils o-
bligent, c'eft par effet. Tant s'en faut méme
qu'ils foiēt capables de refufer quelque chofe
qu'ils préuiennent méme les demandes des
perfonnes. Pour moy ie puis dire qu'eftant le
plus chetif de tous les hommes, ie crois eftre
pourtant le meilleur amy. Rien ne m'incommode que ce qui ne peut accommoder autruy, & ie ne defire rien obtenir que pour donner. I'y ay efté trompé quelquefois non pas
par fimplicité, mais par facilité de naturel;
mais i'ayme bien mieux auoir faict des ingrats

que des mécontents. Il me fàcheroit bien plus
qu'on m'apelât auaricieux que prodigue. A-
prés tout, il vaut mieux estre tres-obligent
que de ne l'estre pas assez.

XX. Mais ie ne m'apperçoy pas qu'en traittant des maximes modernes ie parle insensiblement des actions. Toutefois il ne se faut
pas étonner qu'en voyant la lumiere on aper-
çoiue le soleil; & mon discours semble se porter de luy méme où ie le voulois conduire :
C'est icy qu'il s'ouure vn grand theatre à mes
yeux, où ie puis regarder les déportemens des
Monarques & des suiets, du peuple & des sages. Or bien que l'inclination que nous auons
à dire du mal de ce que les autres font, semble
rendre excusables les propos que nous en tenons, j'ose dire neantmoins qu'il est bien difficile de médire auec seureté. Quelquefois on
croit seulement picquer, & on blesse à mort.
Or cela se pouuant dire de toutes sortes d'a-
ctions se peut encor asseurer plus veritablement de celles qu'on appelle à la mode, qu'il
est d'autant plus malaisé de blâmer que tout
le monde les estime. Il est certain que le siecle est si corrompu à present que les crimes
n'ont garde d'y estre excusables, veu que les

vertus méme y ſemblent coupables pource
qu'elles ſont falſifiées. Ieſçay bien que l'Ab-
bé Lancelotti que i'ay connu familierement à
Paris prouue dans ſon A V I O V R D'H V Y,
que les vices en ce ſiecle trouuent des mode-
les dans tous ceux qui l'ont precedé. Ie crois
au contraire dans le reſpect que ie dois à cét
Autheur qu'il eſt des âgez du monde comme
des fleuues impurs qui ſe ſalliſſẽt par leur cours
au lieu que la mer ſe purge par ſon mouuement. Vous diriez que comme nous auons
aſſez de vanité pour croire ſurpaſſer toutes les
perfections de nos prédeceſſeurs, nous vou-
lõs pareillemẽt ſurpaſſer tous leurs defaux. Ne
voyons nous pas des enfans de dix ans qui ſçauent plus de mal que les vieillards du temps
paſſé? Quoy que cela ſoit ainſi, il eſt dangereux
de le dire, pource que le public veut qu'on le
flatte auſſi bien que les particuliers. Le vice a
trouué moyen d'oſter à la vertu ſes Panegyri-
ſtes pour les prendre à ſon ſeruice. La Satyre
qu'on n'employoit autrefois que contre les
méchans ne s'employe à preſent que contre
les bons.

XXI. Pour éuiter dont les inconueniens que
ie pourrois encourir en cenſurant trop libre-

ment les mœurs de ce temps, & pour me garder aussi d'approuuer nos dissolutions par vne molle complaisance, ie me suis auisé de supposer vne autre Autheur en ma place & de faire continuer à sainct Cyprian le dessein de Chatounieres. Ie veux que dans son siecle, il blâme le nôtre. Si l'on trouue son discours trop seuere qu'on s'imagine qu'il parle plustost aux Carthaginois qu'aux autres peuples, & s'il paraist aussi fort qu'il est raisonnable, qu'on croye qu'il parle aux François. Il n'y a pas tant de monstres dans l'Europe que dãs l'Affrique; mais il en y a quelques vns. Quelque austerité neantmoins qu'il déploye en ses sentiments, il semblera doux si l'on compare les abominations dont il parle à celles que nous pratiquõs. Et ne nous flattons point sur la Religion; les simples pechez des Gentils font les sacrileges des Chrestiens. Nous sommes plus illuminez que les infideles, mais nous ne sommes guére plus échauffez. Nostre croyãce sẽble estre morte pource que nous n'auõs pas le soin de la viuifier par la charité. La foy a bien poly nos entendemens, mais plusieurs font croire aux Payẽs qu'elle a laissé nos mœurs dans la negligence. Cependant il est certain que le fils de

Dieu n'a introduit la vraye creance dans le monde que pour y authoriſer les bonnes œuures. Autrement que ſert-t'il d'honorer vn Dieu par la penſée ſi on le mépriſe en effet. S'il n'eſt queſtion que de croire, les Démons croyent auſſi bien que nous; encore tremblént ils deuant Dieu, au lieu que pluſieurs libertins ſe mocquent de ſa Maieſté. Mais de ces préuentions il faut venir au diſcours de ſainct Cyprian. Repreſentons nous pour vne fois que s'il blâme ſi âprement les vices des idolâtres, combien nous deuons blâmer ceux des chreſtiens qui renouuellent leurs diſſolutions apres que Ieſus Chriſt les a decreditées. Vous diriez que pluſieurs ne vont à l'Egliſe que pour renuerſer les téples du vray Dieu, comme elle a renuerſé ceux des fauſſes diuinitez. Maintenant voyons côme ce ſainct Docteur des premiers fidelles, inſtruict vn ieune infidelle pour luy faire embraſſer noſtre ſaincte Religion.

XXII. Affin que vous découuriez mieux la uerité, dit-il, en apperceuant les tenebres de l'erreur, ie vous veux faire voir le mal qu'il y a dans le monde, pour vous aprendre à bien viure par l'oppoſition de ſes crimes. Imagi-

nez vous donc qu'vn bon Génie vous emporte fur vne montaigne, comme on dit qu'vn
mauuais efprit emporta autrefois noftre diuin
maiftre. Regardez de cette éminence tout ce
qui eft au deffous de vous, & fans toucher à la
terre, confiderés en la pofture; en vn mot dé-
couurez auec des yeux affeurez les dangers ou
les naufrages des autres hommes. Sans doute
que vous aurez pitié du monde quoy que fon
obftination le rende indigne de la compaffion
de Dieu méme, & vous vous reconnaiftrés
d'autant plus redeuable à fa bonté que vous
aurez veu plus de malice en fon ennemy. Enfin, vous ferez rauy d'aife vous voyant deli-
uré de tāt de difgraces. Regardez d'vn cofté les
chemins de terre fermez par des compagnies
de voleurs qui font des coupegorges des lieux
où l'on cherchoit iadis des Azyles. Voyez les
mers croiffées par des Pyrates, qui font foû-
pirer aprez les efcueils & les naufrages ceux
qui tombent entre leurs mains. Confiderez
encor la fureur des guerres qui ne fe content
pas maintenant par Prouinces mais par Royaumes, & qui font des cemitieres des campaignes comme des villes. Les hommes fe plaifent à faire couler par tout des fleuues defang,

& cependant ils veulent qu'on les diſtingue des Lyons & des Tygres par vn ſpecieux charactere d'humanité. L'homicide eſt vn crime lors qu'il eſt commis des particuliers; & c'eſt vne vertu lors qu'on le commet publiquemēt. Ce n'eſt pas la conſideration de l'innocence qui rend les crimes impunis, mais l'excés de la cruauté. Il n'y auroit pas aſſez de bourreaux s'il faloit punir tous les criminels.

XXIII. Si vous voulez tourner les yeux du coſté des villes, vous verrez des aſſemblées de mō de, qui ſont pires qué les plus affreuſes ſolitudes. Icy l'on prépare vn cōbat de gladiateurs qu'on appelle vn ieu, quoy que ce ſoit veritablement vne boucherie de chair humaine. Le carnage dōne icy du plaiſir à c͜ naturels dénaturez qui boiuent le ſang par les yeux. On norrit des corps pour les immoler, & on entretiēt des hommes auec beaucoup de peine pour les faire perir auecque plus de plaiſir. On les engraiſſe pour leur ſupplice, & ceux qui ſont les délicats pour décrier les antropophages déuorent par la veūe ceux que les barbares ne déuorent que par la bouche. C'eſt ainſi qu'vn hōme eſt tué pour le diuertiſſement d'vn autre; on a fait vn art du meurtre: l'aſſaſſinat eſt aujourd'huy

auiourd'huy vne difcipline approuuée, on ne
fe contente pas de faire des crimes, on aprend
encore à les faire auec vne adreffe infaillible. Eft-il rien de plus inhumain que cette infame procedure ? eft-il rien de plus funefte à
noftre nature, que de voir que ce foit vne
dexterité de pouuoir tuer fon femblable, &
vn glorieux auantage de l'auoir tué ? Que
diray-je de la manie de ceux qui s'expofent
aux beftes fans auoir efté condamnés des
hommes ? Vous voyez de ces mal heureux
defefperés qui dans la vigueur de leur aage
dans vne bone mine, & dans vn habit magnifique fe parent tous les iours non pas pour
leur vie, mais pour leurs funerailles auan-
cées, & tirent vanité de leurs malheurs, &de
leur ignomenie. Ils combattent contre des
beftes feroces non pas pour expier quelque
crime, mais par fureur. Les peres regardent
leurs enfans dans vne conioincture fi dange-
reufe, les fœurs encouragent leursfreresámou-
rir volontairement, & bien que ces prefents
fataux coutent beaucoup à ceux qui les donnent au peuple, Il y a foule a y eftre produit,
& il eft des hommes qui achetent à grand
prix le moyen de perir, comme fi le fpectacle

ne leur coutoit pas aſſés cher en y perdant
franchement la vie. Ils veulent qu'on leur
vende leurs infortunes. Cependant quoy
qu'il ſe commette tant de crimes dans l'Are-
ne, ceux qui y aſſiſtent croyent eſtre innocens. Ils ne conſiderent pas qu'il ny à pas
moins de mal à eſtre parricides par les yeux
que par la main.

XXIV. Si des Anphiteattes vous portez la
veuë ſur le theatre, vous y apperceurez des
choſes qui vous cauſeront à la fois de la honte
& de la douleur. C'eſt là qu'on fait eſtat de
renouueller dans ce ſiecle tous les forfaits de
l'Antiquité. On ne ſe contente pas de décrire
les mauuaiſes actions, ſi l'on ne les repreſente
au naturel. Vous diriez qu'on à peur que la
memoire des parricides & des inceſtes ne paſſe auecque les ſiecles. On veut que chaque
âge & chaque condition de perſonnes apren-
ne par ouïr dire que ce qui s'eſt fait vne fois
ſe peut encor faire. c'eſt ainſi que les pechez
ne meurent iamais par la vieilleſſe du monde
ny par le cours des annees: Le temps authoriſe
les forfaits au lieu de les abolir, & on n'a garde d'en perdre le ſouuenir veu qu'on le renouuelle tous les iours. Ce qui a ceſſé d'eſtre cri-

me paſſe à cette heure en exemple. On ſe plaiſt
à aprendre le vice d'vn bouffon qui découure
ſur le theatre des actions qui ne trouuent
point des tenebres aſſez épaiſſes pour ſe cacher.
On écoute volontiers le recit des excés qui ſe
ſont commis ou qui ſe peuuent commettre.
C'eſt ainſi que l'adultere s'aprend, tombant
ſous les yeux des ſpectateurs, & l'authorité du
public flattant les vices des particuliers, pluſieurs Dames qui eſtoient venuës au theatre
dans vne continence parfaite, s'en retournent
dans vn eſprit d'impudicité. Mais quelle corruption des mœurs, quelle ſemence de mon-
ſtruoſité que de ſoüiller ſes yeux par les geſtes
des baſteleurs qui font gloire de leur opprobre? On voit des hommes, choſe honteuſe
mais neceſſaire à dire, qui ſeruent de femmes;
ils changent de condition ſans changer de ſexe & ne mettent pas leur auantage dans leur
force, mais dans vne infame molleſſe. Celuy
qui ſçait mieux s'effeminer paſſe pour le plus
honneſte homme, & c'eſt icy que le crime eſt
pris pour vertu. Enfin, il faut eſtre vilain au
dernier point pour eſtre eſtimé gentil

XXV. Cependant on regarde auec que plaiſir des perſonnes qui méritent le plus étran-

ges fuplices ? Que ne peut perfuader vñ homme dont les plus noires actions font approuuées de tout le monde? Il meut la partie inferieure, réueille les paffions, force les efprits & les confciences, & fait entrer par l'oüie ces infames voleurs qui nous dérobent le cœur. La douceur des airs & des parolles couure l'amertume du mal, & on nous flatte pour nous perdre. Enfin, les gens du monde fe damnent volontiers pource qu'ils croyent fe damner agreablement. Ie ne dy point icy qu'on faict des moindres crimes des facrileges, en faifant les Dieux Autheurs ou du moins exemplaires de tous les pechez des hommes. On nous reprefente vne Venus lafciue, vn Mars adultere, vn Iuppiter plus fameux pour fes vices que par fa puiffance, qui abandonne fa foudre pour brûler d'vn autre feu fur la terre. Quelquefois il deuient blanc comme vn Cygne, aprés il fe répand en rofée d'or , d'autrefois, il monte fur le dos de quelques oifeaux pour rauir des enfans qu'il ayme : enfin, il fe rend fouuent brute pour eftre Amant. Ie vous demande maintenāt fi ceux qui regardent ces honteufes transformations peuuent eftre chaftes en imitant des Dieux impudiques ? Ces

pauures abbufez penfent donner à leurs facrileges vn caractere de religion. Le vice fait
leur vertu.

XXV. O'fi voftre veüe pouuoit percer le fonds
des Cabinets pour voir ce qui fe paffe au dedans auffi bien que ce qui fe fait au dehors.
Vous y découuririez des infamies qui ne man-
queroient pas de faire rougir voftre modeftie,
puifqu'elles pourroiēt caufer de la vergoigne
à la méme impudence, fi elle n'eftoit incapable de conceuoir de la honte, quoy qu'elle foit
bien capable de la meriter. Vous y verriez ce
que ce feroit crime de voir feulement, tant
s'enfaut que ce ne le foit pas de le commettre.
Vous y apperceuriez des actions que ceux là
méme qui les pratiquent, nient auoir faittes,
quoy qu'ils les faffent auec plaifir. Les hommes y veulent paffer pour femmes, & les femmes pour hommes, Enfin, vous diriez que la
Terre eft deuenüe vn Enfer, veu que la confufion en a banny toute forte d'ordre. Cependant quelque diffolution qu'il y ait dans le
monde, ie veux eftre pris pour vn manteur,
fi les plus vicieux ne condamnēt leurs femblables. Les infames décrient icy ceux qui font

pleins d'ignominie & croyent se décharger de leurs crimes, pourueu qu'ils en chargent leurs compaignons. Cependant quoy qu'ils se iustifient en apparence, leur conscience est vn témoin & vn iugé qui les conuaint & qui les poursuit d'autant plus, qu'ils se flattent dauantage par vne fausse innocence. C'est ainsi que ceux qui passent en public pour accusateurs, sont criminels en cachette; ils sont censeurs & coulpables & ils blâment deuant les autres ce qu'ils loüent secrettement en eux mémes. Enfin, ils cōmettent volontiers des excés qu'ils déestent aprez les auoir commis. C'est vne effronterie qui fauorise les dissolutions en sēblant les décrediter, & vne temerité qui enracine l'impudence en l'exterminant auecque mollesse. Ie ne veux pas aprés cela que vous vous étonniez que des gens qui viuent si mal ne prononçent iamais vne bonne parolle. Aprés de si noires actions, ce sont de petites fautes que celles dont la langue peut estre cōplice. Ce n'est pas la voix qui fait la malice du cœur, c'est luy qui fait celle de la voix.

XXVI. Mais aprez auoir veu les dangers des grands, chemins, les combats des villes & des campaignes, les spectacles ou sanglants, ou deshonneftes, les infamies des bordels ou des maifons particulieres, dont l'opprobre eft quelquefois d'autant plus éclattant que les crimes y font plus fecrets: Vous penferez peut eftre que le barreau qui eft le tēple de la iufti-ce foit du moins éloigné de toute forte d'ini-quité; vous vous perfuaderez que comme c'eft vn lieu facré, il n'y paraiftra pas mémeyne om-bre de facrilege. Mais confiderez-le de bien prez, vous y verrez plus d'obiets qui rebutēt voftre veüe qu'en tous les autres endroicts du monde, & vous ferez étonné de trouuer la méme malice où l'on fait eftat de châtier tous les maux. C'eft là qu'on peche parmy les lois, & qu'on fait gloire de faillir en faifant profef-fion du droict. Les bonnes couftumes font grauées dās des tables d'airein, mais elles font effacées des cœurs; l'innocence eft violée ou elle eft deffenduë. Qui pourroit icy reprefen-ter la rage des plaideurs qui fe font vne cruelle guerre durāt la paix, & excitēt vn bruiteffroy-able où l'on fait eftat d'appaifer tous les diffe-rens des perfonnes particulieres. Que diray ie des glaiues des bourreaux, des ongles de fer, des cheualets, des larmes ardentes, & de tant d'autres inftrumens fataux qui nous font voir qu'il y a plus de supplices pour vn hôme qu'il n'a de membres. Parmy ces horreurs qui trouuerons nous qui tienne le party de la verité? sera-ce vn Aduocat, mais il est préuaricateur & abuse souuent ceux qu'il conseille ? sera ce vn Iuge, mais il vend sa Sentence aprez auoir vendu son ame. Celuy qui doit punir les crimes les commet luy mème, & souuent afin qu'vn innocent perisse en qualité de coupable, celuy qui le condemne se rend effectiuement criminel.

XXVII. Ie ne parle point icy des maluersations qui s'ensuiuent des procedures obliques de la chicane, ny de ces moyens ruineux par lesquels ont détruit la iustice en l'establissant auec trop de formalitez. L'vn suppose vn testamét, l'autre s'inscrit en faux sur vne piece produite, icy les enfans sont dépossedez de leur heritage, là les biens d'vn pere sont donnez à des étrangers, & ceux qui y ont le plus de part, sont ceux qui deuroient en y auoir le moins. Au reste, vn ennemy forme quelquefois vne fausse accusation, vn calomniateur la fortifie, & vn témoin la rend probable. On achete des dépositions pour rendre le mensonge plus autentique au desauantage de la verité, & la corruption

ption eſt ſi grande que les coupables ne periſ-
ſent pas méme en compagnie des innocens.
Et puis la venalité des voix & des ſuffrages,
fait qu'on ne craint aucunement les loix; on
n'a point d'apprehenſion des Iuges, pour ce
qu'on ne doit pas redouter ce qu'on achete.
Dans la conſtitution où nous ſommes, c'eſt
faillir que d'eſtre irreprochable parmy tant de
criminels. On croit que celui qui n'imite pas
les meſchans n'eſt pas veritablement homme
de bien. C'eſt ainſi que les reigles de la vie s'accordent maintenant auec ſes plus enormes déreiglemens , & que tout ce qui eſt public a
commencé d'eſtre licite. Enfin qu'elle probité peut-on trouuer en vn lieu où l'on ne
rencontre pas meſme des perſonnes qui puiſſent condamner les ſcelerats, & où celles
qu'on rencontre meritent d'eſtre condam-
nees ? Où regnera l'equité, puis qu'elle eſt bannie non ſeulement de la Terre, mais encor
d'vn lieu qui ſemble faire ſon ciel?

XXVIII. Mais de peur que ie ne ſemble vous
propoſer que des ſpectacles dont la veuë eſt
funeſte ou ignominieuſe, ie veux vous repreſenter icy ces objets que l'ignorance du môde
appelle du nom de biens, quoy que ce ne ſoiêt

que des maux plâtrez. Vous y verrez l'opprobre des orgueilleux, & la difette des riches.
Que penfez vous que foient les charges illuftres, l'abondance des threfors, l'éclat de la
pourpre, le train d'vn Prince ? ce font à parler
veritablement des dangers fpecieux & des baf-
feffes eminentes. Les poifons les plus pene-
trants font ceux qui font doux, & le vice à
vne extreme difformité dans vne belle apparence. Celuy que vous voyez reluire dans l'é-
carlatte, à combien de honteux feruices s'eft-il
degradé pour paroiftre illuftre ? Combien de
matinées a t'il perduës à la porte d'vn grand
pour eftre enfin falüé des petits ? Il a fouuent
fait foule pour voir les autres, deuant qu'ils en
ayent fait pour le voir, & les refpects qu'on luy
rend ne s'adreffent pas à fa perfonne : mais à fa
charge. Il n'a pas merité d'eftre honoré par fes
mœurs, mais par les marques exterieures qu'il
porte. Enfin on voit ordinairement que ces
grands courtifans font de grandes cheutes, &
deuiennent le joüet de ceux qui les adoroient.
Dans leur deftitution leurs flatteurs deuiennent leurs cenfeurs publics, ceux qui les efcor-
toiefit les affiegent, & bien fouuent ils meurent pauures, pour auoir fait vne trop grande

parade de leurs richeſſes. Ils ont vécu de vent, & ils meurent vuides de tous biens. Et certes ceux qui ne ſçauent pas ſe ſeruir de l'honneur, meritent d'eſtre infames deuant le monde.

XXIX. Les richards n'ont pas moins d'infortunes que les hommes ambitieux. Quoy que leur domaine ſemble faire vne Prouince entiere, & qu'ils éleuent dās leurs maiſons des montagnes d'or & d'argent, au lieu qu'ailleurs on aplanit les montagnes pour enrichir des maiſons; dās le plaiſir qu'ils ont à poſſeder leurs threſors, ils ſont touſiours dans l'apprehenſion de les perdre. Tous leurs voiſins leur paroiſſent des ennemis, ils craignent les voleurs dans les villes comme dans les grāds chemins, & leur ombre méme leur eſt ſuſpecte, de peur qu'elle ne veüille partager leur idole auec eux. Ils ne mangent iamais en aſſeurance, & leur repos n'eſt qu'vne inquietude continuë. Quoy qu'ils boiuent dans des verres de criſtal, & que les choſes precieuſes paraiſſent viles entre leurs mains, ils ne ſemblent auoir du bien que pour eſtre miſerables. Ils ſe couchent dans des licts de ſoye & de brocatel, mais c'eſt pluſtoſt pour veiller que pour dor-

mir: Et ces pauures aueuglés ne prennent pas
garde qu'ils souffrent d'illustres tourments,
que les chaînes d'or sont plus pesantes que les
autres, & qu'ils ne possedent pas leurs richef-
ses, mais qu'ils en sont possedez. Cependant
comme l'auarice est vne manie dont on ne
peut voir la cause, quoy qu'on en voye bien
les effects, ces malheureux qui auroient
des contentemens s'ils n'auoient point de richesses, redoublent leurs charges quoy qu'ils
se puissent soulager. Ils augmentent leurs
chagrins en augmentant leur reuenu, & ils
n'ont garde de faire part de leurs biens aux au·
tres, veu qu'ils s'en refusent l'vsage à eux mémes. Cependant ils disent qu'ils ont de l'argent, quoy qu'il soit étranger à leur regard, &
qu'ils le tiennent plustost comme vn dépost,
que comme vn acquest. Vous diriez qu'ils
font gagez de leurs ennemis pour garder ces
excréments de la terre, & ceux qui les ont tirés
des mines ont troqué leur liberté, pour la faire
perdre à ceux qui les ont reçeus de leurs
mains. Aprés tout ils ne possedent pas leurs
biens pour s'en seruir, mais pour empécher que
d'autres ne les possedent. Maintenant comment peuuent ils changer les noms des choses,

& appeller commoditez ce qui les incommode ſi fort ? Sont-celà des biens qui ne s'employent qu'à de mauuais vſages ?

XXX. Mais peut eſtre que ceux qui regnent le
plus hautement dedans les cours auront le
moins de peine, & que les chagrins ne feront
pas pour les Princes mais pour le peuple? Neātmoins bien qu'ils ſoiēt gardez auecque ſoin ils
ne ſont pas exēpts de ſoucy, s'ils defendent leur
abord aux hōmes communs ils ne ſont pas in-
acceſſibles aux malheurs. Au contraire ils ont
plus d'apprehenſion que les autres, eſtant contraints de craindre autant qu'ils ſont redou-
tez. La grandeur à cela qu'elle met ſes parti-
ſans à la gehenne auſſi bien que les petits:
comme ceux qui ſont bien eſcortez ne laiſſent
guere de ſeureté à ceux qui les veulent approcher, ils en gardent encore moins pour eux
mémes. Ce qui les rend formidables les épou-
uante; & leur puiſſance leur fait ombre auſſi
bien qu'aux autres. Elle leur ſoûrit pour les
meurtrir, les flatte pour les tromper, les cha-
toüille pour les tuër à la fin, en vn mot elle les
met dans l'éleuation pour leur cauſer vn honteux abbaiſſement. C'eſt ainſi que les grandes peines ſont comme l'vſure ordinaire des

grandes fortunes. Il faut estre fort haut pour
estre fort malheureux. Aprés cela n'est-il pas
vray qu'il n'y a qu'vne voye pour se sauuer
dans la mer du monde, qui est d'en sortir tout
à fait, de porter son cœur & ses yeux de la terre
au Ciel, & de regarder les choses les plus éminentes comme inferieures à la qualité d'vne
personne qui veut s'vnir à la Majesté de Dieu.
Vn poinct ne paroist rien prés de celuy qui est
tout en toutes choses. Celuy qui est plus grãd
que le siecle, ne peut rien souhaitter du siecle. Qu'il y a de plaisir à se voir éleué de la
corruption à l'incorruptibilité, & de quitter toutes les creatures, pour ne plus estré
qu'au Createur. Qu'il est auantageux d'a-
bandonner tous les interests temporels, pour
faire vne fortune eternelle, & de sortir de la
Cour de tous les Princes mortels, pour entrer
dans celle du Roy des Rois ? Et il n'est pas besoin ny d'argent ny de brigue pour arriuer à
vn bon-heur si parfait, il ne faut que le desirer
efficacement ; & puis vn don gratuit de Dieu
ne dépend pas de nostre industrie. Enfin comme c'est le propre du Soleil d'éclairer, du iour
de paraistre, d'vne fontaine d'arroser, de la
pluïe d'humecter ce qui l'approche, c'est aussi

le propre de l'esprit Diuin de se communiquer
abondamment à tous les sujets qui ne mettent point d'empeschement à ses effusions.
Vne ame qui dedaignant de regarder la boüe
porte sa veuë vers l'Empyrée, est deja plus
haute que le Soleil, & l'on peut dire qu'elle est
éleuée autant qu'elle le veut estre; Il n'y a rien
d'humain qui la puisse égaler, pource qu'elle
s'est approchée du tres-haut.

XXXI. Quand à vous, mon cher Donat,
que le Ciel a déja marqué pour estre vn de ses
champions sur la terre, persuadez vous que ie
ne vous ay fait voir les vices du siecle, qu'afin
de vous exciter à la pratique de toute sorte de
vertus. Taschez d'employer pour l'eternité
tous les moments du temps. Occupez vous
sans cesse à l'oraison ou à la lecture; parlez par
fois à Dieu, & que d'autrefois Dieu vous
parle. Qu'il vous preuienne de ses graces &
vous instruise par les preceptes de sa Diuine sagesse. Assurez vous que rien ne peut appauurir
vn sujet que Dieu enrichit, & que lors que vous
serez plein de Dieu, vous ne vous soucierez pas
d'estre vuide de toutes les choses creées. L'e-
stre necessaire vous fera mépriser le neant. Les
plus beau Palais vous feront mal à la veuë,

quand vous ne vous plairez qu'à faire voftre
fejour dãs la Celefte Hierufalem. Enfin repre-
fentez vous que vous ne deuez pas auoir foin
d'embellir une maifon infenfible, mais le têple
du Dieu viuãt qui eft vous méme; & que vous
auriés tort de polir ce qui eft hors de vous,
pour laiffer voftre interieur dans la negligence. Souuenez-vous donc de parer ce fan-
ctuaire de la Diuinité, non pas auec des orne-
mêts qui paffent, mais auec des couleurs qui ne
fe terniront iamais. Que l'innocence en releue la beauté, & qu'on y apperçoiue toutes ces
rares qualitez, qui ayant vn merite éternel, ne
font point fubjettes aux iniures du temps. Si
vous vous comportez de la forte, vous recon-
noiftrés que vous n'aués iamais efté plus grãd
dans le monde, que lors que vous aués méprif-
fé toutes fes grandeurs. Il eft ennemy de Dieu,
mais il eft contraint d'admirer ceux qué Dieu
ayme.

XXXII. Voilà comment vn Docteur inftruict
fon difciple, pour luy apprendre à mener vne
vie Angelique, en blâmant celle des hommes
du fiecle. Ie voudrois ioindre icy vn difcours
de Seneque, pour reprendre nos mœurs par
l'organe des Gentils auffi bien que des Chreftiens

ftiens. Que ne diroit point ce Philofophe, fi
nous aurions loifir d'ecouter les maximes de fa
fageffe. Il nous apprendroit qu'il n'y a point
de vraye felicité que dans la vertu, & qu'il eft
étrange que la plus grande partie de noftre
vie foit celle où nous femblons eftre morts. Il
nous reprefenteroit en fuite la ftupidité de
ceux qui perdent leur reputation en recher-
chant des honneurs. Il nous feroit voir la folie des autres, qui fe font mille fupplices pour
iouyr d'vn agréément trompeur. Enfin il con-
fondroit noblement ces Tantales veritables
qui ont foif au milieu d'vn fleuue d'or, & qui
ne femblent s'enrichir que pour viure toûjours pauures. Mais pource que la Mode ne
me permet pas de raifonner toufiours par les
fentimens de l'antiquité, & qu'aprés auoir regardé les actions du temps, i'en dois confiderer encor la conuerfation & la folitude, ie fuis
d'autant plus aife de changer de matiere, qu'en
parlant du Commerce, ie dois parler de ce qui
fait le plus doux fujet de tous les difcours. En
effet nous ne parlôs pas propremét pour nous
mémes mais pour autruy, & nous ne femblôs
eftre doüez de raifon que pour eftre fociables.
C'eft ce qui faifoit dire au grand Pic de la Mi-

rande, qu'vn homme qui fçait bien conuerſer,
ſçait tout faire. Il faut qu'il ait bien des perfections , pour plaire generalement dans vn
monde plein de défaux.

XXXIII. La côuerſation côme ie la prêds en
ce lieu, embraſſe les complimêts , les diſcours,
& l'exterieur; eſtant certain que nous ne nous
engageons dans la ſocieté ciuile, que pour
nous y produire au dehors tels que nous ſommes au dedans, quoy que bien ſouuent la diſſi-
mulation ou l'hypocriſie nous rendent ſemblables à ces montres qui marquent les heures
de la nuiét dans le plus beau midy du iour.
Mais c'eſt pluſtoſt vne corruption qu'vne vertu du commerce. Si nous ne frequentons les
hommes que pour nous cacher, pourquoy les
frequentons nous? Nos cabinets nous couuri-
roient bien mieux que les ſalles ou que les pla-
ces publiques. Dans cette préuention , ie dy
que les compliments nous ſeruent pour entrer
bien à propos en compagnie, & pour en ſortir
agreablement; les diſcours nous y font demeurer ſans dégouſt, & l'exterieur repaiſt la
veuë, à même temps que l'entretien flatte les
oreilles. Pour les compliments, il faut obſeruer icy qu'on a donné ce nom à certaines ce-

remonies que la bienseance semble auoir
fait passer en necessité,& qui font paroistre vn
homme accomply, à la difference de ces naturels rustiques que nous appellons hommes
nouueaux & non encor acheuez. Or ces
ceremonies changent suiuant la qualité des
temps, des climats, & des conditions des perfonnes. Chaque aage du monde a ses cou-
tumes particulieres,& quoy qu'en tout temps
les hommes ayent fait estat de la ciuilité, ils en
ont pourtant fait successiuement diuerses obseruations. Autrefois on ne saluoit les grands
qu'a genoux, maintenant on se contente de
leur faire vne profonde reuerence,& quelques
anciens Gaulois baisoient les pieds aux personnes de condition,à qui l'on dit à present
qu'on leur baise tres-humblement les mains.
Les Rois ont eu leurs ceremonies aussi bien
que les subiets, & au lieu qu'ils paroissent
maintenant éleuez sur vn thrône, ils se faisoient voir éleuez sur vn bouclier. Ce que
i'ay dit des aages du monde se doit entendre
des climats,estant certain qu'encore que toutes les personnes de nostre espece soient produites sociables, elles pratiquēt differemment
les deuoirs de la societé ciuile. On dit que les

Iaponnois se reculent pour salüer ceux qu'ils
reuerent, au lieu que nous nous en approchons. Les Turcs salüent la teste couuerte,&
les Chrestiens la découurent pour cét effect.
Les Espagnols semblent menacer en caressant,
& les François caressent en menaçant. Les
Italiens sont tousiours dans certaines defe-
rences ceremonieuses, & les Alemans dans
vne franchise extremément ronde. Enfin les
diuers estats des personnes diuersifient leurs
compliments. Vn Prince traicte auecque
le monde, autrement qu'vn simple Bour-
geois, & vn Marchand ne doit pas representer la noblesse d'vn Gentilhomme. Vn
homme qui veut estre tout n'est proprement
rien.

XXXIV. Maintenant pour traicter plus particulierement des compliments à la mode : ie
dy qu'il y a certains esprits qui en font trop, &
d'autres qui n'en font pas assez. Les vns sont
importuns,& les autres inciuils. Les vns flattent, les autres assomment. Vous trouuerez
quelquefois de ces lasches complaisants qui diront à vn laquais qu'ils sont ses tres-humbles
seruiteurs, plustost qu'a son maistre. Si vous
estes pressé ils vous arresteront à vne porte

pour vous prefenter le deuant, non pas qu'ils
vous veüillent ceder, mais pource qu'ils vou-
lēt iouyr long tēps du cōtentement qu'ils ont
de voir que vous leur cediez. D'autres fe mettant à table ne veulent eftre que les derniers
pour eftre mis au premier lieu, & ils baifent fi
fouuent les mains en feruant de quelque mets
que cefoit, qu'on aprehēde toufiours qu'ils
mangent ce qu'ils prefentent. Ie ne parleray
point icy de ces faifeurs de reuerences qui
vfent le paué du Louure, & qui deuiennent
boffus, non par humilité, mais pour mieux
porter les prefens qu'on leur fera. Il ne faut pas
blâmer ces illuftres affiduitez qu'on rend aux
grands, & il vaut mieux eftre dans vn excez de
refpect que d'irreuerence. D'ailleurs qui pourroit fouffrir ces humeurs rudes, qui nous font
voir des fauuages dans les plus belles villes du
monde ? Il fe trouue certaines gens qui ne
rendent aucun deuoir à perfonne, croyant que
tout leur eft deu, & qui n'ont garde d'eftre
prodigues des grandes faueurs, veu qu'ils
épargnent méme les compliments. Ces efprits
bourrus ne mettent point de difference entre le maiftre & le valet, & ne veulent ceder
à perfonne, eftant bien aifes que tout le

monde leur cede. Ils fuyent la Cour de peur
d'y voir de plus grands Seigneurs qu'ils ne
font, & iugent qu'vn Roy ne fait pas son deuoir s'il ne leur fait la reuerence. Pour moy
ie ne sçaurois agréer ny la rusticité, ny l'affe-
cterie. Ie hay également la negligence & vne
trop grande politesse. Sur tout ie desire que
la franchise & la liberté regne dans les ceremonies les plus contraintes. Autrement quel
contentemét puis-je auoir à m'engager dás le
commerce, si i'y trouue vne croix y recher-
chant du plaisir ? Me diuertiray-je en me ge-
hennant ? I'aime bien mieux estre dans
mon cabinet, que dans vne compagnie qui
étudie mes moindres gestes. Mais quand
les compliments viennent moins de la langue
que du cœur, ils rendent vn esprit attentif sans
le rendre mécontent.

XXXV. Pour les discours qui ont de la vogue
dás la cóuersation du beau monde, on les doit
considerer par leur forme & par leur matieré.
Dás les lieux ou se font les illustres assemblees,
on entend bien souuent plus de pédants & de
fanfarons que d'honnétes hommes. Il n'y a
rien de si aisé que de se taire, ny rien de si malaisé à obseruer que de se taire bien à propos.

Quelques-vns ne croyent iamais bien parler
en compagnie, s'ils n'epuisent toutes les fleurs
de l'Eloquence, deuant des personnes qui à
peine peuuent entendre le Frãçois, & s'ils ne se
seruent à tout propos des mots dont on se sert
le moins. Ils parlent de Cortege par tout où
ils parlent de suitte, & les plus fauorables occasions leurs paraistroient des disgraces s'ils
ne les nommoient conionctures. D'autres
pensent estre si beaux diseurs, qu'ils semblent
faire vn sermon d'vn entretien, & s'imagi-
nant qu'ils parlent comme les Anges, ils veulent iniustement que tous les hommes se tai-
sent. S'ils sont deuãt des gẽs d'Eglise ils discou-
rent des perfectiõs de l'Amour mõdain : & des
perfections de Dieu, quand ils se trouuent deuãt de simples Damoiselles. Quelques-vns au
contraire sont muets comme des poissons si
on n'est tousiours à les interroger, & peuuent
estre pris pour des Echos plustost que pour des
bouches raisonnables. Mais si l'on trouue à
redire en la façon de dire les choses, on n'en
trouuera pas moins à la substance des choses
mémes. Combien d'impertinences voit-on
regner dans les discours qu'on appelle auiour-
d'huy les rauissants ? Là vn Demoiseau est

loüé pour auoir parlé de bonne grace de la
laideur d'vne belle fille, & en mauuaife part
de la vie d'vne innnocente. Icy vne coquette
croit eftre vn miracle parlant en nous debi-
tant les réueries des Amadis, & reprefentant
toutes ces belles intrigues par lefquelles vn
fot a triomphé de la chaftcté d'vne fotte. Elle
a trop de plaifir à parler de cette matiere, pour
ne pas témoigner qu'elle en veut donner des
exemples en elle méme. Vous entendrez encor certains indifcrets dont les vns font toûjours à dire ou a forger des nouuelles, & les
autres n'en veulent iamais ouyr parler. Ceux-
là font des Mercures & ceux-cy des Saturnes
du Chriftianifme. Enfin pour bien reprefen-
ter icy la qualité de tous les entretiens du
monde, il en faudroit reprefenter la quantité.
Cependant il eft certain que l'Eloquence a
bien moins d'eftendue que le babil.

XXXVI. Pour reigler donc nos conuerfa-
tions en éuitant ces déreiglemens, ie voudrois
qu'elles ne fuffent ny trop libres ny trop ferieu-
fes. La legereté eft blâmable, méme lors qu'elle femble auoir de l'agreément, mais auffi vn
excez de grauité ne doit pas regner ou la re-
creation doit eftre abfoluë. I'eftime bien vn
langage

langage net & poly, mais non pas mol ny affe-
té, & tiens par maxime, que le plus grand artifice qu'on puiſſe apporter pour bien parler
c'eſt de parler naïuement. On a moins de peine
en ſe comportant de la ſorte & on a plus de
plaiſir. De moy ie puis aſſurer que ſans auoir
iamais eu de maiſtre pour l'Eloquence Françoiſe, ie m'y ſuis mediocrement inſtruict,
pource que i'ay pluſtoſt ſuiuy mon genie que
les imaginations des autres. Et ceux qui ſçachant que ie n'ay que vingt-cinq ans paſſez,
voyent la quantité de mes ouurages ne s'en
doiuent pas étonner, veu que faiſant eſtat d'é-
crire dans la franchiſe, ie ne leur parle que
comme ie parle auecque moy même. Ma
plume ſuit ma penſée. Ie ne penſe iamais auoir
décrit pas vn de mes ouurages, pource que
mon eſprit paraiſt mieux tout nû, que s'il pa-
roiſſoit étudié. On croit que ce qui eſt acquis
par induſtrie n'eſt pas naturel. On excuſera
cette petite vanité, ſi on conſidere que ce n'eſt
qu'vne excuſe de la pareſſe qui eſt vn grand
vice, principalement dans vn écriuain. Que
ſi dans les entretiens que ie mets au iour, ie ſuis
ſi peu artificiel, on ne doit pas attendre que ie
le ſois dans le commerce ordinaire, où ie me

L l

trouue pluſtoſt pour me délaſſer de mes étu-
des que pour étudier. C'eſt là que ie m'abandonne à vne honneſte liberté, & ie croy ne
parler iamais mieux, que lors que perſonne ne
prend garde à ce que ie dy. Nous ne ſommes
pas dans le Porche ny dans le Lycée, pource
que nous ſommes en compagnie de quelques
Seigneurs ou de quelques Dames. Pluſieurs
ont plus de biens que d'eſprit, plus de vanité
que de vray honneur. Pour les matieres du
diſcours toutes me ſont bonnes pourueu
qu'elles ſoient indifferentes; car pour les mauuaiſes ie ne les ſçaurois ſouffrir, ny en moy ny
en autruy. I'ay vne complexion amoureuſe,
& neantmoins les paroles d'Amour me choquent. C'eſt que nous pouuons bien nous
flatter innocemment dans les compagnies
ſans offenſer Dieu. Ainſi ie me ſuis accouſtumé à ne me plaire, qu'à ce qui ne luy déplaiſt
point.

XXXVII. Sur tout i'ayme la ſolidité dans
les entretiens pluſtoſt que la pompe, & la malice me rebutte encore plus que la bizarrerie.
Tout ce qui eſt éclattant n'eſt pas vtile, & les
plus belles choſes ne ſont pas touſiours bónes
à dire. Il n'y a que Dieu dont on ne puiſſe ia-

mais aſſez parler : tout le reſte laſſe & enhuye.
Qu'il ſe preſente de ſujets à nos entretiens,
ſans que les maiſons de nos voiſins nous
en fourniſſent. Eſt-ce bien parler que dire du
mal ? Eſt-ce diſcourir ſagement que de racon-
ter des folies. N'eſt-ce pas abuſer vne compagnie honorable que de luy debiter des fables
pour des veritez? Quãd aux nouuelles qui ſont
les charmes innocents de nos eſprits, ie dy que
ie blâme également vne curioſité exceſſiue &
vne incredulité vicieuſe. Qui ne ſe riroit de
ces faux Rapporteurs, qu'on voit durãt l'Eſté
s'aſſẽbler autour du cheual de brõze, & conter
là des euenemens inoüys comme s'ils auoient
receu des courriers exprez de tous les endroits
du monde Ils font mourir mille perſonnes qui
viuront encor bien long-tẽps, & ſouuẽt nous
perdons dans leur bouche vne bataille que
nous venons de gagner. Qui ne ſe mocque-
roit encor de ces autres éuentez qui croyent
eſtre de tous les Conſeils du monde, pource
qu'ils ſçauẽt vn peu de Coſmographie, & qu'a-
yant veu dans le Mercator où eſt l'Alſace, ils
penſent n'ignorer rien de ce qui s'y fait. Ils
prennent pour des oracles infaillibles tout ce
qu'ils ont ouy dire, & pour nous perſuader

qu'ils ont l'entrée du cabinet des grands, ils nous donnent pour effect ce qui n'est pas encor resolu. D'autres raisonnant sur les euenements passez nous monrrent comme presents ceux de l'auenir, & croyent faire passer leurs propheties ruineuses pour des veritez receuables. Mais si ces Charlatans sont dignes de blâme, ces obstinez ne le sont pas moins, qui croyent encor qu'Arras n'est pas pris, pource qu'Aire à esté repris par les Espagnols; S'il nous vient vne mauuaise nouuelle, ils la croyent auec plaisir; s'il en vient vne bonne, ils ne l'entendent qu'à regret. La Gazette de Cologne ou de Bruxelles leur semble vraye, pource qu'elle est étrangere; Celle de France leur paroist fausse pource qu'elle leur est domestique. A proprement parler ce sont des Castillans naturalisez dans Paris, ou des François pensionnaires de Madrit. Quel mal nous pourroit faire vn ennemy qu'ils ne tachent de nous faire, en nous donnant vne mauuaise impression de nos affaires, lors qu'elles sont dans vne tres-bonne constitution. Mais il ne faut pas traicter plus auant des discours à la mode, puis que ie dois faire vn Chapitre entier du stile Moderne. Ie suis

pourtant bien aife d'auoir montré à ma Patrie
que ie ne fuis point Efpagnol, quoy que ie fois
bon Caiholique, & que ie ne haïs pas moins
les faux zelés de cét Eftat que les Morifques de
Seuille. Les plus dangereux ennemis que
nous ayons, font ceux qui viuant toufiours
parmy nous, nous obligent de les aymer.

XXXVIII. Paffons de la fubftance de la conuerfation à fon acceffoire, ie **veux** dire à l'exterieur. Nous nous pouuons connoitre nous
mémes par ce qui eft au dedans de nous, mais
ceux que nous frequérôs ne nous peuuét con-
noiftre que par la feule apparence. Il faut toucher leurs yeux pour toucher leurs efprits. Ie
ne fuis pourtant pas de l'auis de ceux qui pa-
yent plus de mine que de ieu, & qui croyent rauir tout le monde en fe laiffant feulemét voir.
Ie connois quelques muguets qui n'oferoient
entrer dans vne compagnie, s'ils ne fortoient
d'vn cabinet de parfums, & qui ne fongent pas
à bien entretenir le Cercle, mais à fe tenir fur
leur bonne mine. Leur chapeau agit plus que
leur tefte, leurs éguillettes leurs pefent, & vous
diriez qu'ils ne portent pas des habits pour fe
couurir, mais pour fe découurir agreable-

ment. Voyez comme ils se pauonnent en
se regardant : Le soin qu'ils ont de tenir leur
botte cirée, leur fait oublier celuy de saluër les
honnétes gens , & vn collet leur donne plus
de peine à entretenir qu'vne illustre compagnie. Ie ne diray rien icy de ceux qui pensent
estre fort adroits en faisât le pied de gruë, tan-
tôt ils se mettent sur vne ferocité qui attire en
dédaignant ; Tantost ils adoucissent les yeux
comme des poupées , aprés ils les rendêt som-
bres comme ces portraicts des anciens Ce-
sars. Enfin ils montrent bien que leur esprit
est bien inégal, leur corps n'estant iamais dans
vne méme posture. Mais ie ne veux pas discourir plus long-temps de ce sujet, ny épuiser
dans la vie à la Mode, cette belle matiere qui
en fera les habillements. Enfin il me faut
quitter la conuersation pour venir à la solitude.

XXXIX. Quelqu'vn croira peut estre que ie
fais vne digression bien éloignée, parlant de la
solitude à la Mode, en vn têps ou les libertins
font estat de choquer l'estat Monachal, & où
l'on songe bien plus à se produire qu'à se ren-
fermer. Mais si l'on veut considerer que
comme il y à de vertueuses retraites du mon-

de, il y en a de vicieuſes, on trouuera que mon
diſcours va de droit fil, lors qu'on penſe qu'il
s'écarte. Ie n'ay donc garde de blâmer ces perſonnes, qui par vne loüable profeſſion ſe ſou-
trayent à la veuë des hommes, pour ne ſe pre-
ſenter qu'à celle des Anges. Quoy qu'elles ſoiēt
nées dans le monde elles n'y viuent point, &
leur conuerſation eſtant au Ciel, on a tort
de les cherſier ſur la terre. C'eſt d'elles
qu'on peut dire veritablement qu'elles ne
ſont iamais moins ſeules, que lors qu'elles
ne ſont qu'auec elles mémes, pource qu'elles
conuerſent auecque Dieu, ne conuerſant auec
aucune creature. Veritablemēt lors que r'être
dans vne Chartreuſe, ie n'ay point de peine à
croire que la Religion eſt le Paradis terreſtre
qui reſte aprés le peché, & que la grace peut
rendre ſolitaires, ceux que la nature auoit
creez ſociables. C'eſt là qu'on trouue le port
qui nous peut ſauuer de la mer du monde, &
cette ſacrée horreur que le ſilence nous im-
prime, nous donne vne ſatisfaction qu'on ne
ſçauroit exprimer par paroles. N'admirez-
vous pas ces grands hommes qui Pſalmo-
diant, ſemblent eſtre où leur eſprit s'éleue, &
non pas où le corps les affaiſſe. A voir leur

modeftie vous les prendriez pour des ftatuës
immobiles, & à voir les éleuations de leur
cœur, vous les prendriez pour de pures intelligences qui font tout Acte? Tout de méme ie
loüe extrémement la folitude de ces fages
Moraux, qui fans fortir du monde le quittent
par interualles, & font en effect dans le fiecle
comme s'ils n'y eftoient point. Il y a des
Chrefliens qui à l'imitation de leur maiftre
fortent des villes, pour s'entretenir heureufe-
ment dans les bois ou en des lieux écartez, &
pour entendre parler l'autheur de la Nature,
où toute la nature fe taift. Les Payens mémes
ont fait gloire de faire pour des confidera-
tions humaines ce que nous deuons faire
pour le Ciel. Seneque ne dit-il pas à fon
cher Lucilius qu'il doit fe recüillir en foy méme, & qu'il ne doit rien tant fuïr dans le monde que le monde méme. Il adjoûte qu'il eft
bien difficile d'eftre innocent viuãt parmy des
perfonnes vicieufes, & qu'il ne f'entre iamais dans fa maifon fi homme de bien qu'il
en eft forty. Il conclud enfin que d'eftre en
compagnie & en danger, c'eft tout vne méme
chofe.

XL. Mais auffi qui pourroit fouffrir ces faux
folitaires

folitaires qui font touſiours en compagnio,
quoy que la neceſſité ne les y oblige point, &
que la bienſeance le leur defende. Certains
Cloitres ſe treuuent quelquefois vuides pour
remplir nos maiſons. Sainct Hierôme à raiſon
de dire à vn Moine qui court trop; Interpretez
voſtre nom, mon frere, que faites vous dans
la foule du monde, vous dis-je qui faites
profeſſion d'eſtre feu ? Et ne ſert rien de dire
que le zele des ames vous emporte hors de
voſtre cellule ? ſeruez les, mais ſauuez-vous.
Quelquefois vous eſtes obligé de frequenter
le monde, mais non pas d'y eſtre touſiours.
Vous l'auez fuy, & maintenant vous le cerchez ! O déreiglement. Vn Paradis vous
ſemble vn enfer, & vn enfer vn Paradis. Enfin
i'admire vn beau mot qui eſt dans la vie des
Anachoretes, qu'vn Religieux hors de ſon
Conuent c'eſt vn poiſſon hors de l'eau. Il y
peut viure quelque temps, mais il y meurt enfin. Toutefois ce n'eſt pas à moy à faire le re-
formateur, mais ce n'eſt pas auſſi à moy a to-
lerer des defaux pource qu'ils ſont à la Mode.
Il eſt vray que comme Conſtantin diſoit qu'il
eut voulu couurir auec ſa pourpre les pechez
des Preſtres afin qu'ils ne fuſſent pas ſcanda-

leux, ie ne dois pas auſſi cenſurer les defaux de ceux qui font eſtat de la plus étroite voye de perfection. Et puis s'il y a de mauuais ſolitaires, il y en a bien plus de bons. Si les vns me choquent, les autres m'édifient. Les laiſſant donc là dans le reſpect, blamons ces faux hermites du ſiecle, qui ne gardent pas la ſolitude pour pratiquer la vertu, mais pour entretenir le vice. Les vns font comme Tibere, qui ne fuyoit la veuë de ſes ſubiets, que pource que ſes infamies n'oſoient ſouffrir méme l'éclat du Soleil. Ce n'eſt pas pour étudier que quelques-vns ſe retirent, c'eſt pour entretenir d'infames amours. D'autres paroiſſent ſages qui ſont hypocondriaques. Leur melancolie n'entretient pas leur eſprit : mais elle fomente vne haine inüeteree. C'eſt à ceux-là qu'on doit dire de prendre garde qu'en ne parlant qu'à eux mémes ils ne parlent aux plus méchans de tous les hommes. Pour moy qui crains leur preſence dans la retraite auſſi bien que dans le commerce, ie changeray de diſcours pour méloigner méme de leur memoire. Ainſi conſiderons les habits à la Mode, aprés la vie moderne, c'eſt à dire voyons l'apparence des hommes, aprés auoir veu les hommes mémes. Cette matiére ne fera pas fuperfluë, quoy que les veftements ne foient proprement que d'illuftres fuperfluitez.

LES HABITS A LA MODE.

AVEC L'APOLOGIE DV Manteau par Tertullian.

CHAPITRE III.

'Eft vn étrange déreiglement dans le monde, qu'on y faffe des fujets d'ignominie, vn fõds d'vne fauffe gloire. La neceffité de fe vétir eft vne des punitions du peché, & neãtmoins c'eft elle qui fait nôtre magnificence. En effet nous ne naiffons que couuerts de peaux comme des gens

Mm ij

condamnez aux mines, & nous sommes si di-
setteux de nous mémes, qu'il faut que les
béstes nous prestent dequoy couurir nostre
nudité. Cependant nous remarquons que les
habits sont les plus ordinaires entretiens de la
vanité, & le luxe ne s'attache pas tant à nous
qu'à ce qui nous enuironne. Les femmes ne
se picquent elles pas plus d'estre bien parées
que d'estre belles ? Les Latins n'appellent-ils
pas leurs atours vn Monde, comme s'ils vouloient dire qu'elles ne se croyent embellies que
lors qu'elles peuuent porter sur elles, tout ce
que l'vniuers peut auoir de rare. Les hommes
n'ayment pas moins la dépence en vétemens,
& plusieurs songét bien moins à garder les deuoirs de la justice qu'a s'ajuster. Vo' diriez que
l'ame ne leur est rien pource que le corps leur
est tout. Qui diroit à voir tant d'estoffes & de
modes differentes que ce soiét les marques de
nos supplices. Qui croiroit que la baue d'vn
ver ou l'excrement d'vn animal fasse le plus
haut ornement des creatures raisonnables ?
Cependant nostre bizarrerie est telle, que ne
trouuant point d'agréement dedans nous,
nous en cerchons hors de nous Bien loin de
dépoüiller le vieil Adam nous le reuétons da-

uantage. Nous n'auons garde de nous détacher de nous mêmes, veu que nous nous attachons, même à ce qui nous touche legerement.

II. Neātmoins comme les abus donnent quelquefois sujet de faire de bonnes coustumes, de l'intemperance des habits, les sages sont venus à vne iuste mediocrité. Ils ne sont ny chiches ny magnifiques. Ils ayment la propreté, mais non pas les parures des effeminez. En fin ils donnent tout à la necessité, mais la superfluité n'obtient rien d'eux. Nos François mêmes ont trouué moyen de diminuer les dépences des vestemens, en les rendant plus considerables par la forme que par la matiere. La iustesse leur est plus prisable que l'or & l'argent. Or quand i'approuue icy des Modes, qu'on ne pense pas que ie veüille loüer icy tous les caprices des extrauagants ou des fanfarons: ie tiens le party de la gentillesse, & non pas de l'impertinence. Aprés tout i'aime bien ma patrie, mais i'ayme plus mon deuoir. Mais aussi en ce qui ne le choque point, ie ne sçaurois choquer l'agrèement de tout le monde. Or pource que les Estrangers appellent legereté ce que nous appellons gentil, & que l'orgueil

de nos voisins fait passer nos Modes pour des
effects d'vne inconstance reguliere ; ie veux
faire voir icy que ces changements ne sçauroient repugner à la sagesse, veu qu'vn des plus
grands hommes du monde les a authorisez
par son exéple aussi bien que par son discours.
Ie parle de Tertullian, que ses ennemis mémes
n'ont iamais blâmé que d'auoir esté trop seuere, & qui dans l'Apologie du Mâteau semble
auoir fait celle de nos vestemens. I'en veux
faire icy vne parafrâse naïue, pour montrer
que Madrit blâme auiourd'huy ce que Carthage desapprouuoit sâs raison. On peut bien
faillir en suiuant tous les dogmes de Tertullian pour des matieres de foy, mais non pas en
l'imitant pour des choses indifferentes. Or
bien que Monsieur de Titreuille Docteur en
Theologie & Prieur de sainctMar, ait déja fait
vne traduction du méme traicté, également
docte & elegante, ie ne croy point l'offencer
en le suiuant, puis que le Priuilege du Roy qui
est inseré dans son liure m'empéche de le mettre icy tout entier comme ie le desirerois, &
que d'ailleurs i'auoüe que ie mets par tout son
sens, si la brieueté de cét ouurage ne me permet
pas de mettre toutes ses paroles. Voicy donc

comment ce grand homme que sainct Cyprien appelloit le Maistre, iustifie le changement qu'il a fait de la robe au manteau, & que
les Carthaginois censuroient, comme si la sagesse ne dependoit pas plustost du cœur que de
la superficie. La vertu s'attache à l'ame & non
pas à la matiere.

MESSIEVRS.

III.   Ie suis bien aise de voir que vostre bon-
heur égalle auiourd'huy vostre gloire, & que
les Romains ayant autrefois causé vostre
derniere infortune, ils contribuent maintenant à vostre felicité.   Carthage a esté de tout
temps la principale ville d'Afrique, & toute
cette grande Prouince s'estant assujettie à vne
de ses parties a fait des conquestes par tout le
monde. L'anciennecé vous rend illustres, mais
la nouueauté vous rend heureux.   Et certes il
faut bien que ce temps vous fasse jouïr d'vne
grande prosperité, veu que vous n'auez rien à
faire qu'à vous reposer, & que vostre occupation la plus tenduë, c'est de prendre garde à la
mode des habits. Ce loisir est vn fruict de la
paix & de l'abondance du pays, & l'on peut

bien iuger a vous voir dans cette haute tranquillité, que si le Ciel vous est fauorable, l'Empire ne l'est pas moins. Prenez garde neantmoins que vous ne tombiez dans le desordre
des mœurs parmy ces douceurs de la vie, &
que l'oisiueté ne vous emporte a de mauuaises
actions. Elle peut bien corrompre vostre volonté, veu qu'elle a déja corrompu vostre iugement. En effect en m'accusant de legereté,
vous ne prenez pas garde que vous vous ac-
cusez vous méme, & que vous chocquez la
Robe, en attaquāt le Manteau. Si ie viens pre-
sentement de changer d'habit, vous en auez
changé autrefois, & si vos ancestres ressusci-
toient, ils ne sçauroient s'il faudroit prendre
les Grecs & les Romains pour de vrays Carthaginois, ou les Carthaginois pour des
Grecs & des Romains.

IV. Autrefois on portoit icy des tuniques, où
l'on ne sçauoit qu'admirer plustost, ou la delicatesse de la tissure, ou la viue bizarrerie des
couleurs, qui dans leur diuersité faisoient vn
parfaict temperament pour releuer le lustre
de leur sujet. Au reste la façon n'en estoit pas
moins curieuse que l'estoffe, & elles couuroient le corps auec vne mesure si iuste, qu'il
paraissoit

paraiſſoit bien que l'art auoit imité parfaictement la nature. Elles ne deſcendoiēt point au
deſſous des cuiſſes, ny ne s'enfermoient entre
les genoux contre la bienſeance, les bras n'en
eſtoient point trop reſſerrez, ny les mains em-
peſchées en leurs fonctions ; au contraire il
ſembloit que leur charge les ſoulageoit, & que
plus ils eſtoient apparament contraincts:
plus ils auoient de liberté. On ne ſe ſoucioit
point de ceintures en ces temps-là, pource
que les plis des tuniques ſe ſerroient aſſez
d'eux mémes, & comme elles eſtoient carrées
dans vne parfaicte iuſteſſe, elles ſe portoient
auec tant de facilité pour les perſonnes, qu'elles ſembloient pluſtoſt des parties du corps,
que des ornemens externes. On mettoit vn
manteau par deſſus qui auoit auſſi quatre angles, & qui des deux coſtez ſe replioit vers le
col, & y tenant à vne agrafe qui le ſuſpendoit
en l'air quelque peſant qu'il fut, il ſe repoſoit
directement ſur les épaules, méme lors qu'on
le remuoit.

V. C'eſt de cette ſorte de manteau que les
Preſtres d'Eſculape que vous reuerez de nou-
ueau, auoient accouſtumé de ſe couurir:
Cette fameuſe cité qui a donné le nom à Ca-

ton, & qui eſt comme la ſœur de Carthage
vſoit de la meſme ſorte d'habillement, & cette
Tyr qui de l'Aſie ſemble auoir paſſé dans l'A-
frique receut de nous cette Mode de ſe veſtir
en nous donnant des colonies. Mais aprés que
l'Vrne fatale à tous les Eſtats du monde, cût
eſté balotée d'vne autre façon par cette puiſ-
ſante main qui fait le deſtin des choſes, & que
Dieu commença à diſgracier les autres peuples pour fauoriſer les Romains; l'Afrique
changea de face en changeant de maiſtre, & il
ne ſe faut pas eſtonner que les habitans des
villes ayent perdu leurs couſtumes anciennes,
veu que leurs villes ont perdu leurs habitans.
Vtique neantmoins fut la premiere qui changea volontairement d'habit pour ſaluër Sci-
pion par auãce, en prenãt ſes liurés lõg-temps
deuant ſa venuë, & le rendre ainſi vainqueur
auant qu'il cut veu ſon Ennemy. Enfin elle
ſe rendit promptement Romaine, deuant que
les Romains tachaſſent de moyenner ſa redi-
tion; vous euſſiez dit qu'elle auoit peur de
n'eſtre pas aſſez toſt malheureuſe, car elle mit
ſon honneur à ſe voir de ſon bon gré dégradée
de ſa gloire.

VI. Pour vous autres, Meſſieurs, il eſt vray

que vous n'auez pas receu l'habillement des
Romains par élection, mais par violence.
Ils vous ont osté la liberté deuant que de
vous oster vos coustumes, & vous n'auez
quitté vos habits, qu'aprés auoir esté contraints d'abandonner vostre ville qu'on auoit
reduite en cendre. Vous estes pourtãt blâmables en ce qu'estãt maintenant Romains, vous
prenez pour grace l'affront signalé qu'ils vous
ont fait, & vous estimez beaucoup honorez
d'estre vestus à la Romaine, quoy que cét
auantage soit vn monument perpetuel de
vostre infamie. Vous pensiez vous tenir au
faiste de vostre grandeur en dépoüillant la
vieillesse, mais vostre estat est mort pensant
rajeunir, & vostre pouuoir vous a quitté deuant que vous quittassiez vos Modes d'habillemens. En effect la robe n'a eu de la vogue,
qu'aprés les infames presages de Gracchus, qui
menant de Rome vne colonie à Carthage en
intētion de la rebastir, vit démolir la nuict par
des loups ce que les hõmes auoiēt fait durant
le iour. Vous l'auez prise aprés les sanglants
affronts que vous fit Lepidus, traictant les
Romains dans Carthage auecque plus d'inso-
lence, que les Romains n'auoient traicté les

Nn ij

Carthagenois. Vous l'auez prife aprés les ra-
uages que Pompée exerça autour des trois
autels d'Afrique, & aprés le long fejour que
Iules Cæfar y fit pour vaincre Romé dans Carthage, comme Carthage auoit autrefois efté
vaincuë de Rome. Enfin vous la priftes aprés
que Statilius Taurus eut releué vos murailles
qu'vn autre auoit abbatues, & que l'Augur
Sentius Saturninus eut confacré la colonie
par fes facrileges ceremonie; Par ou l'on peut
remarquer que les Romains ne vous prefen-
terent la robe qu'aprés auoir quitté la cuiraffe,
& que s'ennuyant des broüilleries d'Eftat, ils
fe refolurent de viure en paix auecque ceux à
qui ils fembloient auoir declaré vne guerre
perpetuelle.

VIII. Cependant, O Dieu immortel! que
cette Robe a fait de chemin en peu de temps.
Elle a paffé des Grecs aux Lydiens, des Lydiens aux Romains, pour paffer des épaules
du plus illuftre peuple du monde fur celles des
Carthaginois, & vous rendre efclaues par vn
pretexte fpecieux en vous rendant en apparence compagnons de vos vainqueurs. Depuis ce temps-là vous portez vne tunique plus
longue, que vous attachez par vne ceinture à

la Mode qu'il vous plaiſt, & au lieu du manteau carré que vous portiez, vous en portez
maintenant vn rond, & qui eſt ſi ample, qu'il
vous le faut appuyer par vn ramas de tous ſes
plis, & vous incōmodez ainſi pour vous veſtir
plus commodément à la façon des Romains.
Or quoy que vous penſiez que cette Mode
d'habits vient de leur inſtitution, & que la diuerſité des conditions & des dignitez & l'exigence du tēps méme cauſent beaucoup de varietez en vne méme ſorte d'habillemens, ſi eſt-
ce que la robe eſt touſiours vne eſpece de
manteau, & que vous admirez dans les Romains ce que les Romains admiroient autrefois en vous. En effect vos predeceſſeurs
eſtoient habillez comme moy; ſi vous ne vous
en ſouuenez pas, les hiſtoires ne les ſçauroient oublier, & ie ne crois pas pecher en imitant ces grands Heros qui ont paru dans cette
ville, pluſtoſt que les veillaques de noſtre
temps.

IX. Ce n'eſt pas le premier mécoñte ou vous
ſoyez tombez, Meſſieurs, vous vous eſtes autrefois étonnez de voir des choſes qui vous
eſtoient fort familieres. Carthage que Rome
méme ſa riuale a fait appeller la plus guerriere

Ville du monde, a introduit, comme on tient,
le Belier dans l'vſage de la guerre ; Ie ne
parle pas de cét animal que Laberius nous décrit qui cōbat auec des cornes, & qui eſtāt tout
couuert de laine traine des teſticules, mais
pluſtoſt d'vne machine qu'on fait d'vne pou-
tre, & qui n'eſtant que de bois, abbat pourtant
les murailles de pierre les plus difficiles á
ébranler. Ce n'eſt qu'vn ſeul inſtrument,
mais il fait quelquefois plus d'effect que pluſieurs legions de ſoldats. Ce furent donc les
Carthaginois qui s'en ſeruirent les premiers
comme d'vne de leurs inuentions, & ils prirent l'idée de cette effroyable machine, ſur la
colere du Belier qui frappe auſſi bien qu'il ſe
deffend auec ſes cornes, & qui n'eſtant que
douceur quand on le flatte, n'eſt que furie
quand on l'aigrit.

X. On voit par là que l'impetuoſité de la machine dont nous parlons eſt comme vn effet
de la bile d'vn animal, & que vos predeceſſeurs n'ont pas eſté moins ſubtils que genereux pour attaquer & pour ſe deffendre.
Quoy que cela ſoit ainſi, neantmoins lors que
Carthage approcha inſenſiblement de ſa fin,
& que le Belier eſtant deuenu Romain em-

ploya sa force contre les murs d'vne ville, où il auoit autrefois receu l'estre, & se rendit vostre ennemy de domestique qu'il estoit; les Carthaginois furent incontinêt surpris, n'ont pas tant d'apprehêtion qu'ils euffêt de toute vne armée estrangere, que d'étonnemêt de voir vne si furieuse machine , qui se mouuant par artifice sembloit se mouuoir d'elle méme. Ils prirent vne de leurs inuentions pour vne inuention estrangere, tant il est vray que la longueur du temps change les choses de telle sorte, que les plus vieilles paraissent nouuelles, comme celles qui sont nouuelles ne tardent gueres a estre vieilles. C'est ainsi qu'on ne connoist plus le manteau à Carthage, où la robe a esté si long-temps inconnuë. Mais nous faisons bien de le prendre pour vne chose qui vient d'ailleurs: Car si c'estoit celuy de nos deuanciers , il rougiroit de honte tout insensible qu'il est & se facheroit de se trouuer parmy des Romains, appartenant de droict aux Carthaginois.

XI. Mais ie me veux deffendre par raison, aprés m'estre deffendu par authorité. Vous me censurez, Messieurs, pour auoir chãgé d'habit; il vous faut donc blâmer toute la nature qui en change ordinairement. Vous diriez que ce n'eſt pas tant ſa charge de conſeruer les choſes que de les metamorphoſer en quelque façon. Or elle s'aquitte de ſon deuoir par le miniſtere du monde où nous habitons, qui ayant pris ſon nom de ſa beauté, ſemble prendre ſa beauté du changement. Laiſſons icy au Philoſophe Anaximandre à rechercher s'il y a pluſieurs mondes comme il le croit, ou s'il ny en a qu'vn ſeul comme nous le deuons croire; s'il y en a vn autre que celuy-cy vers les Meropes, comme Silene veut le perſuader à Midas, qui a les oreilles aſſez grandes pour entendre encor de plus grandes réueries. Ie veux méme que Platon en mette deux, l'vn original, & l'autre exemplaire, l'vn increé, l'autre produict. Il eſt certain neantmoins que celuy dont le noſtre n'eſt que l'image, n'a pas moins beſoin de ſe changer que le noſtre, ou il faut dire que l'original n'a point de raport à ſon exemplaire, & que l'exemplaire ne reſſemble point à l'original.

XII. Et certes ſi ce monde eſt compoſé de differentes parties qui ne font qu'vn méme tour, & ſi nous remarquons vne infinité de diuerſes operations dans l'œconomie de ſa conduite, la face de ce monde Archetype ne peut

eſtre

eftre vniforme , & il n'eft pas proprement
monde , s'il n'a ny la nature ny la figure du
monde. Or fa nature n'eft autre que de changer toufiours de face. C'eft par là qu'il allie
les chofes contraires , & le changement y a
tant de pouuoir , que comme de deux chofes
diuerfes il n'en fait qu'vne , il en fait aufïi d'vne
plufieurs differentes. Enfin c'eft par la que
des fujets oppofez s'accordent , que la multitude fe reduit à l'vnité, & que la viciffitude qui
fait paffer toutes les chofes femble compatir
auec leur fubfiftance perpetuelle. Il faut donc
conclurre qu'il n'y peut auoir de môde qui ne
change, veu que la diuerfité compofe tout le
corps de fon effence, & que la contrarieté que
caufe la viciffitude , forme fa plus parfaicte
œconomie.

XIII. Mais laiffons à part les idées de Platon
pour dire de folides veritez. Ce monde où
Dieu nous à logez durant noftre pelerinage,
eft fi changeant tant en tout comme en partie,
qu'on ne laifferoit pas d'en apperceuoir les varietez quand on y verroit encore moins que le
bon Homere. Le iour & la nuict s'entrefuiuët,
le Soleil acheue fon tour dans vn an par des
ftations regulieres , mais il ne finit fa courfe

que pour la recommencer. La Lune est si su-
jette au changement qu'on la prend pour la
même varieté. Elle prend vne infinité de vi-
sages en vn seul mois, & n'est iamais égale à
soy même que dans l'inégalité. A regarder
maintenant cette confusion distincte d'Estoil-
les qui paroissent au Firmament, n'est-il pas
vray qu'elles semblent mourir quelquefois en
disparaissant, & qu'aprés elles ressuscitent en
se leuant? Le Ciel paraist reluisant durant le
beau temps, & sombre quand il arriue de
mauuais iours. On se plaint quelquefois de la
secheresse, d'autrefois les pluyes font des délu-
ges, & la grelle se precipite auecque beaucoup
de bruit si la rosée coule auecque douceur. Enfin on voit quelquefois en vn même iour des
brouillards & vne parfaicte serenité, & il y a
des gouttes d'eau qui ne semblent que tomber du Ciel, que pour annoncer la venuë
du beau temps aux habitans de la Terre.

XIV. Que si le Ciel qui est incorruptible est
sujet au changement, que déuons-nous penser d'vn Element dont l'essence est d'estre toujours mobile, & qui ne s'arreste que dans le
dessein de ne s'arrester iamais? I'entends parler de la mer, dont l'infidelité doit estre bien

dangereuse , veu que sa fidelité même
s'est renduë infame a cause qu'elle est sus-
pecte. Quelquefois elle est platte comme
vn lac,& d'autrefois plus grosse qu'vne mon-
tagne. Elle semble douce lors qu'elle est
calme, & que les vents la frisent au lieu de la
souleuer,mais elle deuient furieuse en vn moment,& ces vêts qui la laissoient presque aussi
immobile que la Terre, la font quasi mettre
aux nuës,& descendre iusqu'aux abismes. Ne
vous asseurez donc pas trop quand vous la
voyez paisible, elle peut bien-tost vous faire
la guerre:si elle modere ses flots, elle les peut
abandonner a leur impetuosité naturelle. Elle
n'inquiete iamais plus dangereusement les
hommes qu'aprés qu'elle s'est reposée.
XV. Si vous regardez la Terre, vous trouuerez qu'elle a de l'inclination pour prendre à
certains temps vne nouuelle robe, & qu'elle
fait par vn instinct aueugle ce que nous faisons par Raison. Certes à voir ses changemens on diroit que ce n'est pas ellemême, veu
qu'elle prend tous les iours de nouuelles formes. Vous vous souuenez qu'elle estoit verte, vous voyez cependant qu'elle a jauny, &
vous la verrez bien-tost blanche durant l'hy-

uer, fi durant l'Efté elle a pris toutes autres
fottes de couleurs. Ses autres ornemens ne
laiffent pas d'eftre changeans quoy qu'ils femblent plus durables. Nous voyons couler
des rochers auec des torrents, & les épaules
des montagnes, s'il m'eft permis de parler
ainfi, defcendent dans les valées auecque les
fleuues qui fortent de leurs entrailles. Les
fources des fontaines fe tariffent, aprés auoir
jetté grande abondance d'eaux, & ayant fait
des canaux pour fortir du fein de la Terre,
elles en font d'autres pour y r'êtrer. C'eft ainfi
que l'Eau nous trôpe, nous faifant trouuer de
la fechereffe ou il n'y auoit qu'humidité, & de
l'humidité ou il n'y auoit que fecherefse. Que
diray-je des riuieres qui aprés auoir roulé
leurs eaux fur la fuperficie de la terre s'enfon-
cent dans fa profondeur, & femblent s'ancan-
tir en quelques endroits pour fe reproduire en
d'autres?

XVI. Ces changements n'arriuent pas feulement en vn feul lieu de l'vniuers ; On a veu
changer autrefois toute la face de ce bas monde, quand le deluge fembla conuertir tous les
Elemens en eau, & qu'il couurit toute la terre
de vagues, pour étoufer les feux impudiques

de ſes habitans. Les conques marines & les
trompes des poiſſons, qui ſont encor auiour-
d'huy éparpillées ſur les montagnes, nous produiſent des marques d'vn éuenement qu'on
a veu dans vn autre ſiecle, & ſemblent vouloir
prouuer a Platon que les plus hautes parties de
la terre furent couuertes d'eaux comme les
plus baſſes, & que le deluge n'épargna non
plus ſes éninences que ſes abiſmes. Les eaux
s'eſtant écoulées le monde ne laiſſa pas d'eſtre
dans vn flux perpetuel. Il s'eſtoit ſauué des
dangers de l'eau, mais il ne pût ſe ſauuer des
impreſſions du changement. En vn mot il ne
reprit ſa forme que pour en prendre vn autre.
Il commençoit d'eſtre le méme, lors qu'incontinent il ceſſa de l'eſtre.

XVII. Nous voyons méme de nos iours que
ſi la terre ne ſe change pas generalement ſuiuant toute ſon étenduë, elle ſe change par parties, & quelques lieux ſouffrent des metamorphoſes, quand les autres demeurent dans vne
méme conſtitution. Cela arriue quand ſon
aſſiette eſt offencée, & qu'on l'ébranle en quelque façon toute immobile qu'elle eſt. En
effect outre qu'elle reſſent de la violence par
cés émotions interieures qui cauſent les trem-

blemens, la Mer qui eſt ſa riualle tache de gagner quelque auantage ſur elle, & obſeruant
neantmoins quelque ſorte de iuſtice, elle découure vne terre où il n'y auoit que de l'eau,
lors qu'elle fait qu'il n'y ait que de l'eau, où il
n'y auoit auparauant que de la terre: Delos a
eſté autrefois vne des plus celebres Iſles du
monde, maintenant elle ne ſubſiſte que par
ſon nom qu'on voit couché dans les hiſtoires. Samos qui contenoit de ſi grandes villes,
n'eſt à preſent qu'vn peu de ſable ; en quoy
l'on peut voir que la Sibylle ne diſoit rien de
fabuleux, en prediſant que Samos ſeroit quelque iour du ſable, & que cette autre Iſle que les
Grecs nomment paraiſſante diſparaiſtroit
pour iamais.

XVIII. Les hommes cherchent encor auiourd'huy dans l'Ocean athlantique vne autre
Iſle, dont la grandeur égaloit celle de l'Affrique & de l'Aſie, & ſont bien étonnez de voir
que la moitié du monde habitable ne ſoit
maintenant habité que des poiſſons ou des
animaux amſiuies. L'Italie méme trouue à
dire vne de ſes plus belles moitiés, ie veux
dire ce continent ou des mers Adriatiques &
Toſcane ont mis de la diuiſion, coupant la

terre par le milieu, & la couurant toute d'vn
cofté ont fait vne Ifle du refte. Cette portion
de terre ne pouuant fouffrir de fe voir feparée
de fon Tout, femble fe vanger contre les
flots en les refferrant & les tenant dans la contrainte, parmy leurs plus libres & plus impe-
tueufes agitations. De là vient que les vagües
ne pouuant s'eftendre des deux coftez, employent leur violence contre les fonds & font
des abifmes, ne pouuant faire des deluges. On
dit mème que cette cofte de mer a cette mauuaife proprieté qu'elle nefe contente pas de faire faire naufrage à ceux qui paffent par là,
mais qu'encor elle les deuore abfolument,
au lieu de les reuomir comme font les autres
mers.

XIX. Mais il ne faut pas penfer que le Continent foit plus immuable que les Ifles, quoy
qu'il femble moins fecoüe, & la Terre ferme
fouffre autant du feu que de l'eau. Les flammes du Ciel la confomment d'vn cofté, & ces
incendies éternelles qu'elle entretient dans fes
entrailles la detruifent de l'autre. Regardez
la Palefline qui eft vn des plus doux climats du
monde, & qui neautmoins femble eftre vn
vray fpectacle d'horreur. Quoy que le Iordain

paſſe pour le plus fertile de tous les fleuues, ſi eſt-ce que du coſté qu'il ſepare la Syrie d'auecque la Paleſtine, on y découure vn pays deſert & inabité. Il n'y a point de champs cultiuez, & vous diriez que c'eſt vn Enfer Terreſtre, s'il y a eu autrefois vn Paradis de même nom.

XX. Neantmoins on dit qu'anciennement c'eſtoit vn lieu fort peuplé; les villes y eſtoient auſſi frequentes que les villages le font ailleurs, on ne parloit lors que de ce pays, au lieu que maintenant on n'en fait plus de mention que pour l'appeller execrable. La beauté d'vn ſi doux ſejour rendit les habitans voluptueux aprés les auoir rendus faineans, de telle ſorte que Dieu chaſtiant iuſtement leur luxe, ne ſe contenta pas de les effacer de la face de la Terre, mais encor il effaca la face de la terre même. La brutalité de leurs feux merita d'eſtre eſteinte auec des pluyes de feu. Or ce lieu que le Ciel ne regarde auiourd'huy que dans ſa colere, c'eſt l'eſpace ou eſtoit autrefois Sodome & Gomorrhe, qui ne ſont plus maintenant que dans les hiſtoires, & vous diriez que Dieu ne veut pas qu'on s'oublie de leur incendie, ne permettant point que la terre y produiſe y produise autre chose que des cendres. C'est proprement renouueller tous les iours vne ancienne punition.

XXI. Le feu du Ciel n'a pas seulement agy sur la terre, mais encor sur la mer qui en est proche. Ces eaux qui estoient autrefois si viues ne respirent que la mort, & les poissons ny reçoiuent l'estre que pour l'y perdre. Enfin c'est vne mort vitale, ou vne mort viuante. Mais ces flammes vengeresses n'ont pas moins éclatté dans la Toscane que dans la Palestine. Les Vulsiniens y furent bruslez auec leur ville, & ce n'est pas tant par leur vie qu'ils sont conneus, que par la façon effroyable de leur mort. I'estime donc que la Champagne d'Italie deuroit bien craindre pour ses villes, veu qu'outre qu'elle est menacée des feux du Ciel, elle est tousiours consumée de l'ardeur de ceux de la terre. Elle entretient des incendies qui la destruisent, & puis qu'ils ont consumé cette fameuse ville à qui Pompée donna son nom aprés l'auoir magnifiquement bastie, ils n'épargneront pas celles qui sont de moindre importance. Mais à Dieu ne plaise que nous apperceuions iamais de si funestes euenemens, & que nous soyons plus obligez

P p

à voir des embrasemens generaux deuañt la
consommation des siecles. Dieu veüille encor que l'Asie puisse estre asseurée aprés auoir
esté si furieusement ébranlée, & que la Terre y
ayant presque englouty toutes choses n'y en-
gloutisse plus rien. Ie sois souhaitter pour
l'Affrique ce que ie viens de souhaiter pour
l'Asie, Dieu veüille donc qu'elle ne soit plus
côtrainte d'ouurir ses entrailles pour en faire
des gouffres à ses enfans; qu'elle ait esté assez
expiée par le passé sans l'estre encor à present,
& qu'on n'y voye plus perir personne, aprés
y auoir veu perir l'armée entiere d'vn con-
querant.

XXII. Il y a beaucoup d'autres accidents
desauantageux, qui ont pareillement changé
la face du monde, & qui nous ont fait voir
des hommes estrangers dans leurs maisons
& bannis dans leur pays. Les guerres principalement, dont la licence semble estre toute
puissante, pource qu'elle est authorisée par les
armes, ont souuent produit de ces effects extraordinaires, & quoy que ce soit vn sujet funeste, ie ne laisse pas d'en faire mention, puis
qu'il a causé la reuolution des Royaumes.
Qui pourroit dire combien ils ont changé

depuis le regne de Ninus fils de Belus, si toutesfois c'est Ninus qui ait regné le premier,
suiuant l'opinion de vos plus anciens autheurs; il est certain pour le moins que vous
ne recherchez pas plus auant l'origine des
monarchies, & qu'il n'est pas de merueille que
vous soyez dans l'erreur, vostre science ne se
fondant que sur l'opinion. D'autres historiens
rapportent aux Assiriens l'establissement des
Estats, mais les Chrestiens qui feuillettent
plus les liures de Dieu que des hommes commencent leur cronologie par le commencement des temps, au lieu que les autres commencent la leur au milieu.

XXIII. Mais ne parlons plus de ces deplora-
bles reuolutions que les guerres ont causées,
pour ne parler desormais que des sujets agreables. Les choses qui plaisent ne laissent pas
d'estre changeantes, veu qu'ordinairement
leur plus parfaict agreément vient de leur me-
tamorphose. Ne voyons nous pas que si par la
vicissitude, la nature destruit certains sujets
elle en reproduit d'autres en leur place. La
mer cause beaucoup de naufrages, & l'air engendre quantité de feux & de tourbillons.
La terre absorbe plusieurs choses, & le

glaiue extermine ce que le gouffre auoit épargné. Mais pourtant le Monde tire du gain
de ſes pertes, il voit remplacer à la foule
tout ce qu'il y a de vuide dans les eſpeces, &
vous diriez que la deſtruction qu'ils ſouffrét
n'eſt pas vn deſauantage pour elle, mais vne
vſure. Ce qui ſemble s'en aller d'vn coſté reuient de l'autre, & c'eſt icy que la nature
nous monſtre qu'il y a quelque retour à l'habitude contre le dogme des Phyſiciens.

XXIV. Au reſte la terre qui eſt maintenant
habitée, méme en des lieux que les anciens
eſtimoient inhabitables, eſtoit fort peu peu-
plée au commencement, quoy qu'elle n'eut
pas moins d'eſtenduë qu'auiourd'huy. Elle
eſtoit preſque inutile, eſtant vuide d'hommes
qui la peuſſent cultiuer pour en tirer leur
nourriture. Que s'il y auoit quelque peuple
qui eut commencé à faire nombre, il ne faiſoit
pourtant qu'vne petite multitude, & ne viuoit
qu'à ſoy, au lieu que maintenant les perſonnes
particulieres doiuent viure à tout le monde.
Aprés on s'auiſa de tirer tribut de la terre en
luy donnāt vne nouuelle forme, & de la rēdre
feconde en luy déchirant les entrailles. Ainſi
au lieu que les hómes n'auoiēt que de la diſette,

ils n'eurent plus que de l'abõdance, & leurs es-
peráces se multipliant auec les fruicts de leurs
mains, ils allerent chercher de nouuelles terres
pour trouuer de nouuelles occupations.
C'estoient comme des greffes & des reiectons
d'où beaucoup d'autres peuples deuoient
prendre leur origine, & les villes en produi-
rent d'autres par tout le monde.

XXV. On vit suiuant cela vn Essais de nations, qui regorgeant dans leur pays s'alloient
décharger dans les Prouinces des autres; C'est
ainsi que les Scythes entrerent en grand nombre dans la Perse, les Pheniciens se répandi-
rent dans l'Affrique, les Grecs firent naistre les
Romains. La Race des Chaldeens entra dans
l'Egypte pour faire cõmerce auecque ses habitans, mais enfin rompant auec eux ils s'ap-
pellerent Iuifs. La posterité d'Hercule a peuplé le Peloponese comme les fables nous l'apprennent aussi bien que les histoires, & ce fut
Themene qui s'en estant saisi le premier y fit
aussi les premieres colonies. Les Ioniens qui
suiuoient Nelée, bastirent dans l'Asie quantité
de belles villes, & les murailles de Syracuze
sont les monumens de la marche des Corin-
thiens sous la conduite d'Archias, qui estant

entré fans refiftance dans la Sicile, voulut que
deformais ceux qui feroient aufli entrepre-
nans que luy, y trouuaffent vn obftacle.

XXVI. Mais c'eft en vain que nous employons l'antiquité, pour prouuer vne chofe
que noftre fiecle nous démonftre. Ne fon-
geons pas au paffé, mais au prefent. Nous fommes dans vne bonne confiftance, & cependant nous voyons nos reuolutions. Qui
pourroit dire combien le monde a receu d'a-
uantages de noftre temps qu'il auoit autrefois
perdus. On a releué fes dechets & reparé toutes fes breches. Enfin vous diriez que c'eft vn
monde nouueau, quoy que ce ne foit que le
vieil. On a bafty vne infinité de Villes pour
celles qui auoient efté demolies. On a aug-
menté celles qu'on n'auoit fait qu'amoindrir,
& on en a recouuré d'autres qui auoient long-
temps demeuré perduës. Ce font des effects
de la puiffance de ces trois Princes qui gouuernent vn méme Empire, & qui nous font
voir par vn miracle nouueau qu'il y peut auoir
trois Souuerains dans vn throfne, comme on
vit autrefois trois Soleils dans vn méme Ciel.
Durant le regne de ces trois Empereurs, qui fe
maintiennent dans vne parfaicte vnion, &

que Dieu fauorife toufiours d'vne façon particuliere pour le bien general du monde, on ne
fçauroit dire combien d'enrollemés on a faits
pour remplir de nouuelles colonies, qu'elle re-
formation on a apportée dãs tous les peuples
qui releuent de l'Empire, quel luftre ont receu
les principaux ordres de cét Eftat, & combien
de barbares on a chaffé meme de leur pays, au
lieu qu'auparauant ils nous venoient chaffer
du noftre. C'eft ce qui me fait dire fans flatte-
rie que tout le monde n'eft qu'vn champ, que
cét Empire cultiue comme vn bien qui luy
appartient. On la épuré de toute forte de venin, on en a deraciné toutes les ronces, il ne fera plus obligé a porter de mauuais fruicts, veu
que ces Confidés infidelles qui le gaftoiẽt font
aufli bien detfaicts que les ennemis. Enfin il
fera deformais fi delicieux, que les Iardins
d'Alcinoüs ne fembleront plus que defagrea-
bles, & en voyant de fi beaux fruicts fous Seuere, les fleurs de Midas nous feront moins
qu'indifferentes. Ie conclus donc aprés ce
difcours, que fi Carthage approuue le changement de tout le monde, elle ne doit pas defap-
prouuer celuy de l'homme, ny blámer dans la
partie ce qu'il loüe dans le Tout.

XXVII. On peut remarquer encor que le changement regne parmy les animaux, auſſi bien que parmy les choſes inanimées. S'ils ne changent pas de robe, ils changent pourtant de figure, quoy qu'à parler veritablement leur figure ſoit leur robe. Le Pan n'eſt-il pas reueſtu de plumes cõme d'vn habillement fort rare, & n'eſt il pas tous les iours mieux couuert que les hõmes ne ſont aux iours de ceremonie? Nous ne produiriõs qu'vne fois l'ã, les ornemens qu'il produit a toute heure. Son col eſt plus vif que l'écarlatte, & c'eſt vne merueille de voir vne couleur ſi haute & ſi fleurie tout enſemble. Son dos eſt plus reluiſãt que le brocatel, & on prendroit ſon plumage pour de l'or, s'il n'auoit plus de legereté que l'autre n'a de peſanteur. Sa queuë s'eſtend auec plus de magnificence, que ces habits qu'on traine pluſtoſt qu'on ne les porte, & qui couurent la terre auſſi bien que les perſonnes. Enfin on ne ſçauroit mieux repreſenter la diuerſité de ſes couleurs, qu'en diſant qu'on ne les ſçauroit reconnoiſtre toutes diſtinctement. Vous diriez qu'a méme temps il en pert, & qu'il en acquiert de nouuelles. Ce n'eſt iamais vn méme oyſeau, ſemblant touſiours eſtre autre

u'il

qu'il n'eſtoit auparauāt quoyqꜧce ſoit toûjours
le méme, voire lors qu'il ſēble eſtre autre. En
vn mot, il ſe chāge autāt de fois qu'il ſe remuë.

XXVIII. Il ne faut pas oublier le ſerpent parmy les choſes changeantes, & quoy que ie n'en
parle qu'aprés auoir fait mention du Pan, il eſt
certain neantmoins qu'il deuoit icy tenir le
premier lieu, puis qu'il le tient parmy les ſujets
muables. En effect il change d'aage auſſi bien
que d'habillemēs, & vous diriez qu'il ne prēd
pas ſeulement vne nouuelle figure, mais encor
vne nouuelle eſſence. Il quitte vne vieille peau,
pour en prēdre vne qui le rajeuniſſe, & ſemble
rappeller la vigueur de ſa jeuneſſe, en laiſſant
toutes les marques de ſa vieilleſſe paſſée. On
dit que lors qu'il ſe ſent de la caducité, il s'en-
gage dans quelque ouuerture eſtroite, & s'efforçant d'entrer en vn lieu dont l'iſſuë
eſt difficile, il ſe racle pour ainſi dire ſoy
méme, quoy que ce ſoit le deſtroit du lieu qui
l'écorche. Enfin laiſſant là ſes dépoüilles comme des choſes anciennes & ſuperfluës, il paroiſt tout nouueau, & s'eſtend auec des écailles, qui n'auroient point de ſemblables en
beauté, s'il ne nous en monſtroit diuerſes
fois de pareilles. C'eſt ainſi qu'il reuoque les

années qui se sont déja écoulées, & les quitte aussi facilement qu'elles nous quittent, & comme de ieune il estoit deuenu vieil, de vieil il deuient incontinent ieune.

XXIX. Cela vous semble prodigieux, mais vous ne l'estimerez pas incroyable, si vous considerez que l'Hyene châge tous les ans de sexe, au lieu que le serpent ne change que de figure. La nature bizarre de cét animal qui est alternatiuement masle & femelle, nous faict voir qu'il y a des hermaphrodites parmy les brutes aussi bien que dans nostre espece. Ie ne veux point faire mention du Cerf, qu'on croiroit estre l'arbitre particulier de sa vie, parmy les dispositions generales de la prouidence de Dieu. Il semble determiner le temps qu'il doit viure, & préd vn remede pour sa guerison que nous prenons pour mourir. Quand il sent que les forces luy manquent insensiblement, il auale vn serpent & se cause vne langueur par la violence du venin, afin de se causer vn doux raieunissement. C'est ainsi qu'il subsiste en defaillant, & qu'il recouure sa force par le moyen de sa foiblesse. Il y a encore vne beste à quatre pieds, dont la pesanteur a marcher égale la petitesse de sa taille. On la trouue

parmy les champs auec vne peau si rude,
qu'encore qu'on se rie d'vn si petit corps on a
quelque crainte de l'approcher. Vous croyez
peut-estre que ie vous veux representer la
Tortue de Pacuuius, qui marche pour ainsi dire sans se bouger. Mais ce n'est pas de cét animal que ie parle, mais d'vn autre qui porte vn
grand nom, quoy que ce soit vn des plus petits
animaux de la nature.

XXX. Et certes si vous ignoriez la composition du Cameleon, vous trembleriez au premier recit qu'on vous en feroit, vous imagi-
nant que ce seroit vn Lion, & quelque chose
dauantage; mais si vous rencontriés cét Atome
viuant, tout caché dans vne vigne sous la moitié d'vne feuïlle, vous vous mocqueriez sans
doute de l'effronterie des Grecs, qui ont osé
bailler vn tiltre si haut à vne creature si basse.
En effect son corps est épuisé de toute sorte de
suc, qui neantmoins ne manque point aux
moindres insectes, & pour dire tout en vn
mot, c'est vne Pellicule, qui vit, quand on parle
de la vie d'vn Cameleon. Sa teste est attachée
immediatement au dos faute de col; C'est
pourquoy il a de la peine à la tourner, mais en
recompense, il a des yeux à fleur de teste qu'il

jette de tous coftez, & qui femblent pluftoft
des poincts de lumiere qui fe remuent que des
parties d'vn corps. Au refte il n'a ny induftrie
ny mouuement; quoy qu'il ne faffe iamais rien
vous diriez qu'il eft toufiours lats, & bien que
ce foit vn des animaux les plus parfaicts, à peine fe peut-il éleuer fur la terre qu'à la façon des
reptiles. Il femble tout étourdy quand il marche, s'arrefte dés qu'il commence de s'auancer, & fait apparament du chemin fans fé remuer. Enfin fes alures ne paraiffent à ceux qui
le voyent en train de marcher, qu'aprés qu'il
eft au bout du chemin : Mais quoy qu'il ne fe
puiffe trainer que fort difficilement, il ne refte
pas de fubfifter dans le monde. Il eft prefque
toufiours à jeun, & neantmoins il ne tombe
en aucune forte de defaillance. Il fe nourrit
en beant; & aprés s'eftre enflé d'air comme vn
fouflet, il remache le vent qu'il a pris comme
fon plus folide aliment. Ce Cameleon toutefois eft fujet a d'extremes changemens, il fe
metamorphofe tout, fans pourtant deuenir
autre qu'il n'eftoit. La proprieté de fa couleur eft de n'en auoir point d'affeurée. Il prend
fa teinture de celles de tous les objets, & on
le peut appeller le tableau mouuant, ou la fi-

gure viuante de toutes chofes. Enfin il n'appartient proprement qu'au Cameleon, de se iouër veritablement de sa peau, ainsi que dit le prouerbe.

XXXI. Il m'a falu dire beaucoup de chofes du monde & des animaux, pour venir par degrés à l'homme qui eft le Roy des vns & le racourcy de l'autre. I'ay fait vne difgreffion, pour faire maintenant vn Raifonnement ferré. Ie deuois vfer de cette precaution, pour faire contribuer les fujets inanimez à ma iuftification aufli bien que les raifonnables. Ie d'y donc maintenant que de quelque principe qu'on faffe prendre à l'homme son origine, il parût d'abord nud & fans veftemens à celuy qui l'auoit produit, ou foit que ce diuin ouurier nous voulut faire voir à découuert ce chef-d'œuure de fes mains, ou foit qu'il nous voulut monftrer que noftre nature n'eftoit qu'vne table d'attente, ou l'art & la vertu deuoient coucher les couleurs. Tant y a que fans nous arrefter à la fable de Promethée, il eft certain par le témoignage de l'Hiftoire veritable, que l'homme ayant voulu poffeder a contre temps la fageffe, & violer les loix pour contenter fa curiofité, il perdit

Qq iij

tout ce qu'il auoit acquis, voulant acquerir ce
qu'il n'auoit pas. Enfin recōnoiſſant ſa faute il
en rougit, & dãs ſon aueuglement il a aſſez de
lumiere, pour voir qu'il faut cacher vne moitié
de ſon corps, qui luy ſemble de nouueau bleſ-
ſer les yeux. Il court donc à vn figuier pour en
mettre des feüilles autour de ſoy, & puis eſtant
chaſſé du bien-heureux ſejour de ſon origine,
il ſe voit jetté dans le monde pour s'y reueſtir
de peaux , & s'y regarder comme vn criminel
condamné aux mines.

XXXII. Mais il n'appartient pas à toute ſorte
de gens d'entendre ces grãds myſteres. Ie vous
veux entretenir de vos hiſtoires , aprés vous
auoir aſſez entretenus des noſtres. Ie diray des
choſes eſtranges ; ie n'auanceray pourtant rien
que ce que les Egyptiennes racontent, & qu'A-
lexandre l'Hiſtorien à écrit auec autant d'ordre que de longueur, & que vous liſez tous les
iours pour vous cōfirmer dãs voſtre erreur, en
vous penſant vous affermir dans la ſcience.
On dit que du temps d'Oſiris Roy d'Egypte
Ammon homme riche en betail, vient de Ly-
bie trouuer ce Roy dans ſon Eſtat & luy donna quantité de brebis pour en receuoir vn
meilleur accueil. Mercure qui eſtoit lors auec

eux, ayant touché par hazard quelque mou-
ton, & la molleſſe de la toiſon luy ayant cauſé
quelque ſorte de plaiſir, y écorcha vne brebis pour en tirer vne ſatisfaction entiere.
Or en maniant la dépoüille de cét animal,
la facilité de la matiere, luy perſuada de tirer
touſiours en long vn ſujet qui ſuiuoit ſa main
de luy méme. Il fit doncques vn fil pareil à
ces anciens cordeaux qu'on faiſoit de Tillet, &
qui n'auoit pas moins de delicateſſe que dé-
tenduë. Voila d'où vient la façon de filer la
laine qu'on attribue à Iſis mere d'Oſiris pource qu'ayant veu trauailler Mercu.., elle fit vn
art regulier d'vne adreſſe que l'autre n'auoit
euë que par hazard. Cependant, Meſſieurs,
vous auez mieux aymé attribuer la gloire de
l'employ & de la tiſſure de la laine à Minerue
qu'à Iſis ny qu'à Mercure. Que ſi vous auiez
plus d'inclination pour Minerue que pour les
autres, pourquoy en n'auiez vous moins pour
Arachné, dõt les ouurages eſtoient plus beaux,
& leur trame mieux entenduë. Vous auez
voulu rendre Minerue victorieuſe en idée,
aprés auoir eſté vaincuë en effect.

XXXIII. Quoy qu'il en ſoit, depuis ces premieres
inuentions, on n'a point ceſſé d'en introduire

defecondes. On n'a pas méme trouué feulement de nouuelles formes, mais encor de nouuelles matieres pour faire des veftemens. On ne s'eft pas contenté des laines de Milete, de Selge, d'Atine, de Tarente & de Grenade, qui neantmoins font d'autant plus excellentes qu'elles ne perdent iamais leur couleur, eftant teintes d'vne façon admirable par les mains mémes de la nature. On a encor tiré tribut des arbres pour fournir aux habillemens; Le lin eft vne efpece d'herbe, qui eftant verte fur la terre deuient aprés dedans l'eau blanche comme la neige. Ce n'eftoit pas affez de tiltre & de femer pour ainfi dire des veftemens, fi on n'en euft encor pefché. Il nous vient des toifons qu'on trouue autour de certaines conques fort larges, qui produifent vne efpece de cotton ou de laine au milieu des eaux, pour en faire prefent aux habitans de la Terre. C'eft icy proprement la Toifon d'or, qui n'eft pas dans vn champ, mais dans l'Occean. Quel aueuglement des hommes, ils veulent que les perils les reueftent, comme ils viuent de perils! Au refte vous n'ignorez pas la nature du ver à foye, qui eft vne efpece d'infecte, qui fe pendant foy méme dãs l'air par vne infinité de fila-

ments

ments precieux, surpasse de beaucoup l'art de
l'araigne, & fait ses tentes auecque tant de
iustesse, que les cadrans sont bien moins regu-
liers que luy. Il tire des lignes de son esto-
mach, & puis il les deuore, & ramasse dans son
ventre, ce qu'il auoit déployé en l'air. Il bastit
& destruit en vn moment tout son ouurage; comme il engloutit ce qu'il auoit vomy, il
reuomit tout ce qu'il auoit englouty. C'est
pourquoy si vous le tuez dans l'empressement
de sa besongne, vous trouuerez dedans ses
entrailles de viuants pelotons de soye.

XXXIV. Mais s'il a fallu rechercher beaucoup d'étoffes pour faire des habillements,
on n'a pas eu moins de peine a trouuer la façon de les bien faire, & nous pouuons dire
que leur forme est autant exquise que leur
matiere. Les hommes ne songeant au commencement qu'à se munir contre le froid ne
songeoient qu'à se couurir, & ils regardoient
plus la necessité que la bienseance, quoy que ce
fut vne parfaicte bienseace de ne regarder que
la seule necessité. Quelque temps aprés ils n'eurent pas seulement soin de se couurir, mais encor de se parer & de prendre par les habits vne
nouuelle enflure. En effect c'est l'ambition,

qui ayant introduit les nouuelles Modes, les a pareillement authorisées. Si les hommes ne vouloient pas estre veus pour plus qu'ils ne sont, ils iroient vestus auec moins de pompe qu'ils ne font ordinairement. Or ces Modes estant presque aussi diuerses que les personnes particulieres, il est bien difficile d'en donner icy vne veüe generale. Ie diray seulement sur ce sujet qu'il y en a quelques-vnes de speciales à chaque nation, & incommunicables aux autres : mais il y en a d'autres qui sont communes à toutes sortes de nations indifferémment, pource qu'elles leur sõt vtiles. Or il faut mettre le Manteau que ie porte dans cette seconde cathegorie. Il est en vogue par tous les lieux du Monde comme à Carthage. Ie sçay bien qu'il a long-temps appartenu proprement aux Grecs, mais il est enfin deuenu Latin. On parle à Rome comme on faisoit jadis à Athenes, & vous diriez que l'habillement des Grecs est entré en l'Italie auec leur langage. Les Romains mémes luy ont donné vn nouueau nom en leur idiome, pource qu'ils ont crû en receuoir de l'honneur.

XXXV. En effect ce n'est pas seulement vn

ornement de neceffité, mais encor vn caractere de fageffe. Caton le reconneut à la fin,
lors qu'ayant efté d'auis qu'on chaffaft les
Grecs de la ville, comme des maiftres dangereux, il fe rendit leur difciple, & aprit leur
langue tout vieil qu'il eftoit, penfant qu'elle
le feroit mourir auec douceur, fi la Romaine
l'auoit fait viure auec grauité. Et pour leur
témoigner l'eftime qu'il faifoit de leur doctrine, il prit leur liurée du temps qu'il eftoit Pre-
teur; Il ne quitta pas la robe à la verité, mais il
la portoit à la façon du manteau, & ayant vne
épaule découuerte, il couuroit l'autre comme
les Grecs; en quoy il parût bien qu'il aymoit
beaucoup leurs perfonnes, puis qu'il aymoit fi
fort leurs habits, & ils n'euffent pas efté fi
bien venus à Rome s'ils n'y euffent efté mal
traictez auparauant. Il fut bon pour eux
qu'ils fuffent difgraciez de Caton, qui ne con-
noiffoit pas encor leur merite, pour eftre fauo-
rifez d'vn Caton qui le cônoiffoit. Vous voyez
doncques, Meffieurs, que l'habit que vous
prenez en moy pour vne marque de folie, a
efté porté par les plus fages hommes du monde, & que vous pouuez trouuer méme dans la
Gentilité, des exemples de ce que i'ay fait dans

le Chriſtianiſme. Et puis s'il eſt vray que le
peuple Romain doiue regler tous les autres,
& que ſans perir on ne puiſſe ſe diſpenſer d'i-
miter ſes mœurs ; D'où vient que vous ſuiuez
pluſtoſt la façon des Grecs , & qu'au lieu de
vous acquerir de la gloire , en vous rendant
ſemblables aux conquerans de tout l'Vniuers;
vous perdez tout voſtre honneur en ſuiuant
l'exemple des hommes les plus diſſolus du
monde? En effect d'où vient qu'on n'employe
plus qu'à des jeux, des forces que la nature n'a-
uoit données que pour cultiuer la Terre, &
que par vn trauail inutile , on fait venir au
corps la vieilleſſe deuant le temps, comme ſi
elle ne venoit pas touſiours trop toſt. C'eſt
des Grecs que vous auez appris a vous oindre
de boüe , a vous rouler dans la pouſſiere , & a
ne manger que des viandes ſeiches; afin que la
chaleur diminuant l'humidité augmente les
forces de voſtre corps. D'où vient qu'en certains endroits de l'Affrique, les voiſins des Nu-
midiens, qui auoient autrefois pour cheuelure
vne queüe de cheual attachée à leur habillement de teſte, ſont maintenāt ſi delicats, qu'ils
ſe font couper les cheueux a fleur de peau , &
qu'il n'y a que le çrane qui ſoit exēpt des coups

de rafoir. D'où vient que ceux d'entrevous qui
eſtoient velus autrefois ſe ſeruent de raiſine
pour arracher le poil de toutes les parties du
corps, ou de pincettes pour ſeparer ſubtile-
ment les cheueux noirs d'auecque les gris.

XXXVI. C'eſt ainſi que vous empéchés de faire
le diſcernement des aages, mais non pas celuy
des mœurs de chaque nation. Il eſt bien aiſé
a voir que cette molle façon de vie a paſſé de
la Grece dans l'Affrique, & que vous ne tâchez
à corrompre la nature, qu'aprés que d'autres
ont corrompu voſtre naturel. Cependant c'eſt
vn prodige de voir qu'ayant receu tous ces
exercices que les Grecs faiſoient en manteau,
vous les ayez pris en le quittant pour prendre
la Robe. C'eſt le manteau qui donne vn droiĉt
de moleſſe dans l'Aſie, & qui par contagion
l'a communiqué à la Grece. Quel commerce
peuuent auoir l'Affrique & l'Europe auec ces
honteux aiuſtemens qui ne ſont propres que
des eſclaues, dont vous ne voudriez pas porter
les liurayes. Quelle bizarrerie eſt ce que de ſe
faire raſer à la mode des Grecs, & de s'habiller
d'vne façon contraire à la leur ? Où bien
ſuis-je plus coulpable de porter le manteau,
que de ne porter point de poil au manton?

XXXVII. Il s'enſuit de là que le changement d'habits ne peut eſtre imputé a crime, pour changer ſeulement vne couſtume, & qu'a moins de changer la nature méme, on ne ſçauroit pecher en cette matiere. Il y a vne aſſez grande difference entre le reſpect qu'on doit au temps, & la reuerence qu'on doit à la Religion; la nature doit garder, pour ainſi dire, la foy à Dieu, comme la couſtume au temps. Achille ce grand Heros de l'Ariſſe ne ſçeut pas garder ce temperament, lors qu'il renuerſa les ordres de la nature, ſe rendant fille par artifice, de garçon qu'il eſtoit auparauant. Cette foibleſſe metamorphoſa vn homme ſi fort. Celuy qui n'auoit eſté nourry que de moelle des beſtes les plus feroces, d'où vient que les Grecs le nommerent ſans leures, pource qu'il ne s'en eſtoit point ſeruy pour tetter; Celuy qui auoit appris a monter à cheual, d'vn homme qui n'habitoit que dans les rochers ou dans les foreſts, qui n'auoit qu'vne cauerne pour manege, & qu'on pouuoit pluſtoſt appeller vn monſtre qu'vn maiſtre ; Ce ieune champion, dis-je, qu'on eſtimoit ſi genereux, parût plus mou qu'vne Demoiſelle. Ce Mars deuint moins que femme, fi les Amazones eſtoient plus qu'hommes.

XxxVIII. On pouuoit excuſer ce changement, lors qu'il eſtoit encor en vn aage capable d'inconſtance, & il falloit ſupporter les ſoins affectueux d'vne mere qui ne fait point de tort à ſon enfant, en le ſauuant par des voyes vn peu honteuſes. Enfin ce n'eſtoit pas Achille qui eſtoit coulpable au commencement, c'eſtoit ſeulement Thetis. Mais de voir qu'il a dé-ja mis de la barbe, & qu'ayant ſemblé eſtre mary d'vne fille il fait encor la femme, quoy qu'il ne puiſſe plus douter qu'il ne ſoit homme; C'eſt ce qui eſt plus infame pour luy, que toutes ſes autres actions ne ſçauroient eſtre glorieuſes. Il eſt auſſi lache dans ſa virilité que dans ſon enfance; il laiſſe tomber ſa robe iuſqu'à terre, il releue ſes cheueux en piramides, il ſe fait vn teint delicat, il s'eſtudie dans le miroir, il porte vn carquant au col, & ſe perce méme les oreilles pour y porter des mouuements perpetuels de ſa lâcheté effeminée, auſſi bien que ſa legereté. C'eſt en ceſte poſture qu'il nous eſt repreſenté à Sigée dans vne ſtatuë à demy corps, pour monſtrer que ſi ie tais ſes diſſolutions, le cuiure & les pierres en parleront.

XXXIX. Veritablement aprés vn si bel employ c'est vn illustre Capitaine. Qu'il quitte cét habit s'il veut acquerir ce nom. En effect la necessité luy semble rendre son sexe, d'homme il est deuenu femme, de femme il va deuenir homme. On luy donna l'alarme pour luy oster sa folie, & on mit des armes auprés de luy, sçachant bien qu'elles luy feroient venir l'enuie de quitter la robe. Et certes il monstra par experience que cet Ancien auoit eu raison de dire, que le fer est le plus puissant attrait des hommes, & qu'il a plus de force que l'or sur ces naturels genereux, qui regardent plus la gloire que le profit : Mais si aprés le signal du cōbat il eut demeuré encor en équipage de fille, il n'y a point de doute qu'il pouuoit enfin estre recherché de quelqu'vn pour femme. Voila certes vn estrange changement, ou pour mieux dire vn double prodige : Vn homme deuient femme, & de femme il deuient homme. Il ne deuoit pas nier ainsi la verité, ny confesser le mensonge. Ces deux façons de changer sont également mauuaises, l'vne est contraire à la nature, comme l'autre l'est au salut & à la seureté.

XL. Tou-

XL. Toutefois il faut auoüer que la crainte
de cette mere qui metamorphofa ainfi vn
enfant, eft bien moins honteufe que la lubricité d'vn Dieu que vous adorez, au lieu que
vous deuriez auoir honte de le reconnoiftre
méme pour homme. Ie parle de ce por-
teur de maffuë, à qui vous donnés encor vne
peau auecque des flcches, & qui neantmoins
change tout ce qu'il a fur fon corps à vn fimple atour de femme. Vne courtifane de Ly-
die, vn monftre d'impudicité vainquit celuy
qui auoit vaincu tous les monftres, & elle eut
le pouuoir de faire en forte qu'Hercule fut
proftitué dans Omphale, & Omphale dans
Hercule. Où eft maintenant Diomede, & ces
cheuaux qu'il nourriffoit de chair humaine; où
eft Buziris cét infame tyran, qui changeoit
tous les autels en buchers ou en échaffaux
pour immoler des innocens; Où eft Ge-
ryon qui ayant trois corps fembloit eftre vn
homme en trois hommes, où trois hommes en vn homme. Qu'ils auroient bien
fujet de de fe mocquer icy de l'opprobre
de celuy qui a tiré toute fa gloire de leur
deffaicte?

XLI. Certes vous euffiez dit que fa maffuë

estant parfumée des eaux de senteur d'vne coquette affetée, se picquoit en quelque façon de ne plus sentir la puanteur de ces testes que son maistre auoit écrasées. Le sãg de l'hydre & des Centaures qui auoient long temps demeuré figé sur ses flesches, fut bien-tost enleué par la pierre dont Omphale se seruoit pour faire la pointe à son aiguille de teste, & la volupté se rendant insolente iusqu'à l'extremité, elle les fit seruir à faire des chapeaux de fleurs à la façon des aiguilles, aprés auoir percé tant de monstres. Au reste elle n'auoit garde de se couurir de la peau du Lion sans l'auoir ramolie & luy auoir osté toute sa force, en luy ostant toute sa rudesse à force de baumes & de mixtions, veu que les épaules des femmes ny des filles les plus austeres n'en eussent peu supporter autrement la charge. La delicatesse ne se mal-traitte pas, où la seuerité se soulage.

XLII. I'estime méme que la hure du Lion fut peignée pour estre adoucie, & de peur qu'yne dépoüille si seiche ne blessat en quelque façon vne teste si delicate, elle remplit la gueule du Lion du poil qui restoit attaché à sa peau, & cacha ses dents auec ses moustaches. N'est-il

pas vray que cette gueule qui paraift encor effroyable toute inanimée qu'elle eft, rougiroit
de dépit de fe voir ainfi deshonorée, fi elle pouuoit vanger fon honneur ? Nemée, certes, s'il
y a quelque genie qui y habite en gemiffoit,
pource que ce fut alors qu'elle reconnut qu'elle auoit tout à fait perdu fon lion, & qu'vne
femme auoit fait plus de mal à ce genereux
animal qu'Hercule ne luy en auoit fceu faire.
Il fembloit l'entretenir en vie aprés l'auoir tué,
mais elle trouua moyen de le tuër même aprés
fa mort. La defcription que ie viens de faire
d'Omphale dans la peau d'Hercule, nous reprefente auffi qu'elle mine pouuoit auoir Hercule dans les habits de foye d'Omphale. Cela
veut dire que l'vn eftoit auffi extrauagant que
l'autre, & que c'eftoit vn fpectacle bien bizarre de voir la même foibleffe forte, & la
même force foible.

XLIII. Mais Hercule paffera pour innocent
quelque criminel qu'il foit, fi l'on compare fes
vices auecque ceux de Cleomache. C'eftoit le
plus vaillant champion de tout le pays, & la
force de fa main n'eftoit pas moindre que le
courage de fon cœur. Neantmoins il deuint
l'homme le plus infame du monde, aprés s'e-

ftre acquis vne grande reputation aux ieux Olympiques. Ce fut lors que par vne eftrange metamorphofe il degenera d'homme en femme, & ne rougit point de voir rougir toute la nature à l'occafion de fes débauches. Ce changement luy fit perdre toutes fes forces, & au lieu qu'il bleffoit auparauant tous ceux qui combattoient contre luy, il eftoit battu du moindre de fes aduerfaires. Il receut quantité de playes au dedans & au dehors de fon corps. Et certes fa moleffe meritoit qu'il perdit toute fa vigueur. Elle eftoit fi monftrueufe, que ces foulons que Nouius nous décrit, & qui auoiēt pris leur nom de ce qu'ils fe faifoient fouler à tout le mō de, luy euffēt sās doute cedé la couronne d'infamie, qu'ils recherchoient comme le plus haut poinct de leur gloire, & le bouffon Lentulus a eu raifon de le nommer parmy les infames de Catine, puis que fi les autres eftoient vicieux, & par confequent blâmables: il eftoit l'opprobre execrable du genre humain. Plus il faifoit le gentil, plus il eftoit abominable. Ses mains qui s'eftoient endurcies à porter des Geftes, ne portoient que des bracelets, il prit vne fimarre d'vne étoffe fort delicate, au lieu des habits groffiers dont il s'eftoit toufiours feruy.

XLIV. Mais ne faisons pas mention d'vn simple Athlete, où nous pouuons parler des Roys, ie ne traicteray pas neantmoins de Phiscon ou de Sardanapalle, que personne ne sçauroit auoir esté Roys, s'ils n'estoient connus par leur monstrueuse lubricité. Ie ne veux pas, dis-je, faire mention de leurs infames débordemens de peur qu'ils ne se fachent contre moy, si ie ne blame auec eux quelques-vns de vos Empereurs, qui n'ont pas esté moins brutaux, & qui ont renouuellé à Rome toutes les anciennes horreurs de l'Egypte & de la Syrie. A moins que d'auoir autât de hardiesse que les Cyniques, nous ne sçaurions receuoir le commandement qu'on nous feroit de representer vn Prince Romain plus impudique que Phiscon, plus mol que Sardanapalle, en vn mot vn demy Neron & vn Domitian entier. Encor ay-je peur que ces Philosophes si genereux auroient icy de l'apprehension, & que la liberté de leur satyre se tiendroit dans la reserue.

XLV. Mais la vaine gloire n'a pas eu moins d'ardeur & de puissance pour nous faire changer d'habits que la volupté. Il est vray qu'elle épargné nostre sexe, & n'a pas degradé l'hom-

me, mais pourtant elle la changé. Toute affertion est vn feu fecret, mais lors que par vn certain foutfle interieur elle paffe en affectation, fa premiere ardeur deuient vne grande incendie. C'eft de cét embrafemét que la vaine gloire qui nous efchauffe auec tant de vigueur, que côme nous ne féblôs auoir que de la froideur, pour tous les fujets qu'elle ne nous reprefente point, d'ailleurs elle nous fait auoir vne fi forte paffiô, pour ceux qu'elle nous reprefête que nous les aymons quelques haiffables qu'elles foient, & en croyons tirer noftre honneur, quoy que bien fouuét nous n'en tirions que du mépris. C'eft de ce feu que brufloit vn grand Monarque, qui n'euft rien eu de plus grand que luy, s'il n'euft eflé moindre que la vaine gloire. Ce ne fut ny par caprice, ny par amour, ny par infamie qu'il changea d'habillement, mais par vn defir de paraiftre. Il auoit vaincu les Medes & affujetty leur pays, mais il fut vaincu par le veftement des Medes. De forte que le luxe l'ayant rendu maiftre de ce peuple l'en rendit aprés fujet, & les Macedoniens demeurerent Medes, aprés auoir rendu les Me-
Macedoniens.

XLVI. En effect Alexandre ayant faict plus

de conqueſtes que les hiſtoriens n'en peuuent dire, quitta le harnois qui l'auoit fait triompher. Il s'abaiſſa iuſqu'a prendre les habits de ceux qu'il venoit de rendre captifs, & ſe ſurmonta honteuſement ſoy méme, ne pouuant eſtre ſurmonté d'autruy. Il ſe veſtit d'vne façon qui luy faiſoit monſtrer la poictrine en la cachant: car l'eſtoffe eſtoit ſi deliée, qu'on voyoit à trauers les écailles de ſa cuiraſſe, & ſes tranſparāces vous euſſent fait croire que le fer eſtoit vne eſpece d'étoffe. Il ne s'eſtoit pas encore remis des fatigues de la guerre, & il n'a-uoit iamais pris halcine deuāt que de prēdre cét habit: mais aprés quelque ardeur de vaincre qu'il eut, elle fut biē-toſt étouffée par l'éuātail de la ſoye, s'il m'eſt permis de parler ainſi, & ſō interieur n'euſt plus de force quand la delicateſſe compoſa ſon exterieur. Ce Prince Macedonien croyoit peut-eſtre que ſon eſprit n'eſtoit pas aſſez enflé de vanité, ſi ſon corps ne l'eſtoit encor par l'enflure d'vne robe: Mais en penſant s'éleuer il s'auilit auec faſtre, & ſon ambition ne ſeruit qu'à le rendre mépriſable, bien loing de le rendre glorieux.

XLVII. Il eſt vray toutesfois que la vie des

Philofophes pourroit feruir d'apologie à la
fienne. Ils n'ont pas efté moins affectez en
leurs habits, quelque aufteritéqu'ils femblaf-
fent profeffer. En effect on dit que plufieurs
d'entr'eux couuroient la fageffe de pourpre,
& portoient la Cour dans l'Ecole. Que fi vn
homme peut eftre Philofophe auecque vne
robe d'écarlatte, pourquoy ne le fera-il pas
auecque vne chauffure d'or, veu que la fageffe
paraiftra auffi precieufe fous l'vne, qu'elle eft
illuftre fous l'autre; Certes les Grecs qui de
tout temps ont obferué plus de iufteffe dans
les habits que tous les autres peuples du monde, joignent toufiours l'or à la pourpre, &
c'eft eftre barbare parmy eux, que de ne pas
auoir les patins dorez ayant la Robe d'écarlatte. On vous dira, peut eftre, qu'vn Philofophe de ce pays portant vn habit de foye teinte
en écarlatte, ne laiffoit pas de porter des fouliers d'airain; mais ie vous répondray qu'il le
fit auecque raifon, pour imiter les preftreffes
de Bacchus, & qu'il ne crût pas pecher en fuiuant vne mode qu'vn Dieu auoit confa-
crée.

XLVIII. Et puis il vouloit que fes veftemens
mémes parlaffent fourdement contre le luxe

des

des Grecs. Il marchoit auec des sandales
qui sembloient estre des symbales eloquantes;
de telle sorte que son port estoit vne satyre so-
nante, & sa bouche se taisant, sa chaussure parloit contre la corruption des mœurs. Ie crois
pourtant que ce Philosophe se rendit irregu-
lier en ce poinct, plustost par vanité que
par modestie. Il vouloit se faire voir &
non pas faire voir le defauts des autres. I'estime encor que si Diogene eut lors esté en ce
pays là, & qu'il eut peu gronder librement de
son tonneau, il n'eut pas foulé aux pieds vn
lict de soye, comme il fit chez Platon, disant
qu'il fouloit l'orgueil d'vn Philosophe ; ny
mesté la bouë auecque la broderie : il eut
pris Empedocle par le milieu du corps, & l'eut
porté tout entier dans le fond d'vne Cloaque,
afin que ce vieux fol qui pensoit estre Dieu, fust
la saluër les Deesses Cloacines, ses sœurs, & se
fit reconnoistre à elles deuant que de se faire
connoistre aux hommes souz le nom de Diuinité.

XLIX. C'est de cette sorte d'habillemeñs,
Messieurs, qu'on peut se rire auec merite,
pource qu'ils font changer de nature aux personnes qui s'en seruët & qu'ils les portët, de la

Tt

modeftie a vne impudence manifefte. On a donc raifon de les regarder de mauuais œil, & de monftrer au doigt ceux qui en font veftus, bien loin de faire bonne mine à des gens qui changent de fexe pour changer d'habit, & dont la bizarrerie particuliere traine aprés foy des debordemens publics. Voila pourquoy fi quelqu'vn veut porter la robe à la façon de Menandre le Comedien; c'eft à dire qui traine iufqu'à terre, & qui par fa delicateffe fente la femme fur le corps d'vn homme, il faut que Menandre méme foit iuge en fa propre caufe, & qu'il die à l'accouftumée que ce fol gafte vne belle Robe, & qu'il a mis beaucoup d'étoffe à faire montre de fa folie. L. Mais il faut auoüer que depuis que Rome n'a plus eu de Cenfeur que de nom pluftoft que d'effect, & qu'au lieu de remarquer les défaux pour les chaftier auecque feuerité, on ne les obferue que pour les loüer ou approuuer tacitement : Tous les ordres font confondus dans vn étrange defordre. La licence du temps, & l'authorité que le peuple s'eft acquife fur les Magiftrats & fur les loix mémes, nous fait voir parmy les Cheualiers, des gens qui ne viennent que d'eftre affranchis. Nous en ap-

perceuons d'autres qui ont encor les fletriſſu-
res du fouët, qui neantmoins paſſent au rang
des honneſtes hommes. Il y en a méme pluſieurs qui ne font que ſe rendre au joug de la
puiſſance des Romains, qu'on prend toutefois
pour des Chefs d'ancienne nobleſſe. Ils ſont
Citoyens eſtāt encore captifs. Au reſte les paï-
ſans s'habillent à la bourgeoiſe, & il ny a plus
de difference entre la ville & le village. On a
méme de la peine à diſtinguer par le veſtement
vn iuſticier d'auec vn bouffon, vn artiſan
d'auec vn homme de guerre. Celuy qui méne
la charruë le porte auſſi haut que celuy qui méne vne armée.

LI. Il ne faut point chercher des exemples
eſtrangers, veu que nous en auons de domeſtiques. Vous croyez, Meſſieurs, que la robe
que vous portez releue voſtre dignité, & cependant les plus viles perſonnes du monde la
portent auſſi bien que vous. Les enterreurs
des corps, les Ruffiens, & les eſcrimeurs ſont
reueſtus comme vos Gentilshommes. Que ſi
nous conſiderons l'eſtat des femmes, nous
trouuerons qu'encor que leur ſexe les
oblige d'auoir plus de reſerue que les hommes, leur coqueterie neantmoins les porte à

ne pas auoir moins de liberté. Nous voyons
tous les iours renouueller à Carthage l'abus
dont Cecinna Seuerus se plaignit autrefois à
Rome en presence du Senat, quand il luy re-
presenta que les Dames d'hôneur paraissoient
en public sans robe, à la mode des courtisanes,
& protesta hautement qu'il prendroit à partie
tous ceux de la compagnie; s'ils ne s'en pre-
noient au luxe. Enfin il fut ordonné de l'auis
de Lentulus, surnommé l'Augur, que celles
qui se trouueroient auoir quitté l'habit, qui
estoit bien seant à leur condition, seroient pu-
nies de méme que celles qui auroient perdu
leur honneur. En effect celles qui auoient
quitté les premiers habillemens qu'elles deuoient porter, ne l'auoiët pas fait par vn principe de gentillesse, mais d'impudence; Il leur
fachoit d'auoir tousiours sur elles des habits
qui fussent iuges de leurs actions, & gardiens
de la dignité de leur sexe. Enfin pour entretenir le commerce secret qu'elles faisoient auec
leurs galants, elles se deffirent à escient de tous
les sujets qui pouuoient y apporter quelque
empéchement.

LII. Les Dames de nostre temps semblent
encor estre plus effrontées que les anciennes

Romaines. Quelques-vnes pour s'abandonner plus facilement, & donner vne plus libre entrée à ceux qui les voyent, n'ont pas seulement quitté la Robe, mais encor la cotte qu'elles portoient au dessous. Elles ont méme laissé les voiles aussi bien que leurs pantoufles, & ont trouué moyen d'aller sans litiere ny sans cheze à bras, pource qu'elles ne se plaisoient pas à se voir en public sans estre veuës des autres. Enfin elles s'ennuyoient de trainer leur maison par tout, & de viure dans la contrainte, méme lors qu'elles croyoient joüir d'vne liberté parfaicte. Celles des autres pays se picquent d'aller en caroste, celles-cy se picquent de n'y aller pas. Mais si elles s'efforcent d'étouffer leur lumiere pour entretenir vne fausse liberté, & se priuent des ornement deus à leur qualité pour entretenir leur amour, il en est d'autres qui briguent d'auoir ce que celles-cy negligent, & tâchent de se faire de l'éclat, ne trouuant qu'obscurité dans leur maison. Elles le portent plus haut que leur condition ne souffre, si les autres le portent plus bas.

LIII. Regardez ces loües infames qui font commerce des voluptez du public, pour nous

ruiner en nous careffant; iettez encor les yeux
fur ces forcieres abominables, qui pour gagner les cœurs des hommes donnent le leur
aux Démons, & femblēt defia faire leur enfer
deffus la terre, Que fi vos yeux ne peuuent
fouffrir la reprefentation de ces rebuts du
genre humain, qui égorgent la chafteté en public, s'il m'eft permis de parler ainfi; Détour-
nez les de leurs perfonnes & de leurs vices, que
vous ne pouuez regarder que de mauuais œil:
& iettez les fur leurs habits; A n'ē point men-
tir vous ne les prendriez pas pour des courtifa-
nes à voir l'eftat qu'elles portent, mais pour
des Dames de qualité.

LIV. Mais ce n'eft pas feulement dans le lieu
infame qu'on voit de l'ordure magnifiquement parée, mais encore dans vos temples. N'y
voit-on pas cette preftreffe qui a foin de faire
adorer lar mere d'impureté dans les égouts
de toutes fortes d'immondices, & qui neantmoins porte la foye parmy l'infection d'vne
cloaque? Les vents fe iouënt dans les plits de
fa robe, tant elle eft ample, & aprés tout ce
n'eft pas vn grand miracle de voir la baue d'vn
ver parmy les excrements des hommes. Au
refte pour releuer en quelque façon le déchet

que l'horreur d'vn lieu si puant fait souffrir à
sa beauté, elle porte autour du col des car-
quants & des joyaux, & couure vn fumier
viuant,pour s'accoustumer plus aisément à vn
fumier insensible. Ses mains qui sont com-
plices de toutes les actions honteuses qu'elle
produit,sont entourées de bracelets extreme-
ment precieux , quoy que les plus honnestes
femmes ne puissent sans temerité se seruir de
ces ornements , qui ne sont propres qu'aux
Heros les plus genereux , & qu'ils leur ont
plustost dõnés pour les enchainer comme des
esclaues, que pour se monstrer leurs captifs ou
leurs seruiteurs. Enfin les pieds de cette infame & profane adoratrice , ne sont pas
moins auantagez que ses mains. Tous impurs qu'ils sont & chargez d'ordure, ils portent des escarpins ou des mules, dont la blancheur se debat auecque celle de la neige, &
qui sont d'aussi grand prix qu'ils ont vne belle
iustesse.

LV. Ce sont là des Modes, Messieurs, que
Carthage deuroit blâmer,pource qu'elles ne
sçauroient estre loüables estant introduites
par l'infamie. D'où vient neantmoins que
vous ne les regardez pas , ou plustost que vous

les regardez? Vous excufez la diffolution pour
accufer la retenuë? D'où vient encor que vous
ne vous en prenez point à certains autres habillemens, qui font beaucoup plus nouueaux
que le Manteau dont vous n'épargnez point
l'antiquité. Ie fçay bien que ceux qui les ont
inuentez nous veulent faire acroire que la religion authorife leur nouueauté, & que ce
n'eft pas de leur mouuement qu'ils s'habillent
de la forte, mais bien par vne infpiration de
Dieu. Toutefois pouuez vous croire que la
fageffe méme veüille eftre garand de la bizarrerie de hommes, & que la religion ne fe fonde pas pluftoft fur la qualité de nos actions que
fur celle de nos habits? Cependant nous
voyons tous les iours des perfonnes parmy
vous qui portent des habits crotefques, qu'elles font pourtant eftimer en les appellant fa-
crez. Et pour vous monftrer que ie ne parle
pas én l'air, & que ie vous puis produire des
exemples auffi bien que des raifons ; les filles
qui fe confacrét au feruice de Cerés font toutes veftuës de blancs ; on les reconnoift à vne
bandelette qu'elles portent, & pource qu'elles font prefteffes d'vne Déeffe, elles ont droit
de porter vn chapeau auffi bien que les hômes.

Mais

Mais si celles là ont vn habit innocent, pource
qu'elles ne seruent qu'vne Diuinité bien fai-
sante; celles qui seruent Bellonne en portent
vn effroyable; au lieu du blanc elles portent
tousiours du noir. Dieu dit qu'il est logé dans
vne lumiere inaccessible, mais les tenebres
semblent composer la maison mobile des
femmes dont ie parlois.

LVI. L'habillement de leur teste répond à
la couleur du reste du corps & àvoir leurs chapeaux noirs, vous diriez qu'elles portent toûjours le deüil, méme lors qu'elles font leurs
festes les plus ioyeuses. C'est aussi en cette
posture que Bellonne les inspire, & deuant que
de leur faire perdre le sens, elle leur fait prendre ce caractere. Saturne n'est pas plus celebre par sa propre diuinité, que par la magnificence des vestemens de ses Prestres. A les
voir couuerts d'vne robe de pourpre fort large & d'vn manteau par dessus teint en rouge
de galatie, vous diriez que ce n'est pas la religion qui fait le culte de ce Dieu, mais seulement l'ambition des hommes. Ceux d'Esculape pensent bien seruir leur Dieu en se chauf-
fant à la Grecque, & portant le manteau aussi
bien que moy, quoy qu'ils l'aiustent auecque

beaucoup de peine & de reflection, au lieu
que ie ne fçaurois l'aiufter qu'à la negligence.
Si vous auez donc quelque fujet de le décrier,
pource que i'en fuis couuert, pourquoy ne le
décriez vous à plus iufte tiltre, le voyant fur
les épaules de ces Preftres qu'il peut rendre facrileges. Les abfoluez-vous pource qu'ils font
coulpables, & m'accufez-vous pource que ie
fuis innocent? Ils portent le manteau par affection, mais ie le porte dans vne parfaicte
fimplicité; c'eft la fuperftition qui la leur fait
prendre.

LVII. Pour moy ie ne l'ay pris qu'aprés m'e-
ftre rangé à la vraye religion. Si donc vous ne
le voyez que de mauuais œil fur Tertullian,
pourquoy le regardez vous de bon œil fur les
facrificateurs d'Efculape. Vous deuriez confiderer que depuis que le manteau a commencé d'eftre l'habillement de cette fageffe éternelle, qui renoncé aux vaines fuperftitions de
celle du Monde, il eft fans doute deuenu plus
augufte que toutes les parures de vos idoles,
quoy que les moindres foient quelquefois les
dépouilles des nations entieres. Vos voiles &
vos tyares fembleront méprifables quelques
precieufes qu'elles foient, fi vous les comparez

a vñ ſujet qui n'a point de prix. Et quand il n'y
auroit que l'honneur qu'à le Manteau, d'eſtre
l'ornement des Preſtres du Dieu viuant ; il
ſurpaſſeroit touſiours la plus haute pompe
d'habits ſacrez ou prophanes que la Gentillité
puiſſe iamais détaler. D'où il s'enſuit, Meſſieurs, que vous deuez abbaiſſer vos yeux de
reſpect deuant le Manteau, bien loin de le
mépriſer outrageuſement. Il vous faut reuerer
vn habillement, lequel vous peut faire reconnoiſtre & abiurer la plus importante de vos erreurs, qui eſt de croire que ſi le manteau n'ha-
billoit autrefois que la ſageſſe, il n'habille
maintenāt que la folie. Sçachez pourtant que
ce qui paraiſt folie aux yeux des Gentils, eſt ſageſſe deuant Dieu.

LVIII. Aprés vous auoir propoſé les principales raiſons de mon procedé, ie vois bien
qu'il me faut maintenant répondre àux vô-
tres. Vous me dites d'abord que i'ay beau me
iuſtifier, qu'il eſt touſiours veritable qu'ayant
quitté la Robe i'ay pris le Manteau, & que
i'agraue le crime de mon inconſtance, en la
voulant faire paſſer pour vn principe de religion. Que diriez-vous à proportion, Meſſieurs, ſi i'auois quitté vn Diademe ou vn

Sceptre, & que ie fuſſe deſcendu du faiſte du monde pour viure parmy la lie du peuple. Cependant on loue Anacharſis pour auoir preferé l'Ecole d'vn Philoſophe au Royaume de Scytie, & quitté ſa Cour pour viure dans l'Academie. Pourquoy me blàmez vous de ce que i'ay quitté le Manteau pour la ſageſſe du Ciel, puis qu'vn Prince a quitté tous ſes Eſtats pour chercher la ſageſſe de la Terre? Mais quand bien ie ne donnerois aucune marque de profit que i'euſſe fait en quittant la Robe, le Manteau ne laiſſeroit pas de trouuer des preuues naturelles de ſa préeminence, ſi les ſurnaturelles luy manquoient.

LIX. En premier lieu il eſt certain que de tous les habillemens c'eſt le plus facile à prendre, & qu'on n'a non plus de peine a le dépoüiller qu'à le mettre ſur les épaules. Il ne faut point vn iour deuant que de le porter auoir vn homme qui le pliſſe du haut en bas à la façon de la Robe, & en conduiſe les plis auecque tant de juſteſſe, que dans leur difference ils n'ayent aucune inegalité. Il ne faut point qu'vn valet de chambre s'empreſſe à reduire en vn poinct cette grande multitude de lignes, ny qu'il rapporte toutes les extremitez de la Robe au milieu, ny qu'il employe vn inſtrument en façon de tenailles, pour entretenir les plis en eſtat, & conſeruer touſiours vn bel ordre dans vn ſujet de confuſion. Le lendemain au matin il preſentera la tunique auec la ceinture, & habillera ainſi vn homme qui n'eſt pas couuert, mais incommodé pour reſiſter aux incommoditez de la vie. En effect cette tunique eſt ſi ample qu'elle enſeuelit au lieu d'habiller, & ſi les maiſtres qui en font vſoient moins d'étoffe, ceux qui s'en ſeruent en tireroient de doux vſages, au lieu que ſouuent ils n'en tirent que de facheux. La deſſus il donnera la Robe, aprés auoir regardé le centre & la circonference de ces plis, & reformé ce qui n'eſt pas dans l'aiuſtement, prenant garde neantmoins que la plus grande partie des plis panche vers la main gauche, afin que la droicte ſoit plus libre, l'autre portant toute la charge. Il ſe ſouuiendra de donner du tour autant qu'il en faut, auſſi bien que de la longueur à la Robe. Qu'il la retire de deſſus les épaules, du coſté que les plis viennent à manquer, & qu'il ſe forme vne eſpece de ſein, par le ramas des parties de toute la circonference.

LX. Qu'il aie encor soin de bien décharger le bras droict en chargeant le gauche, & n'oublie pas de donner au dos les ornemens qui sont affectez à son embelliſſement. Aprés qu'il aura faict toutes ces choſes, n'eſt-il pas vray qu'il n'aura pas habillé vn homme par vn veſtement mais par vne charge, & qu'il ne l'aura paré que d'vn fardeau qui ſemble pompeux? Enfin ie ne veux pas que vous m'en croyez, Meſſieurs, quoy que ie die la verité. Ie m'en rapporteray ſeulement à voſtre propre conſcience. Ne vous fera t'elle pas confeſſer qu'aprés auoir pris la Robe, vous ne ſçauez ſi vous eſtes pluſtoſt chargez que veſtus, & ſi vous ne vous incommodez point en vous aiuſtant. Que ſi vous vous rendez aueugles pour vous rendre plus miſerables, & que vous maniez vne choſe qui frappe les ſens ; pour vous conuaincre, ie n'ay qu'à vous ſuiure dans voſtre maiſon, qni ne ſera pas pour vous vn refuge contre la verité, mais vn palais de condemnation contre vous méme. Ne verray-je pas la premiere choſe que vous eſſayerez de faire eſtant ſur le ſeuïl de la porte, ce ſera de vous défaire de la Robe. Aſſurément il n'y a point d'autre ſorte d'habillement, qu'on ſoit fi ayfe d'auoir dépoüillé ; & ce qui fait que vous vous refiouyffez en quittant la Robe, c'eft que vous vous ennuyez de la porter, bien que vous diffimuliez voftre fentiment. Ie ne parleray point icy des fouliers, quoy que ce foit vn fupplice neceffaire à fouffrir à tous ceux qui portent la Robe, & qui punit leur vanité au poinct méme qu'elle pefche. Vous les portez pour vous garentir les pieds, & ils vous les gaftét. Vous voulez éuiter l'ordure & ils vous foüillent, & ce faux ornement vous enlaidit au lieu de vous embellir. Ne vaut-il pas mieux aller nuds pieds hyuer & efté, fans que le froid ou le chaud vous empefche d'eftre libres, que d'auoir le pied veftu pour n'auoir plus de liberté. Vos fouliers ne font pas des ornements, mais des entraues. Et ne me parlez point de ces bottines qu'on porte, qui couurent tout à la fois la jambe & le pied. Ie fçay bien que les Venitiens nous ont donné moyen de marcher auec beaucoup de plaifir auffi bien qu'auec affeurance, appreftant le cuir comme ils font pour feruir au corps de l'homme : mais certes s'ils le rendent difpos à marcher, ils le rendent effeminé. Cette chauffure molle conuient au plus foible fexe, &

comme ñous ne pouuons honneſtemeñt porter vne cotte , nous ne pouuons auſſi porter des patins qui la doiuent accom-pagner.

LXI.　Tout au contraire, il n'y a rien de ſi commode que le Manteau; ſoit-il ſimple ou double comme celuy de Cratés, on le quitte auec la méme facilité qu'on le prend. En effect il ne faut point mettre de temps à ſe veſtir quand on le met ſur les épaules, pource qu'on l'y met tout d'vn coup. Si toſt qu'on a la main deſſus on a le corps deſſous. Tout ſon aiuſte-ment conſiſte à couurir vn homme ſans qu'il ſoit en peine de s'aiuſter. On n'a qu'à le pren-dre en vn tour de main , il pare d'abord l'homme entier, & il trauaille ſi peu à s'ha-biller de cette façon, qu'il ſe voit veſtu ſans qu'il ait quaſi ſongé à ſe reueſtir. Au reſte cöme on ne le prend qu'auec bonne grace, on ne le quitte point contre la bienſeance, & il laiſſe le corps dans vne poſture honneſte, quoy qu'il le laiſſe découuert. Il cache ou fait voir les épau-les comme on veut; au reſte y eſtant attaché, il n'a garde de tomber. Il n'a pas beſoin d'e-ſtre appuyé deuant & derriere, & il n'y a point de danger que ſes plis ſe defaſſent puis qu'il
n'en

n'en a point eſtant vniforme par tout. Il ſe
rapporte & ſe raiuſte ſoy méme quand il sêble
eſtre en deſordre, & aprés qu'on la quitté il ne
faut point le mettre à la preſſe pour le reprendre le lendemain. De plus la chemiſette qu'on
porte deſſous tient ſi iuſtement au corps, qu'il
ne faut point de ceinture pour la tenir, & gé-
ner vn homme en l'aidant à porter ſa charge.
Que ſi l'on prend quelque chauſſure auec le
Manteau, on ne prend que des ſandales qui
ſont touſiours nettes parmy la bouë, & faites
d'vne façon qui ferme le pied ſans le tenir
dans la contrainte. Il eſt vray que ceux qui
veulent auoir plus d'honneur en portant le
Manteau, vōt ordinairement nuds pieds pour
paraiſtre veritablement plus hommes, que
ceux qui portent des ſouliers.

LXII. Voila, Meſſieurs, ce que i'auois a vous
dire pour defendre le Manteau, contre ceux
qui ne décrient ma perſonne en public que
pour décrier ſon nom. Mais pource que ce ne
ſont pas les denominatiōs des choſes qui ſont
bonnes ou mauuaiſes, mais pluſtoſt les choſes
mémes; Il reſte a faire voir icy, que non ſeulement le mot de Manteau n'a rien d'infame,
mais que le Manteau méme eſt ſi loüable, qu'il

eſt commode aux particuliers & vtile à la republique. Or de peur que vous ne penſiez que i'aye deſſein de vous offencer en faiſāt ſon apologie, ie me veux taire icy pour le laiſſer parler tout muet qu'il eſt. Ou bien imaginez-vous que vous entendez quelque ancien Philoſophe, quand vous entendrez le Manteau qui harangue en cette façon, pour venger le deshonneur d'vn habit qui le fait honorer à tout le monde. Chacun ſe gouuerne à ſa Mode, parce que chacun eſt libre, & que les conditions eſtant diuerſes, tous emplois ne peuuent pas eſtre les mémes. Pour moy, Meſſieurs, ie ne veux pas me vanter, mais ie puis dire auec verité, que comme le barreau ne m'occupe point, ie ne me mets pas en peine d'auoir des ſuffrages au Chāp de Mars, croyant que le merite eſt bāny d'vn lieu ou la brigue regne. Ie ne faits point de foule à la Cour, & l'éclat du Senat qui paroiſt ſi haut aux autres, me ſemble moins qu'indifferent. Au reſte ie ne me pique point d'auoir des charges éminentes; Ie ne me faits point garder de place, ou les plus fameux Orateurs attirent les moins curieux. Ie ne me tiens point à la porte des Grands attendant l'opportunité de leur parler, & ne perds point de bonnes heures pour trouuer vn heureux moment. Les égouts du Palais ne sentent point mal pour moy comme pour les autres, pource que i'en suis éloigné. Ie ne faits point l'adorateur deuant vn baluftre pour eftre ouy fauorablemēt d'vn iuge en cōpagnie d'vn Aduocat. Ie n'étourdis point le monde en plaidant au parquet, ny ne broüille point les droicts pour former vn labyrinthe de chicane; ie ne faits point trainer des affaires plufieurs années qu'vn matin pourroit terminer. Enfin ie n'ay garde de mal iuger, ne voulant pas méme eftre en peine de iuger legitimement. La profeffion des armes ne me touchent non plus que celle de la iuftice. Ie ne me mefle point de guerre, n'aymant rien tant que la paix. Ie me fuis tout à fait fequeftré du monde,& fuis d'autant plus au deffus du peuple, que ie me foucie moins d'eftre illuftre parmy ces trois eftats aufquels il eft inferieur. En effect ie crois eftre le plus noble fujet du monde,eftant parfaictement libre & abfolument defintereffé. Ie n'ay a fonger qu'à moy feul, ny a trauailler que pour moy;mon plus grand foin eft de n'auoir point defoin du tout. On joüit bien mieux des douceurs de la vie dans

la retraicte que dans la foule du moñde. Ie
fçay bien, Meſſieurs, que vous decrierez cette
façon de viure comme apparament faineante,
quelque agiſſante qu'elle ſoit. Vous me direz
qu'il faut viure pour la Patrie, pour ſon Prince & pour le Public auſſi bien que pour ſoy-
méme. Mais ſouuenez-vous de cette ancienne maxime, que celuy qui meurt ſeulement pour luy n'eſtoit pas né pour les autres.
Certes comme la charité commence par ſoy-
méme, noſtre vie nous doit pluſtoſt apparte-
nir qu'aux Eſtrangers, & nous aurions tort de
nous haïr pour aymer autruy. Mais vous ne
douterez plus de cette verité, quand vous
viendrez à conſiderer que les Epicures & les
Zenons, que vous appellez les ſages par excellence, n'ont appris autre choſe à leurs diſciples, ſinon que pour bien viure il falloit viure
en repos. Ils ont conſacré, pour ainſi dire, ce
bien-heureux Eſtat ſous le nom de Souueraine & vnique volupté, & ont fait profeſſion ſo-
lennelle de ne rien faire auec quelque ſorte
d'empraſſement. Suiuant cela ie ne puis eſtre
blâmé de practiquer des dogmes que vous
eſtimez ſi hautement, veu méme que ſi ces
Philoſophes ont profité par là au public, ie puis

auſſi ne luy eſtre pas inutile. I'ay de couſtume
de donner des remedes a la corruption des
mœurs en la reprenant de quelque eminence,
ou des marches d'vn Autel ſi ie m'y rencontre.
C'eſt par là que ie donne la ſanté aux Repu-
bliques, aux Communautez, aux Villes &
aux Empires, au lieu que les autres Medecins ne font bien ſouuent que les rendre plus
malades.

LXIII. Si ie voulois me ietter maintenant
ſur des diſcours vn peu picquants, ie vous ferois remarquer que les Robes ont fait beaucoup plus de mal à la Republique que les cui-
raſſes. Ie ne flatte point les vices, faiſant eſtat
de les deſtruire. Ie pourſuis les vieux pechez,
comme les crimes noueaux, & ne pardonne
iamais, ny à la conuoitiſe ny à la lubricité,
comme elles n'épargnent preſque perſonne.
Mais principalement ie crie au feu contre
l'ambition, qui peut bien porter le commun
des hommes à vn luxe extraordinaire, ayant
porté Ciceron méme à achepter vne table
ronde de citronnier, au prix de cinq cens mil
eſcus, quoy que ce grand homme fut eſtimé
auſſi modeſte que d'autres ſôt diſſolus. Ce fut
elle encor qui meut Aginius Gallus a donner

deux fois autant d'vne table de méme étoffe,
pour se faire admirer dans Rome par les rare-
tez de l'Affrique. Voila combien ces deux
illustres personnages ont estimé certaines taches de bois qui rendoient le citron rare en vn
lieu où il est assez commun, & faisoiët moins
priser de l'or que des aix assemblez en rond.
Sylla ne fut pas moins prodigue que Gallus,
ayāt fait faire des plats qui pesoient cent liures
piece. Encor ay je peur qu'ils n'estoient pas de
iuste poids, veu que Drusillanus que Claudius
tenoit pour esclaue, s'ē fit faire vn seruice d'autres qui pesoient chacun pour le moins trois
cens liures. Et certes il falloit de cette vaisselle
à ces tables dont nous auons cy deuant parlé,
& comme on bastit exprés vne boutique pour
la faire, il falloit trouuer vne salle exprés pour
la faire voir. Ce sont là les déreglemens que
ie condamne, d'autāt plus en particulier qu'il
sont approuuez generalement. Or comme
ie tâche d'abaisser l'orgueil, ie picque iusqu'au
vif la cruauté, & crois que c'est auoir vne espece de douceur que d'auoir vn peu de barbarie
contre elle. Ainsi ie ne puis souffrir ces diuer-
tissemens de Vedius Pallio, qui iettoit ses seruiteurs aux lamproyes pour les voir deuorer

auec d'autant plus de plaiſir, qu'ils reſſenti-
roient plus de rigueur en mourant. N'eſtoit-ce
pas vne eſtrange brutalité pluſtoſt qu'vn plaiſir nouueau, de tâcher à rendre farouche vn
animal plein de douceur, & qui n'ayant point
de dents, d'ongles, ny de cornes ne ſçauroit
nuire, & de faire d'vn poiſſon vne beſte fero-
ce contre l'ordre de la nature, auſſi bien que
contre l'exigence de la raiſon : Mais à parler veritablement, ce n'eſtoit pas la lam-
proye qui deuoroit les hommes en cette rencontre, c'eſtoit Pollio méme qui les deuoroit
par les yeux, pour les deuorer aprés par la bouche. En effect il arriuoit quelquefois qu'aprés
que ce poiſſon eſtoit ſoul il le faiſoit cuire,
afin de gouſter quelque morceau du corps
de ſes ſeruiteurs qu'il trouuoit dans les entrailles. Ie coupperay encor icy la langue
à Hortenſius, pour eloquent Orateur qu'il
ſoit, non pas que ie haïſſe ſon art, mais pource
que ſa gourmandiſe eſt inſupportable. N'eſt-
il pas vray que ce fut le premier qui tua vn Pan
pour ſe le faire ſeruir à table, & qu'eſtant fait
Sacrificateur, il ne ſongea pas tant à faire quelque offrande aux Dieux, qu'à s'immoler cette
victime. Il eſt proprement l'vn de ceux qui

n'ont point d'autre Dieu que leur ventre, puis qu'il se consacre plustost à son ventre qu'à vne Diuinité.

LXIV. Ie decrieray encor la delicatesse d'Aufidius Lurco, qui commença le premier d'angresser les animaux qui deuoient luy seruir de mets, & corrōpit ainsi leur chair en luy donnāt vn embonpoinct artificiel Il leur faisoit prendre des alimens côtre leur appetit naturel, afin qu'ils eussent d'autant meilleur goust, qu'ils en auroient vn qui leur seroit étranger, bien qu'il leur semblast estre intime. Ie ne dissimuleray point la prodigalité d'Asinius Celer, qui achepta vn Barbeau cent cinquante escus, dont il ne fit qu'vn repas, ny beaucoup moins celle d'Esope le batteleur, qui fit vn festin d'oyseaux, dont le moindre coustoit quatre cens cinquante liures, pource que les vns parloient comme des hommes tous déraisonnables qu'ils estoient, & les autres chantoient si doucement, qu'ils pouuoient rauir l'ame par l'ouye. Ce gourmand creut donner plus de satisfaction à son Palais, en priuant les oreilles de la leur; aprés cela il ne se faut pas estonner si vn mets si delicat mangé par Esope, dōna vn appetit plus somptueux à son fils, & si n'estant

pas

pas moins diſſolu que ſon pere, il voulut eſtre
plus prodigue. Il fit donc liquifier des perles
qu'il huma incontinent, & l'on peut iuger
de ce qu'elles luy couſterent par la qualité
méme de ces morceaux qui ſont precieux,
méme dans leur nom auſſi bien que dans leur
nature. Vous euſſiez dit qu'il auoit peur
qu'on ne creut qu'il eut ſoupé plus maigre-
mēt que ſon pere, & qu'on ne l'eſtimât pas legitime heritier s'il ne ſurpaſſoit les vices d'E-
ſope pour monſtrer qu'il les égaloit. Ie ne
feray point icy mention des Nerons, des Api-
ces ny des Rufes, pource que ie ne dois pas
parler d'vn ſujet, dont tout Rome parle ſuffi-
ſamment.

LXIV. Mais en reuanche ie veux marquer
d'vne notte d'infamie Emilius Caurus, Quin-
tus Curius, & Marc Anthoine, quoy que ce
dernier ſe trouue parmy les hommes illuſtres.
Le premier eſt ſi impudique que ie ne puis parler ſans horreur de ſes infames debordemens,
ny les diſſimuler ſans crime. Il ſuffit de dire
pour ſatisfaire tout enſemble ma modeſtie &
ma conſciēce, que ce mōſtre eſt la méme impureté. Le ſecond ne s'occupe qu'à joüer, & le
troiſieſme eſt vn yurogne courtois, & qui de

tous les Dieux des Romains ne reconnoiſt que
Bachus auec la Deeſſe de l'Amour. Souuenez-
vous cependant, Meſſieurs, que la pluſpart de
ces infames ſont appellez illuſtres par ceux
qui ont écrit nôtre hiſtoire, & qu'ils portoiēt la
Robe auſſi bien que vous, quoy que vous haïſ-
ſiez leurs déportemēs. Cherchez en de ſemblables ſous le Manteau, certes vous m'auoüerez
qu'il eſt auſſi innocent que la Robe paraiſt
coulpable. C'eſt pourquoy pour nettoyer
vne Ville qui a receu tant d'ordure, & faire
éuacuer ces puanteurs qui l'infectent, il faut
recourir neceſſairement à voſtre ennemy, qui
eſt preſt de vous receüillir auec beaucoup d'affection. En effect il n'y a que les aduis ſalu-
taires qu'on donne ſous le Manteau, qui puiſſent vous garantir de la mort. Vn certain
auoüe chez le Poëte, que le diſcours d'vn
homme ſage la perſuadé, & qu'il ſe ſent guery
par vn remede fort efficace, à méme qu'il ſe
ſent deſabuſé. Mais il eſt certain que les œuures parlent plus que les diſcours, & ſi les
vns font des operations admirables, les
autres en font de miraculeuſes. Ainſi quand
bien on ne parleroit point dans le Chriſtianiſme, & que l'ignorance ou la honte des par-

ticuliers, y feroient obferuer vn filence general ; le Manteau feroit affez eloquent, la
vraye Philofophie fe touche plus de la vie que
de la langue, & ne fe foucie pas d'eftre muette
pourueu qu'elle foit edificatiue. C'eft ainfi
qu'il fe fait entendre fans dire mot auffi-toft
qu'il fe fait voir, d'autant que fon port n'eft
pas moins inftructif que fes paroles. C'eft
ainfi que ie remplis les vices de confufion
quand ie les rencontre, & que ceux qui font
tout trembler fous la Robe, tremblent tous
fous le Manteau. Et certes il n'eft pas poffible
qu'on ne fouffre quelque forte d'apprehen-
fion à la premiere veuë d'vn ennemy ; & puis
comment peut on refifter par les yeux à celuy
qu'on craint interieurement, & qu'on reuere
dans le cœur, quoy qu'on le méprife en apparence.

LXV. Aprés cela il faut confeffer que la republique eft fort redeuable au Manteau, dont
la feule idée fait rougir les plus impudens, &
fert d'obftacle à la corruption des mœurs, &
d'apuy à la probité. La Philofophie pourroit
dire icy que cét ornement ne luy eft pas moins
auantageux qu'honorable. Mais ce ne font
pas feulement ceux qui la profeffent qui s'efti-

ment glorieux de le porter ; Il y a beaucoup
d'autres arts fort vtiles au public , qui ne
croyent point auoir de vogue,que celle qu'ils
tirent du caractere que ie leur donne. Ceux
qui apprennent à lire & à écrire, les maiſtres
d'Arithmetique, de Grammaire & de Rethorique, les Philoſophes, les Medecins, les Poë-
tes, les Muſiciens,les Aſtrologues judiciaires,
& les deuins ; en vn mot, tous ceux qui font
profeſſion des Arts liberaux,tirent bien moins
de gloire de leur ſçauoir que de la liurée que
ie leur donne. I'auoüe que ſous la Robe on
trouue des Cheualiers Romains: mais i'ay dé-
ja dit qu'on y trouue des maiſtres d'eſcrime,&
que l'amphiteatre ne nous produit point des
infames gladiateurs, qui ne ſoient veſtus de
l'habillement dont vous faiɕtes voſtre gloire.
Dites maintenant qu'il y a du des-honneur à
paſſer de la Robe au Manteau , & non pas
pluſtoſt à paſſer du Manteau à la Robe, comme ont faiɕt vos predeceſſeurs. C'eſt ainſi,
Meſſieurs , que le Manteau parle pour faire
mon Apologie en faiſant la ſienne , & moy
pour ne pas eſtre ingrat de cette faueur, ie ſuis
preſt de le deffendre auſſi vigoureuſement
qu'il m'a deffendu, & crois l'honnorer beau-

coup fi ie m'en fens honoré. Ie n'attribuë pas
cét auantage au merite de ma perfonne, mais
à la fublimité de ma croyance. En effeét fi le
Manteau m'a mis au nombre des fages, ie puis
dire que ie le faits entrer en commerce auec
vne Secte toute diuine, & dont la difcipline
ne fçauroit manquer dans le temps, eftant
fondée fur la fageffe Eternelle. Puis donc que
le Manteau a parlé aux hommes, ie crois pouuoir parler au Manteau en ces termes auantageux mais veritables. Réiouy toy maintenant, de voir qu'vne Philofophie Celefte à dai-
gné te prendre pour marque de fes Profeffeurs,
au lieu qu'auparauant tu n'eftois que la marque d'vne Philofophie terreftre. Tu ne t'és acquis vne reputation immortelle, que depuis
que tu as commencé d'eftre l'habit d'vn
Chreftien.

LXVII. Voila comment ce braue Carthaginois, en faifant l'Apologie de fon change-
gement d'habits, femble faire celle de la gentilleffe des François. Ie me fuis eftendu plus
librement que luy, mais c'eft qu'il nous donne des myfteres à deuiner & ie les déueloppe.
Il eft obfcur, & ie tâche de le rendre intelligible. I'auouë pourtant qu'en certains en-

droits ie ne le comprends point , non pas que
ſa barbarie ne me ſoit aſſez familiere , mais
pource que pluſieurs qui l'ont voulu rendre
moins ſombre, l'ont éclaircy par de plus épaiſſes tenebres. Au reſte quoy que i'ayme la ga-
lanterie de noſtre nation, qu'on ne s'imagine
pas que i'authoriſe l'extrauagance. Qui pourroit ſouffrir que le Caprice de certains courtiſans cauſe la ruine d'vne infinité de maiſons,
& que pour nous faire Gentils ils nous faſſent
pauures ? Qui ne s'impatienteroit encor
voyant vne coquette qui ne croit point auoir
de collets , ſi elle n'en a pour en changer tous
les iours de l'année, & qui ne ſe ſoucie pas de
la robe d'immortalité , pourueu qu'elle ſoit
touſiours veſtuë à la Mode. Ainſi donc la
propreté eſt neceſſaire à vne perſonne d'honneur , mais l'afferterie ne peut eſtre que ſuper-
fluë. La nouueauté me rauit, mais la bizarrerie me rebutte. Mais puis que le ſtyle à la Mode nous fait parler de tout , il faut qu'il nous
faſſe parler de luy-méme. Ne regardons donc
plus nos habillemens pour regarder nos diſcours. Si les vns ſont les truchemens du
corps, ainſi que parle vn Grammairien , les autres le ſont de l'ame.

LE STYLE
A LA MODE.

OV IL ETS TRAICTE' DE
l'Eloquence & de la Poësie du temps.

CHAPITRE IV.

NOVS naiſſons tous également raiſonnables, mais nous raiſonnons tous diuerſement. Tout de méme chaque homme à de l'aptitude à parler, & neantmoins tous les peuples ont des langages differents. Mais il ne ſe faut pas eſtonner que les climats apportent de la varieté à nos diſcours, veu que bien ſouuent en changeāt d'année nous changeōs de façon de diſcourir. Les mots qui eſtoient en vſage ſont décriez, & ceux qui ne l'eſtoient pas ſont authoriſez publiquément. En vn temps on

ayme l'Eloquence refferrée, & en l'autre on en
veut vne plus étenduë. Cette maladie est moderne; mais à la bien prendre elle est fort an-
ciëne. Seneque a esté en peine d'en traicter aussi
bien que nous. Voicy comme il recherche les
causes de cét effect. Vous me demandez, mon
cher Lucilius, d'où vient qu'en certains temps
il arriue de la corruption dans le langage, &
comment les esprits se laissent emporter à certains vices qui font que leur expression est
quelquefois vigoureuse, & d'autrefois
rompuë & mole comme vne profe de chan-
fons. Vous voulez sçauoir par quel char-
me secret les pensées hardies & les hiperboles,
qui surpassent la creance ordinaire, ont plus de
vogue en vne saison, & qu'en l'autre on faict
estat des sens couppez & de ces façons de parler qui laissent plus de chofes à deuiner qu'elles n'en disent, & où il faut plus entendre de
chofes par la pensée que par l'oreille. Enfin vous recherchez la raifon, qui a semblé
donner droict aux hommes de se seruir vn peu
trop librement de la metaphore, & puis de ne
s'en seruir point du tout. Ce prouerbe des
Grecs qu'on a si fouuent à la bouche, vous
peut tenir lieu de réponse; à sçauoir, que le langage

gage des hommes a tousiours esté semblable
à leur vie, & comme l'action d'vn chacun en
particulier a du rapport à son discours, ainsi la
façon publique de discourir imite quelquefois
les mœurs du public. Si vne ville a beaucoup
relâché de la discipline & donné entrée aux de-
lices a qui la seuerité la fermoit, la mollesse du
langage est vne marque du luxe des habitans,
pourueu qu'elle ne soit pas particuliere à vn ou
à deux, mais approuuée & receuë de tout le
monde. L'esprit ne peut auoir vne autre couleur que l'ame: si elle est saine, modeste, graue,
temperante, l'esprit aussi est dans la reserue &
dans cette belle secheresse qu'Eraclite estimoit
tant. Mais si l'ame est corrompuë il se sent de
sa contagion.

II. Ne voyez-vous pas que si l'ame est lan-
guissante, les membres se trainent plustost
qu'ils ne se portent, & les pieds ne se meuuent
qu'en semblant ne se point mouuoir. Si elle
est effeminée le marcher méme tient de la
mollesse, & si elle est prompte & agissante, le
corps est sans pesanteur tant il se meut agile-
ment. Si l'ame est en fureur ou en colere; car il
ny a pas beaucoup de difference de l'vne à
l'autre, le mouuement du corps se trouble, &

Z z

vous ne diriez pas qu'il marche, mais qu'il eſt porté. Or ſi cela arriue a vn ſujet qui eſt réellement hors de l'eſſence de l'ame, à plus forte raiſon arriuera-t'il à l'eſprit, qui eſt tellement intime à l'ame, qu'ils ne font tous deux qu'vne méme eſſence. C'eſt d'elle qu'il ſe forme, il luy obeyt comme à ſa maiſtreſſe, il en prend la loy comme d'vne ſouueraine. Tous ſçauent de qu'elle façon a veſcu Mecenas, & ſes deportemens ſont trop conneus pour eſtre icy repreſentez. On nous a dit comment il marchoit, combien il eſtoit doüillet, quelle ambition il auoit d'eſtre veu, & comment il ne vouloit point que ſes vices mémes fuſſent cachez. Ie demande maintenant s'il n'eſt pas vray que ſes diſcours n'eſtoient pas moins diſſolus que ſa vie? Ses paroles n'eſtoient elles pas auſſi remarquables que ſes habits, que ſon train, que ſa maiſon, & que ſa femme? C'eſtoit vn homme d'vn grand eſprit s'il s'en fut ſeruy de bonne façon, s'il n'euſt pas affecté de n'eſtre pas entendu, & ſi ſa delicateſſe n'euſt paru iuſques dans ſon langage. Vous pouuez donc remarquer que ſon Eloquence eſt vague, & neantmoins entortillée, & qu'encor qu'elle ſoit pleine de liberté, il y a touſiours quelque

contrainĉte vicieuſe. Mecenas eſt touſiours
ſemblable à ſoy méme, ſa mode ne le quitte
point, & quoy qu'il change bien ſouuent le
ſujet de ſes actions, il agit touſiours de méme
façon.

III. Quand vous liſez dans ſon liure, ne diriez vous pas qu'il la fait pour n'eſtre pas leu,
ou pluſtoſt ne iugeriez vous pas que cét Autheur monſtre encor dans ſon ouurage qu'il
alloit autrefois ſans ceinture par la ville, c'eſt a
dire ſans modeſtie ; C'eſtoit à cette marque
qu'on le connoiſſoit, méme lorſqu'il faiſoit la
charge de l'Empereur durant ſon abſence de
Rome. Chacun voit encor que c'eſt celuy qui
portoit ſon mâteau, comme les riches fugitifs
les portent dãs la Comedie, que c'eſt celuy qui
du tẽps des guerres ciuiles a touſiours paru en
public, accompagné de deux Eunuques, qui
toutefois eſtoient plus hommes que luy ; que
c'eſt celuy qui s'eſt marié mille fois ayant vne
femme. Ses paroles ſi mal couſuës, placées
auec tant de negligence, & introduites contre
la couſtume de tout le monde, monſtrent que
ſes mœurs n'eſtoient pas moins negligées
qu'elles eſtoient extraordinaires. Il eſt vray
qu'on le louë pour ſa clemence, pource qu'il

ne s'eſt iamais ſeruy du glaiue, qu'il a eſpargné
le ſang, & n'a iamais monſtré ſon pouuoir en
autre choſe qu'en la licence de ſa vie. Mais i'o-
ſe dire qu'il a corrompu cette loüange par la
mignardiſe d'vn langage ſi monſtrueux. Car
il paraiſt bien par là qu'il eſtoit pluſtoſt mol
que debonnaire. C'eſt ce que monſtrẽt mani-
feſtement ces labirinthes de conſtruction, ces
paroles entrelacées mal à propos, ſes ſenten-
ces qui ont quelquefois de la maieſté, mais qui
l'affoibliſſent par l'expreſſion. Sans doute
que l'excez du bon-heur dont il ioüiſſoit
luy auoit fait mal à la teſte, foibleſſe qui a de
couſtume de venir quelquefois de l'homme, &
quelquefois du malheur du temps. Quand la
felicité a donné libre carriere au luxe, on commence premierement à orner plus ſoigneuſe-
ment le corps, aprés on a la maladie des meu-
bles & des baſtiments. On ne croit pas auoir
des maiſons, ſi elles ne s'eſtendent bien auant
dans la campagne, ſi les murailles ne ſont en-
croutées d'vn marbre qu'on ait porté de delà
la mer, ſi les toits mémes ne ſont embrunis
d'or, & ſi l'éclat du paué ne répond à celuy
d'vn lambris ſi precieux Aprés on vient à la
delicateſſe des viandes, & au lieu qu'on ne doit

manger que pour viure, on ne semble viure
que pour manger. Quelques dissolus croyent
tirer leur gloire de la nouueauté des mets &
du renuersemét de l'ordre estably pour les repas ordinaires; De telle sorte qu'ils font seruir
les premiers, des plats qu'on ne deuroit seruir
que sur la fin de la table, & donner à ceux
qui s'en vont, ce qu'on donnoit autrefois à
ceux qui venoient. Quand l'esprit s'est appris
à se dégouter de ce qui est dans l'vsage, & que
les choses ordinaires luy paraissent messeantes,
il commence à chercher quelque chose de
nouueau pour le langage aussi bien que pour
les actions. C'est ainsi que tantost il remet
en vogue des maux qu'on auoit condamnez
& met toute l'elegance du discours à parler
comme les barbares. Tantost il en inuente
de nouueaux, & croit que pour bien parler il
faut parler comme luy. D'autresfois il donne vn sens bizarre a des mots inconneus, ou
renuerse celuy des autres dont tout le monde
a connoissance. Dans le téps où nous sommes,
on croit qu'vne Metaphore frequéte & hardie
fait toute la grace de l'expression, cóme si pour
bien discourir d'vne chose il n'en falloit trai-
éter qu'en traiétant d'vne autre toute diffe-

rente. Il se trouue des Autheurs qui coupent
leur pensée à demy, & qui croyent estre dans
l'approbation generale s'ils suspendent pour
ainsi dire ce qu'ils veulent auancer, & nous
font deuiner leurs sentimens au lieu de les exprimer; D'autres les étendét si au long qu'ils se
rendent ennuyeux pensant se rendre intelligibles, & on reiette d'autant plus leurs proposi-
tions, qu'ils s'empressent plus pour les faire receuoir. Il y en a d'autres qui ne s'emportent
pas iusqu'aux vices du langage, & qui toutefois les ayment. C'est pourquoy par tout ou
vous verrez vn langage corrompu dans l'a-
gréement, ne doutez point que les mœurs ny
soient fort irregulieres. En effect comme le
luxe des festins & des habillemens est vn sim-
ptome d'vne ville malade, ainsi les trop grandes licences d'vn discours monstrent que
les ames de ceux qui s'en seruent ne sont pas
fort disciplinées. Vous ne vous deuez pourtant pas étonner de voir que ce langage corrompu n'est pas seulement bien receu d'vn
peuple grossier, mais encor de ceux qui font
profession d'vne politesse extremément raffi-
née. Tous ces gens-là different par la façon
de leurs Robes, & non pas par la qualité de

leurs iugemens; Mais ce qui vous doit faire étonner, c'eſt que non ſeulement les choſes vicieuſes plaiſent, mais encor les vices mémes.

IV. Cela s'eſt fait de tout téps, il n'y a iamais eu d'eſprit qui ait pleu ſans auoir beſoin d'excuſe; donnez moy le plus grand perſonnage que vous voudrez, ie vous diray que ſon aage luy a pardonné, ou qu'il a diſſimulé volontairement pour luy eſtre plus fauorable. De moncoſté ie vous en dōneray pluſieurs à qui les vices n'ont peu nuire, & quelques vns mémes à qui ils ont profité. Ie vous nommeray, diſ-je, des Autheurs de tres grande reputation, & qu'on a contés parmy les miracles, dont il faut effacer tous les ouurages pour les corriger. Car les vices y ſont tellement meſlez auec les vertus, qu'ils les entraineroient auec eux. Adiouſtez maintenant que le langage n'a point de reigle certaine, quelque regulier qu'on ſe le figure. La couſtume d'vne ville qui n'a iamais ſceu demeurer en vn méme eſtat ſe tourne comme il luy plaiſt. Pluſieurs pour bien parler dans le temps empruntent les paroles d'vn autre ſiecle. Ils ne diſent preſque pas vn mot qu'ils ne parlent des douze tables. Cracchus & Craſſus Curio leur ſemblent trop polis & trop recents, ils remontent à Appius & à Coruncanus. Quelques-vns au contraire ne voulant rien que de commun & qui ne soit dans l'vsage tombent dans la negligence. L'vne & l'autre sorte de ces personnes est également corrompuë, quoy que ce soit d'vne diuerse façon. Ainsi les vns ne pechent pas moins que les autres. L'vn s'aiuste plus qu'il ne faut, & l'autre se neglige plus qu'il n'est de la biensceance; l'vn s'arrache les cuisses, & l'autre ne se plume pas seulement les aisles. Passons à la composition, combien de façons vous feray-je voir par lesquelles on y peche. Quelques-vns approuuent celle qui est brisée & rude, s'il y a quelque chose qui coule doucement dans leurs discours, ils le troublent par vn obstacle. Ils ne veulent point qu'il y ait de liaison sans ordure, & appellēt vn discours viril, & fort celuy qui blesse l'oreille par son inégalité. Celuy de quelques autres ne semble pas vne cōposition d'esprit, mais vn concert de musique. Leur eloquēce est facheuse & insupportable, en ce qu'elle flatte tousiours & n'éfarouche iamais. Que diray-je de cette maniere de discourir, ou l'on differe à prononcer les paroles, & par laquelle on les rend intelligibles, pource qu'on les fait trop attendre?

attendre? Que diray-je de celle qui est lente
sur la fin telle qu'est celle de Ciceron, qui def-
cend infenfiblement & tombe auec vn peu de
molleffe elle qui est quelquefois ennuyeufe,
eftant toufiours femblable à elle méme.
Quand aux fentences on y peut faillir, non
feulement fi elles tiennent de la baffeffe & de
la puerilité, ou qu'elles chocquent la vertu &
la pudeur, mais encor fi elles font trop fleuries
& trop douces, fi elles s'en vont en vain & ne
font point d'autre effect que le fon qui accõpa-
gne leur pronõciation. Or il ne faut qu'vn feul
maiftre d'eloquence pour introduire tous ces
vices. Ceux qui l'entendent l'imitent, & fe
les communiquent fucceffiuement les vns aux
autres. Ainfi du temps de Salufte les fentences
couppées, des paroles qui tõboient côtre l'attente des efprits, & vne brieueté obfcure fai-
foiẽt toute la grace du difcours. Arruntius qui
a écrit l'hiftoire d'Affrique, & qui a efté plus
confiderable par fa frugalité que par fes écrits,
a efté Saluftien, s'il m'eft permis de parler ainfi,
& eft tombé quelquefois voulant s'appuyer
toufiours fur vn Autheur fi celebre. Tout fon
liure eft tiffu de cette façon; des chofes qui font
rares dans Salufte, fe trouuent à tout pro-

Aaa

pos & prefque continuellement dañs ce
vicieux imitateur : C'eft que l'vn tom-
boit en ces façons de parler, où l'autre les re-
cherchoit. Or remarquez que cette bizarrerie
s'enfuit, quand quelqu'vn prend lé vice pour
vertu, & qu'il imite ce qu'il deuroit éuiter?

V. Au refte le difcours d'vn homme colere
femble colere comme luy, vn efprit émeu parle auec émotion, ceux qui font delicats ont vn
langage tendre & floüet. Ce qu'on peut obferuer ayfément, en ceux qui fe font arracher
la barbe, ou qui font toufiours à la toucher,
qui fe font razer les mouftaches à fleur de peau
& conferuent le refte du poil, qui s'habillent
d'vne couleur étrange, ou qui portent vne
Robe fort reluifante, qui en vn mot ne veulent
rien faire qui puiffe échapper aux yeux des
hommes. Ils les follicitent & les tournent
deuers eux, & ne fe foucient pas d'eftre repris
pourueu qu'ils foient regardez. Tel eft le langage de Mecenas & de tous les autres qui ne
faillent pas par hazard, mais par determina-
tion.

VI. Ce déreiglement de langue vient d'vñe
grande maladie de l'ame. C'eft comme quand
vn homme eft pris de vin; fa voix ne chan-

celle qu'aprés que son esprit à cedé à la charge
des vapeurs, & a esté ainsi degradé ou trahy
par cette dangereuse liqueur; De méme ce langage qui n'est autre chose qu'vne yuresse de la
raison n'est facheuse a personne, si l'esprit ne
chancele. C'est pourquoy il le faut guerir,
puis que c'est de luy que viennent les pensées
& les paroles, & qu'il regle nostre habillement,
nostre mine & nostre marcher. Quand il est
fort & vigoureux, le discours est aussi robu-
ste, & veritablement masle; s'il tombe, tout
le reste suit incontinent sa cheute. C'est ce
que le Poëte nous represente quand il nous
dit, que tant que le Roy se porte bien, ses sujets
viuent dans vne parfaicte vnion, mais si tost
qu'ils l'ont perdu, ils perdent d'abord cette
belle intelligence. Nostre esprit est nostre Roy,
tant qu'il est sain, nos autres facultez demeurent dans leur deuoir, elles plient sous luy &
obeïssent sans resistance : Mais s'il défaut
pour peu que çe soit, elles défaillent auecque luy. Que s'il s'abandonne à la volupté,
son industrie se sent de cette mollesse aussi bien
que ses actions, & ses efforts les plus genereux
sont tousiours vn peu languissants. Et puis
que ie me suis seruy de cette similitude, ie la

veux acheuer icy. Noſtre eſprit eſt quelquefois Roy, quelquefois tyran, il eſt Roy quand
il n'a que des viſions honneſtes, lors qu'il a
ſoin du corps qui luy eſt ſoûmis, & qu'il ne
commande rien ny de bas ny de honteux.
Mais lors qu'il n'eſt pas maiſtre de ſoy méme
& qu'il eſt auide ou delicat iuſqu'à l'excez, il
prend vn nom execrable & deuient tyran.
Lors il eſt aſſailly de ces violentes paſſions,
qui le démontent abſolument de ſon aſſiette,
& qui d'vn ſujet ſpirituel en font vn brutal.
VI. Voilà comment le ſage Romain attribuë le changement du diſcours au changement des mœurs du ſiecle. Pour moy ſans
m'arreſter au principe ie regarderay l'effèct,
& conſidereray dans vne méme vniformité
les varietez qui arriuent dans les ſciences &
dans les langues, dãs la Pœſie & dans la Proſe.
Nous auons veu de nos iours vn Autheur
Anglois, qui croit auoir affranchy la Philoſophie, comme Louis XI. diſoit qu'il auoit mis
la Royauté hors de page. En effèct ce Philoſophe s'eſt rendu chef de Part pour paraiſtre
indifferent. Mais il ſe monſtre d'autant plus
intereſſé qu'il ſe deſintereſſe dauantage. Ie
ſçay bien qu'il appelle ſes opinions des para-

doxes, mais il eſt bien ayſé à voir de quel coſté
il panche, quoy qu'il veüille eſtre ſuſpendu
entre deux extremitez, & que pour donner
plus de vogue à ſes nouueaux dogmes, il tâche à renuerſer ceux des anciens. Il croit que
la liberté qu'il affecte le diſpenſe de toute ſorte
de preſcription, & que hors de la certitude
qu'on tire de l'Ecriture ou de la raiſon, il n'y en
a point d'autre qui ne nous laiſſe quelque doute. Il eſt vray qu'il blâme apparament l'ar-
rogance de ceux qui choquent les Princes des
Philoſophes, pour ſe faire eſtimer par la grandeur de leurs ennemis, ne le pouuant pas faire
par celle de leur perſonne.

VIII. Mais en cela il s'accuſe en ſe deffen-
dant, & tombe en vn deffaut qu'il veut faire
éuiter aux autres. N'eſt-ce pas combattre
tous les ſentimens des Sages, que d'aſſeurer
que le feu eſt auſſi peſant que la terre, & qu'il
eſt humide quoy qu'on luy donne aſſeuré-
ment de la ſechereſſe en vn ſouuerain degré.
Que le lieu n'eſt autre choſe que le neant, &
qu'il n'y a point de mouuement d'vne eſpace à
l'autre, quoy que neantmoins il reconnoiſ-
ſe quelque mouuement local. Que toutes
choſes ſe font de rien, & que l'éduction dont

on parle dans l'école ne differe point de la creation. Qu'vn méme corps peut eftre reproduit par les forces de la nature, aprés en auoir efté deftruit, qu'il ny a rien de compofé dans le monde, quoy qu'il y ait beaucoup de parties, que le nôbre n'eft point vne efpece de quantité, & qu'il y a du vuide dans la nature quoy qu'ō die qu'elle ne le peut fouffrir. Qu'vn comette n'eft point vn meteore de feu, que les Cieux ne font point meus par des intelli-gences, & que leur roulement n'eft point vniforme, quelque regulier qu'il foit. Qu'il eft probable que la terre fe meut en rond, qu'vn corps fimple n'a pas vn feul mouuement fim-ple, & qu'il n'y a point d'accidēt qui foit pro-prement attaché à fon fujet. Que l'intelleðt qu'on appelle agent, n'eft point neceffaire à l'intelligence, que les brutes font en quelque façon auffi capables de raifon que les hommes mémes, & que les fens qui font fujets à tant d'illufions ne fe peuuent iamais tromper. Qu'il faut comparer la Logique à la paume de la main, & la Rethorique au poing contre l'auis de Zenon, & que cette fcience qu'on appelle étenduë eft refferrée, comme celle qu'on ap-pelle la plus refferrée eft fort eftenduë. Que la

superficie de l'eau n'eſt pas ronde comme on
dit, mais piramidalle, & que la contradiction
qui eſt la plus grande de toutes les contrarie-
tez, eſt toutefois la moindre des oppoſitions.
Que c'eſt ſans ſujet qu'on reduit les cauſes au
nombre de quatre, & qu'on diſtribuë la Dia-
lect que ſuiuant les trois operations de l'entendement. Que n'y ayant que deux genres il
ny doit auoir que deux categories qui leur ré-
pondent, qu'il n'y a point d'agent naturel qui
ſoit vn forme, que le mouuement des choſes
maſſiues & lourdes, vient pluſtoſt d'vne im-
preſſion du dehors que de leur inclination,
que la matiere ne cõmunique point ſõ exten-
ſion à la forme, que l'agitation de la bouſſolle
ne vient pas du pole, mais de la terre, & qu'au
lieu de tant de globes qu'on met dans le Ciel,
il n'y faut mettre que ſix cercles. Voila en
peu de mots, la ſubſtance des nouueaux
dogmes que cét Autheur nous produit pour
deſtruire ceux des Anciens. Cette ſeule pe-
riode contient ſuccinctement ſes trois decades.

IX. Or il ne ſe faut pas étonner s'il pretend
renuerſer les maximes des hommes, veu qu'il
veut méme renuerſer celles de l'homme Dieu.

Ne tient-il pas pour maxime que la tranſub-
ſtantiation eſt impoſſible à Dieu, aprés auoir
auoüé que la creation actiue eſt poſſible aux
creatures. Il veut qu'vne choſe en faſſe vne
autre de rien, & ne veut pas que d'vne, Dieu en
puiſſe faire vne autre. Mais ne l'accuſons pas
icy d'auoir peché côtre la foy, mais ſeulement
contre la Sageſſe humaine, & pour monſtrer
que nous ne le condamnons pas ſans raiſon,
écoutons ſes raiſons pour les rejetter. Ne l'e-
ſtimons pas excuſable, quoy qu'il apporte des
pretextes ſpecieux, au côtraire tenons ſa cauſe
d'autant plus ruineuſe qu'il met plus de
ſoin à la rendre bonne. I'ay pitié, dit-il, de ces
eſclaues naturels, qui acheptēt pluſtoſt les maximes communes des Philoſophes qu'ils ne les
mettent à prix, & prennent pour vain tout ce
qui eſt de nouueau. Certes ie n'ay iamais iugé
dignes du nom de diſciples d'Ariſtote, ceux
qui ſemblant auoir vne obeiſſance aueugle
pour ce grand Maiſtre, hument les ordures de
ſon école, pource qu'ils n'en ſçauent pas choi-
ſir les perles. Au contraire ie faits grand eſtat
de ceux qui eſtabliſſent & conſeruēt la liberté
qu'Ariſtote a introduite, & qui penetrent bien
cette verité que la volonté, n'ayant point de
franchiſe

franchife que par le moyen de l'entendement, il ne faut pas que le feul entendement
foit dans la captiuité. I'ofe dire méme que ce
grand Genie ne fe trouue iamais moins que
dans les écrits de ceux qui le citent a tout
propos, & que s'il reuenoit au monde il les
defauoüeroit comme des infan es baftards, ou
qui degenérent de la nobleffe de leur pere.
Certes il me femble qu'à l'imitation de ce
peintre dont parle Elian, au fujet d'Homere &
des Pœtes, ie vois Ariftote qui vomit, & les
Philofophes de noftre temps qui léchent &
qui deuorent auec appetit ce qu'il vient de
rejetter, tant l'authorité de ce Philofophe a eu
d'auantage & de bon-heur, qu'elle a contraint, par la grandeur defon nom, fes fectateurs & fes amis a fouftenir inuiolablement
fes opinions, & ietté fes aduerfaires & fes ennemis mémes, dans la neceffité de ne iuger de
beaucoup de chofes que par vn fimple preiugé. C'eft ainfi que la Philofophie des anciens
qui ont vécu deuant Ariftote, & dont les dogmes ont efté inferieurs aux fiens pluftoft en
fortune qu'en merite, eftant maintenant bannis du monde, il ny a que celle des Peripateticiens qui regne dans les Ecoles.

Bbb

X. Or leur doctrine à eu des charmes si puis-
sans, que comme vne autre teste de Meduze,
elle change encor en pierre tous ceux qui la
considerēt, & les rend insensibles pour les rendre plus dociles ou plus seurement ignorants.
Que si Aristote, ce grand prodige de la nature,
auoit fait part à nos Philosophes de son genie
aussi bien que de ses œuures, peut estre ils auroient plus d'indulgence pour vne liberté genereuse que d'autres s'efforcent de prendre,
qu'ils n'ōt d'agréemēt à leur seruitude faineante. En effect est-il d'homme si peu raisonnable, qui ne m'auoüe que si on considere ce
Prince des Philosophes comme homme, il a
peu tomber en beaucoup d'erreurs & de fauf-
setez, que si au contraire on le regarde
comme Payen, il a bien auancé des impietez
& eu beaucoup de sentimens prophanes; qu'en
fin à le prendre comme premier Restaurateur
de la Philosophie, il a laissé plus de choses
imparfaictes qu'il n'en a produit d'acheuées.
On ne met pas le faiste ou l'on met le fondement. Adioustez à cela que la Philosophie des
Peripateticiens a beaucoup décheu de sa premiere perfection, en la personne de ceux qui
l'ont suiuie par tradition, & l'on peut dire que

la moindre maxime d'Ariftote a produit chez
eux vne infinité d'errcurs toutes differentes, de
tellesorte qu'il ne faut pas regarder les produ-
ductions de ces Autheurs comme celles des
animaux qu'on nomme parfaicts, parmy lesquels vn semblable engendre touſiours son
semblable; mais comme des eſſains d'inſectes
qui naiſſant dans le ventre d'vn cheual mort
n'ont qu'vne vie de corruption. C'eſt à ces
idolatres de l'academie des Peripateticiens,
que ie veux oppoſer noſtre Philoſophie ſans
prefcription, afin que des obferuations fuper-
ftitieufes ne triomphent pas de la verité, &
qu'on ne tienne pas pour facrés dans le Chriftianifme, les moindres aduis des profanes. Et
pour monftrer que la fageffe dont ie parle ne
laiffe pas d'eftre venerable, bien qu'elle ne porte pas vn caractere d'ancienneté, ie ne luy
donne pas de grands noms, pource que fa
grandeur confifte dans fon effence, & qu'elle
brille affez d'elle méme fans qu'elle ait befoin
d'vn éclat étranger pour fe faire voir. Ie la
propofe toute nuë, afin qu'on reconnoiffe d'a-
bord que ie ne la déguife point. Elle fe produit
dans vne parfaicte fimplicité, pour monftrer
qu'elle n'a point de paroles à doubl- entente.

Enfin si elle n'est pas appuyée d'vne authorité maiestueuse, elle l'est d'vne sincerité ciuile. En effect, comme elle ne veut point appeller du iugement des habiles, elle ne craint point le preiugé des demy sçauans. Ie ne suis pas de l'ordre de ceux qui croyent que personne ne peut estudier en Philosophie, s'il ne fait autant parler de soy que celuy qui bastit le Temple d'Ephese, ou que celuy qui destruisit ce miracle de l'vniuers: mais i'estime qu'vne liberté genereuse peut faire prendre vne voye aux plus prudens, métoyéne entre deux extremitez également vicieuses, de telle sorte qu'ils ne receuront pas la Philosophie des Peripateticiens sans précaution, ny ne le rebuteront pas sans sujet. En vn mot ils ne seront ny trop delicats ny trop credules. Et puis qui ne sçait qu'il y a vne infinité de choses cachées dans le tresor inépuisable des sciences, qui estant découuertes se peuuent asseurer, non pas contre les maximes receuës, mais au delà des maximes ordinaires; En effect nous prenons quelquefois pour incroyable ce qui n'est pas euident, & pource que l'experience est la meilleure maistresse, nous croyons estre mal instruits quand on nous parle d'vn sujet que nous n'auons pas

éprouué. Enfin il y a des efprits dont l'entendement femble croire, que fi les veritez ne font
fenfibles elles font inintelligibles abfolument.
Mais il eft certain que comme on a découuert
de nos iours de nouueaux Aftres, fans choquer les maximes de l'ancienne Aftrologie,
ainfi l'on peut découurir de nouueaux objets,
fans démentir en cela la cognoiffance des autres fiecles. Suiuant cela il peut arriuer qu'vn
homme auancera des conclufions qui ne feront ny contraires ny fauorables à l'Ariftote,
pource qu'il aura des vifions fur des matieres,
fur lefquelles l'autre n'auoit que de fimples
obfcuritez.

XI. Or la Philofophie libre que ie vous donne, fe referue plus particulierement ce droict
de chercher pluftoft que de s'enrichir de ce
que d'autres ont trouué, & de mener pluftoft
que de fuiure. C'eft vne fcience que beaucoup
de perfonnes ayment, mais dont peu d'efprits
font eftat, & qu'on rencontre auffi rarement
qu'on la cherche auec plus d'affiduité. Or
pour vous déliurer de la peine de la recherche,
ie vous en prefente icy vn échantillon, & vous
offre trois decades qui ne vifent pas tant a rendre leur Autheur illuftre, qu'à donner le flam-

beau à d'autres pour faire mieux. Ie n'ay garde de m'attribuer quelque forte de fuffifance, mais ie ne crois pas pecher en tâchant d'exciter les doctes. Les Sages auroient fujet de fe rire de moy, fi la vanité eftoit le principe de mon deffein : Mais tout le monde me voudra du bien , fçachant que mon intention n'eft que d'augmenter de plus en plus la connoiffance des fciences par la diminution de mille ignorantes prefcriptions. Ie fçay bien que i'ay auancé certaines chofes qui fembleront vn peu temeraires, pource que i'ay pluftoft foupçonné leur verité que ie ne l'ay recogneuë. Il y en à d'autres qui balançent encore mon efprit , & ne luy laiffent prendre d'arreft que dans vne fufpenfion perpetuelle. Mais quoy que i'affeure, ou dans la certitude, ou dans la doute, ie foubmettray toufiours mes iugemens & mes determinations à l'examen des plus fçauants , & n'eftimeray rien de vray dans mes liures, s'ils ne le confirment, ny rien de faux s'ils ne le corrigent. Vn honnefte homme ne doit point auoir de honte de bien apprendre fur le tard, ce qu'il auoit mal appris en fa ieuneffe, comme vn vieillard ne doit point prendre à des honneur qu'vn ieune homme ait trouué vn chemin, que ceux qui sont plus âgez que luy n'ont cy-deuant cherché qu'inutilement.

XII. Et certes dans cette decripitude nous ressemblons a des enfans que des Geants porteroient sur leurs épaules:car c'est par leur force que nous auons acquis des choses dont ils n'ont peu receuoir des fruicts que par experience ou par conjecture, Outre que la Philosophie n'est pas l'ouurage d'vn seul homme ny d'vn seul siecle, & ses richesses ne dépendent pas plus de l'industrie de la raison que du temps & de la fortune. En effect la nature est vne mere liberale à la verité, mais qui n'est pas si prodigue que de donner a vn siecle seul, ce qu'elle destine à l'auantage de tous:d'ailleurs elle n'est pas si chiche qu'elle enuie à chaque aage du monde la perfection qui luy est propre, où qu'elle en veüille honnorer vn en particulier, par le des-honneur des autres en general. Or la Philosophie estant de méme temps & de méme durée que la nature, ne peut auoir de fin qu'auecque le monde, encor peut-on dire qu'elle trouuera vn parfaict iour dans le Ciel, quand elle quittera les ombrages de la Terre.

XIII. Ainſi donc ſi de nos iours nous voyons des productions plus abondantes qu'au tempſ paſſé, ce n'eſt pas que noſtre ſiecle le merite mieux, ou qu'on y trauaille plus qu'aux autres, mais c'eſt qu'il eſt mieux inſtruict & plus éclairé, ayāt ſes lumieres auec celles des anciens. Il n'eſt pas plus fecōd, pource qu'il eſt le premier en excellēce en la bōté des eſprits, mais pource qu'il eſt le dernier en aage. Car cōme l'adoleſcēce du monde fut mieux pourueuë d'eſprit que ſa vieilleſſe, on peut dire que celle cy eſt mieux munie d'experiēce, veu qu'elle a adiouté l'vſage & la practique des modernes aux mames des anciens, & égalé ſon ſçauoir à la diligence de ſes peres. C'a eſté vn beau traict de la bonté auſſi bien que de la ſageſſe de Dieu, que d'auoir récompenſé dans les principes du genre humain le manquement d'experience, & la diſette des liures par la longueur de leur vie, & la brieueté de la noſtre par l'abondance des liures & des preuues démonſtratiues qu'on peut faire de chaque choſe. C'eſt ainſi que les vns n'ont point eu faute de temps pour inuenter les ſciences, ny les autres de moyens pour les conſeruer. Il faut donc que la Philoſophie des anciens fleuriſſe touſiours, pourueu u'elle

qu'elle ne dédaigne pas de receuoir la polliſſu-
re des modernes, ny de voir les fruicts qu'ils
produiſent ; il faut auſſi que l'induſtrie des
modernes s'éuertuë de plus en plus; de telle
ſorte , neantmoins qu'elle ſe muniſſe du
ſecours auantageux des anciens. C'eſt ainſi
que deux choſes apparament contraires s'ac-
corderont parfaictement, & que la nouueauté deuiendra vieille , comme l'ancienneté deuiendra nouuelle.

XIV. Iuſques icy nous auons veu le diſcours d'vn Autheur auec qui i'ay traicté aſſez
ſouuent à Oxford , & qui penſant eſtre vn
nouuel Ariſtote n'eſt proprement qu'vn vieux
réueur. Or puis qu'il introduit de la nouueauté dans la ſageſſe méme , qui s'eſtonnera
qu'il s'en introduiſe dans les autres profeſſiõs.
Ne voyons nous pas des Orateurs à la Mode,
qui croyent que Monſieur du Perron, & Monſieur du Vair n'ont eſté que des ignorants, &
que certains petits écriuains ſont les plus
grands genies de la parfaicte Eloquence.
Nous en connoiſſons d'autres qui appellent
nos Ronſards & nos Malherbes des rebuts
du Parnaſſe, & qui s'eſtiment les chers fauo-

rits des Mufes , quoy qu'ils en foient proprement les fleaux Ie ne parleray point icy de ces Cenfeurs importuns qui approuuent quelquefois des Herefies,& cenfurent de mauuais termes. Ie ne feray non plus mention de ces Theologiens à la Mode, à qui Seneque eft plus confiderable que Sainct Auguftin , & qui pour prefcher confultent pluftoft le Stobée que l'Efcriture. Ie ne veux pas toucher ces matieres, d'autant que ie les referue pour l'Autheur du temps , qui fera vne fuite de cét Ouurage, & qui fera voir en fon iour l'Extrauagance de ceux qui n'eftant que de petits auortons, veulent corriger tous les grands Genies, Cependant fi l'on trouue que ie brife icy trop fuccinctement , qu'on fe fouuienne que ce n'eft que pour continuër mon deffein. Outre que plufieurs écriuains à la Mode me peuuent feruir d'éxemple : car ils fongent bien moins à difcourir qu'à parler. Pour moy ie veux toufiours raifonner, mais ie ne doy pas raifonner trop longuement. Il ne faut pas épuifer mais occuper noftre efprit. Enfin eftant obligé de faire bien-toft vn voyage , ie ne puis eftre plus long-temps a faire vn Liure. Ie

dois entretenir mes Lecteurs , mais aussi ie
me dois entretenir moy méme. Ne croyez
donc pas que ie vous rompe compagnie, ie
ne coupe mon discours que dans le dessein
de le renoüer.

FIN.

Fautes suruenuës à l'Impreßion.

PAge 17. ligne 18. immortels, adioustez, par la meilleure partie d'eux mémes. p. 16. l. 28 entre daus, lisez orne p. 37. l. 11. pouuois, lisez pourrois p. 51. l. 21. pocession, lisez procession. p. 54. l. 10 bien, lisez lieu. p. 71. l. 6. experintuale, l. e xeprimentale. p. 102 l. 3 intelligible, lisez ininteligible. p. 104. l 6. étrange, l'étranger. p 113 l. 15. au desert, lisez du desert p 131. l. 19. vtiles, lisez viles. p. 136. l. 22. somptueuse, lisez scrupuleuse. p. 159. l. 24. l'Academie de, lisez l'Academie &. p. 169. l. 10. ministre, lisez ministere. p. 181 l. 24. la Gentile, lisez la Gentilité p. 184. Mers, lisez Maris. p. 283. l. 11. directement, lisez doucement. p. 289. l. 17. aunomie, lisez harmonie. p. 291. mettre, lisez monter. p. 301. l. 10. Essais, lisez exain. p. 318. l. 11. mouuements, lisez monuments, p. 314 gestes, lisez Cestes p. 336 l. 6. détaler, lisez étaler. p. 342 l. 18. n aniez, lisez meniez p. 348. l. 3. façon de viure, lisez façon de vie. p. 164 l 13. man es. lisez maximes. p. 365 l. 13. maux, lisez mots. p. 368. intelligibles, lisez ininteligibles. p. 383. décrepitude, lisez décrepitude du monde.

MOn cher Lecteur, i'ay osté dans ces obseruations ce, qui renuersoit l'œconomie du discours, vous laissant à adiouster ou diminuër ce que l'impression y a mis de trop ou de trop peu. Vous ne me condamnerez pas griefuement pour vne syllabe, & i'ay trop écrit pour vous permettre de croire que ie fasse beaucoup de fautes à dessein, quoy que d'autres en fassent pour moy. Adieu.

www.ingramcontent.com/pod-product-compliance
Lightning Source LLC
Chambersburg PA
CBHW072010270326
41928CB00009B/1607